# TUDO SOBRE O
# *DEFICIT*
# PÚBLICO

**FABIO GIAMBIAGI**
Especialista em Finanças Públicas

# TUDO SOBRE O
# *DEFICIT*
# PÚBLICO

## O BRASIL NA ENCRUZILHADA FISCAL

ALTA BOOKS
EDITORA
Rio de Janeiro, 2021

**Tudo Sobre o *Deficit* Público**
Copyright © 2021 da Starlin Alta Editora e Consultoria Eireli. ISBN: 978-65-5520-467-4

Todos os direitos estão reservados e protegidos por Lei. Nenhuma parte deste livro, sem autorização prévia por escrito da editora, poderá ser reproduzida ou transmitida. A violação dos Direitos Autorais é crime estabelecido na Lei nº 9.610/98 e com punição de acordo com o artigo 184 do Código Penal.

A editora não se responsabiliza pelo conteúdo da obra, formulada exclusivamente pelo(s) autor(es).

**Marcas Registradas**: Todos os termos mencionados e reconhecidos como Marca Registrada e/ou Comercial são de responsabilidade de seus proprietários. A editora informa não estar associada a nenhum produto e/ou fornecedor apresentado no livro.

Impresso no Brasil — 1ª Edição, 2021 — Edição revisada conforme o Acordo Ortográfico da Língua Portuguesa de 2009.

| **Produção Editorial**<br>Editora Alta Books | **Produtor Editorial**<br>Illysabelle Trajano<br>Thiê Alves | **Coordenação de Eventos**<br>Viviane Paiva<br>eventos@altabooks.com.br | **Equipe de Marketing**<br>Livia Carvalho<br>Gabriela Carvalho<br>marketing@altabooks.com.br |
|---|---|---|---|
| **Gerência Editorial**<br>Anderson Vieira | **Assistente Editorial**<br>Luana Goulart | **Assistente Comercial**<br>Filipe Amorim<br>vendas.corporativas@altabooks.com.br | **Editor de Aquisição**<br>José Rugeri<br>j.rugeri@altabooks.com.br |
| **Gerência Comercial**<br>Daniele Fonseca | | | |
| **Equipe Editorial**<br>Ian Verçosa<br>Maria de Lourdes Borges<br>Raquel Porto<br>Thales Silva | **Equipe de Design**<br>Larissa Lima<br>Marcelli Ferreira<br>Paulo Gomes | **Equipe Comercial**<br>Daiana Costa<br>Daniel Leal<br>Kaique Luiz<br>Tairone Oliveira<br>Thiago Brito | |
| **Revisão Gramatical**<br>Alessandro Thomé<br>Diego Franco Gonçales | **Diagramação**<br>Heric Dehon | **Capa**<br>Rita Motta | |

Publique seu livro com a Alta Books. Para mais informações envie um e-mail para autoria@altabooks.com.br

Obra disponível para venda corporativa e/ou personalizada. Para mais informações, fale com projetos@altabooks.com.br

**Erratas e arquivos de apoio:** No site da editora relatamos, com a devida correção, qualquer erro encontrado em nossos livros, bem como disponibilizamos arquivos de apoio se aplicáveis à obra em questão.

Acesse o site **www.altabooks.com.br** e procure pelo título do livro desejado para ter acesso às erratas, aos arquivos de apoio e/ou a outros conteúdos aplicáveis à obra.

**Suporte Técnico:** A obra é comercializada na forma em que está, sem direito a suporte técnico ou orientação pessoal/exclusiva ao leitor.

A editora não se responsabiliza pela manutenção, atualização e idioma dos sites referidos pelos autores nesta obra.

**Ouvidoria:** ouvidoria@altabooks.com.br

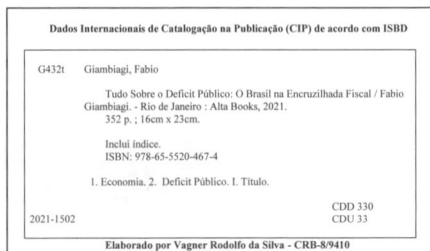

Dados Internacionais de Catalogação na Publicação (CIP) de acordo com ISBD

G432t    Giambiagi, Fabio
         Tudo Sobre o Deficit Público: O Brasil na Encruzilhada Fiscal / Fabio Giambiagi. - Rio de Janeiro : Alta Books, 2021.
         352 p. ; 16cm x 23cm.

         Inclui índice.
         ISBN: 978-65-5520-467-4

         1. Economia. 2. Deficit Público. I. Título.

2021-1502                              CDD 330
                                       CDU 33

Elaborado por Vagner Rodolfo da Silva - CRB-8/9410

Rua Viúva Cláudio, 291 — Bairro Industrial do Jacaré
CEP: 20.970-031 — Rio de Janeiro (RJ)
Tels.: (21) 3278-8069 / 3278-8410
www.altabooks.com.br — altabooks@altabooks.com.br
www.facebook.com/altabooks — www.instagram.com/altabooks

# PREFÁCIO

Mário Covas governou São Paulo de 1995 a 2001. Político experiente, executou um dos programas de ajuste fiscal mais expressivos de que se tem notícia. Recebeu o estado quebrado e, por meio de medidas supostamente impopulares, o reergueu. Covas, que foi reeleito, costumava dizer: "O povo nunca erra. Ele apenas precisa ter todas as informações."

A "tarefa pendente" apresentada no primeiro capítulo deste livro — fio condutor de todo o volume — requer convencimento. Só se faz ajuste fiscal, isto é, corte de gastos, aumento de impostos, redução de benefícios e incentivos fiscais, mobilizando, informando e educando. É muito mais fácil e sedutor prometer aumento de despesas públicas, daí a importância de disseminar informação de boa qualidade.

É preciso forjar lideranças pelo "lado da demanda", por assim dizer. A conscientização da população a respeito do descalabro fiscal é o primeiro passo. É necessário esclarecer os riscos e as vicissitudes de se ter dívida pública elevada, sistema tributário regressivo e complexo, orçamento engessado e inercial e gastos mal-ajambrados. Além disso, deve-se mostrar o que virá depois. Ajuste fiscal não é um fim em si mesmo, mas o meio para se alcançar um crescimento econômico perene, mantendo a dívida pública em trajetória sustentável.

No livro *Austerity*, Alberto Alesina, Carlo Favero e Francesco Giavazzi mostram que o corte de despesas é o caminho menos custoso para conter o aumento da dívida pública. Em um contexto de crise pandêmica, o desafio é muito maior.

O Brasil, corretamente, respondeu à crise da covid-19 com um forte aumento de despesas, tanto na área da saúde como na forma de auxílio às empresas, transferências diretas de renda e destinação de recursos para os governos estaduais e municipais. No pós--crise, será preciso retomar uma agenda de austeridade, respeitando-se o princípio da responsabilidade fiscal: só se pode criar gasto novo com indicação de fonte de financiamento ou corte de outras despesas.

Como o país tem um teto de gastos a ser observado, essa equação torna-se ainda mais intrincada.

Eis o contexto em que se apresenta este livro. Escrito por um dos maiores conhecedores das entranhas das finanças públicas brasileiras — o economista Fabio Giambiagi —, trata-se de um trabalho seminal. Sim, porque dará frutos não apenas entre especialistas — já naturalmente motivados —, mas também entre jornalistas, formadores de opinião, políticos e cidadãos em geral.

Giambiagi tempera a apresentação limpa e direta do vasto conjunto de dados fiscais e econômicos — preparados por ele a partir das principais bases disponíveis e de estudos próprios — com história, política e literatura. A leitura é escorreita, agradável e, por isso, cativante. O leitor perceberá, da apresentação até o último capítulo, que o livro está organizado de uma maneira lógica e didática.

A meta do livro não é apenas dar suporte técnico ao ajuste fiscal. Ao contrário, o autor amplia o escopo dessa batalha ao compartilhar seu conhecimento sobre o assunto de maneira generosa. É pouco dizer que se tornará leitura referencial obrigatória para o público em geral e para aqueles que estão na vida pública.

Analisam-se as receitas e as despesas públicas federais e suas principais segregações, a dívida pública, o *deficit* primário e a conta de juros. Todos os indicadores fiscais são explorados no livro, mas sob um fio condutor: o de convencer o maior número de pessoas a respeito da importância de se ter contas públicas equilibradas para alcançar melhores níveis de desenvolvimento econômico e social.

No Capítulo 2, o leitor aprenderá que não importa apenas o tamanho da dívida, mas seu movimento no tempo, denominado pelos economistas de "dinâmica da dívida pública". As condições de sustentabilidade fiscal estão diretamente atreladas ao tamanho e ao crescimento da economia e à taxa de juros. Entenderá, a propósito, no Capítulo 3, que as despesas com juros não são fruto do desejo do governante, do Congresso ou do Banco Central. Esse gasto é muito peculiar, justamente por ser uma espécie de efeito colateral da política monetária. É arguta a forma como o autor derruba a tese simplista do chamado "rentismo".

A situação econômica do país requer "agir com mais sabedoria e dar conta dos desafios sociais de forma compatível com a sustentabilidade fiscal", nas palavras do autor. Os objetivos fiscais, econômicos e sociais têm de estar intimamente relacionados e devem ser planejados e executados com habilidade política e capacidade técnica.

No Capítulo 5, Fabio Giambiagi mostra que o gasto cresce, continuamente, desde meados dos anos 1980. Contudo, a qualidade e a quantidade de bens e serviços públicos ofertados não evoluiu de acordo — ao menos não no ritmo desejado pela sociedade.

A verdade é que as políticas públicas precisam estar alicerçadas naquilo que a literatura internacional convencionou chamar de *"medium term expenditure framework"* ou, simplesmente plano fiscal de médio prazo. É preciso, ainda, avaliar os programas orçamentários para poder cortá-los, mantê-los ou ampliá-los, na linha das chamadas *"spending reviews"*. Só assim se abrirá espaço para uma atuação mais arrojada do Estado.

A beleza do presente trabalho está em juntar diagnóstico e propostas concretas de solução, que poderiam compor um verdadeiro plano de voo na área fiscal. Nos Capítulos 6 e 14, por exemplo, discutem-se meios muito concretos para executar a "tarefa pendente" do ajuste fiscal. Todas, é claro, com custo político. E é aí que reside a diferença entre o "ajuste em tese" e o "ajuste na prática". Não basta defender que se diminuam os gastos. É preciso mostrar como, em que proporções, quais as rubricas a serem cortadas e em que prazo.

Destaco algumas: a) criar novos planos de carreira no serviço público, com salários iniciais mais baixos; b) reduzir as chamadas desonerações tributárias; c) cortar gastos classificados como "passíveis de eliminação" ou de "redução", a exemplo da compensação ao INSS pela desoneração da folha; d) aumentar as faixas do imposto de renda; e e) reajustar os salários dos servidores abaixo da inflação.

O livro ainda discute as razões pelas quais será preciso revisitar o tema da previdência em alguns poucos anos — provavelmente, em 2027. O fato é que a idade média da população está aumentando. As políticas públicas de previdência e de saúde sofrerão as consequências. Resta preparar as contas e a economia para isso. Por exemplo, a reforma de 2019 terá de ser revista para que se mantenha o mesmo efeito fiscal no longo prazo.

A descrição detida de todas as rubricas do gasto federal é espantosa. O leitor tem em mãos um guia prático, além de tudo, cujo título não poderia ser mais fiel ao conteúdo: *Tudo sobre o deficit público*. Há diversos capítulos dedicados a explicar, uma a uma, as despesas que compõem o orçamento público federal. Sem um diagnóstico como esse, vale dizer, será impossível programar e executar um programa sério de ajuste fiscal.

E o ajuste tem de ser pensado à luz das regras fiscais — instituições, normas e leis que balizam o comportamento das contas públicas. A propósito, o capítulo sobre o teto de gastos públicos é realista a respeito das limitações dessa regra constitucional criada em 2016, mas aponta saídas. Como costumo dizer, o teto foi uma espécie de "tapa na mesa" para sinalizar com clareza ao mercado e à sociedade uma nova prioridade: a contenção do gasto público.

A importância de amainar a alta do gasto não mudou de lá para cá. A essência do teto, se abandonada, levaria o país a amargar uma piora das avaliações de risco, com apreensão do mercado e precificação, nos juros da dívida, de todo esse receio e incerteza.

Nas palavras do autor deste livro: "No Brasil, tudo acaba na Constituição." Ela é tão detalhada e abrangente, que o teto de gastos precisou também se encaixar ali. Giambiagi argumenta que será difícil manter o teto até o décimo ano, como previsto na Emenda Constitucional nº 95, de 2016, porque as despesas discricionárias estão caindo rapidamente — notadamente os investimentos. Os subsídios também diminuíram muito no último triênio até 2019, mas daqui em diante há pouco espaço fiscal para ajustar a despesa sem mexer no grupo de gastos obrigatórios.

Assim, o livro nos leva à reflexão de que o teto deverá ser aprimorado. Ainda, há que evitar o "teto fake", como classifica Giambiagi. Isto é, a exclusão arbitrária de itens da despesa sujeita ao teto, a criação de subterfúgios e a adoção de regras *ad hoc* para atender a anseios por gastos maiores. Seria uma nova versão do velho expediente da contabilidade criativa, que tanto mal fez ao país no período de 2009 a 2014, distorcendo a lógica das metas de *superavit* primário.

Não bastasse essa análise completa do âmbito federal, o livro ainda avança sobre as finanças dos governos subnacionais, fonte de grande preocupação, sobretudo no pós-crise da covid-19. Os estados e municípios têm despesas de pessoal (com ativos e inativos) altas e crescentes. Muitos já romperam os limites legais e não adotaram medidas suficientes para amenizar ou resolver o problema.

A recomendação de Guilherme Tinoco, especialista que participa do livro no Capítulo 13, é o bom e velho "feijão com arroz". Tão distante da realidade de muitos municípios e alguns estados, consiste em: a) controlar salários e quantitativo de servidores; b) melhorar a arrecadação; e c) atrair investimento privado, já que haverá pouco (ou nenhum) espaço para aumento de investimento público.

Por fim, executar a "tarefa pendente" do ajuste fiscal, como indicam os Capítulos 14 e 15, requererá a eleição de governantes eficientes e ciosos da responsabilidade fiscal. Por isso, é preciso franquear aos eleitores informações fidedignas sobre o quadro das contas públicas. Esclarecida, a população cobrará mais e não será enlevada por propostas populistas, que ignorem a restrição orçamentária. É preciso ter claro: a lassidão fiscal é tóxica para o desenvolvimento econômico e social.

*Tudo sobre o* deficit *público* é um livro que deveria estar nas cabeceiras de todas as famílias do país, nas escolas e nas universidades. É escrito por quem tem espírito público e conhecimento prático e teórico profundos. Fabio Giambiagi já é uma referência maior no tema. Com este livro, coroa uma carreira inigualável no escrutínio cuidadoso das contas do país. Chegou a hora de mudar. E, sob a democracia, a mudança é um processo incremental, fruto de trabalho educativo permanente.

    Boa leitura!
    Felipe Salto

Dedico este livro a Alex Benício, Altamir Lopes, Ana Paula Vescovi, Ana Teresa Albuquerque, Cléber Oliveira, Fabiana Rodopoulos, Fabio de Oliveira Barbosa (*in memoriam*), Felipe Bardella, João Batista de Abreu, João do Carmo Oliveira, José Carlos Carvalho, Luiz Gonzaga de Queiroz, Mailson da Nóbrega, Mansueto Almeida, Pedro Parente, Raul Velloso, Silvio Rodrigues Alves e Simão Cirineu, em nome de tantos outros servidores exemplares, impossíveis de enumerar na sua totalidade, que com sua dedicação à causa pública permitiram que o Brasil primitivo em matéria de estatísticas que existia na década de 1980, quando comecei a trabalhar com temas de finanças públicas, se transformasse em um país com dados fiscais transparentes e confiáveis, divulgados mensalmente e de forma expedita, literalmente, para o mundo inteiro.

*"Estive certo quando tive todos contra mim."*

(Roberto Campos)

# SUMÁRIO

| | |
|---|---|
| UMA TAREFA PENDENTE | 2 |
| O **DEFICIT** E A DÍVIDA PÚBLICA | 28 |
| O GASTO COM JUROS | 54 |
| A RECEITA LÍQUIDA | 76 |
| O GASTO AGREGADO | 96 |
| A DESPESA COM PESSOAL | 114 |
| O INSS | 134 |
| AS OUTRAS DESPESAS: O COMPORTAMENTO AGREGADO | 160 |
| AS GRANDES RUBRICAS DO OCC | 174 |
| AS DEMAIS DESPESAS OBRIGATÓRIAS | 194 |
| AS DESPESAS DISCRICIONÁRIAS | 204 |
| TETO DE GASTOS: O QUE ACONTECEU? | 214 |
| OS ESTADOS E MUNICÍPIOS | 236 |
| O QUE FAZER? | 268 |
| CONCLUSÃO | 290 |
| APÊNDICE | 315 |
| REFERÊNCIAS BIBLIOGRÁFICAS | 319 |
| ÍNDICE | 323 |

# APRESENTAÇÃO

Tenho 58 anos de idade. Comecei a trabalhar aos 22, e meu primeiro artigo acadêmico publicado em uma revista de literatura econômica data de 1986. O velho Eça dizia que "a distância mais curta entre dois pontos é uma curva vadia e delirante", e por essas conspirações do destino, comecei a me dedicar a temas de política fiscal por uma circunstância fortuita. Em 1987, quando fui trabalhar no IPEA, a instituição estava começando a publicar o seu *Boletim Conjuntural* — uma publicação trimestral de bastante prestígio durante um par de décadas, em uma época em que esse tipo de publicação era pouco comum —, e eu assumi a seção de política fiscal. Isso ocorreu pela simples razão de que a colega que era responsável pelo tema estava se aposentando quando cheguei. Ou seja, se a "vaga" que tivesse surgido fosse a de especialista em setor externo, por exemplo, talvez eu teria me tornado um especialista em estimação de exportações ou em câmbio.

O fato é que gostei do assunto e, no mesmo ano de 1987, publiquei meu primeiro artigo sobre questões fiscais, na *Revista de Finanças Públicas*, após o que outros se seguiram. Vendo que, na composição da despesa, havia uma rubrica que crescia a uma velocidade muito maior que o resto — o gasto previdenciário —, comecei a tentar entender melhor o assunto e iniciei um longo percurso pela temática previdenciária. Entre meu primeiro artigo acadêmico escrito sobre esse tema específico, em 1993, e a reforma previdenciária de 2019, passaram-se 26 anos. No meio do caminho, em 2008, um dos livros que organizei nesse percurso trazia uma frase de Victor Hugo como epígrafe ("Nada é mais poderoso do que uma ideia cujo momento tenha chegado."). A rigor, na época ainda faltaria bastante para chegar o momento de enfrentar a questão previdenciária.

O que o leitor tem em mãos é uma conciliação entre duas epígrafes: a deste livro, de Roberto Campos ("Estive certo quando tive todos contra mim.") e a frase citada anteriormente, do grande romancista francês, sobre a inevitabilidade de certos processos históricos quando é chegada sua hora. Tendo "aterrissado" na previdência a partir de minha "militância" na temática fiscal, o tempo dessa questão — "o momento chegou" — veio antes do *timing* do êxito da batalha contra o *deficit* público — quando ainda temos "muitos contra nós". O país alcançou o grau de maturidade necessário para conseguir finalmente aprovar uma reforma previdenciária digna desse nome — e não um simples "remendo". Contudo, no campo fiscal, exibimos um *deficit* público constrangedoramente alto — e não apenas em 2020.

Houve, sem dúvida nenhuma, avanços. Há alguns anos, em episódio que já relatei em outro lugar, encontrei um antigo conhecido, na época já aposentado, que fora durante anos o "homem dos números fiscais". Antes da criação da Secretaria do Tesouro Nacional, nos anos 1980, era o Banco Central que apurava o pouco que se tinha de informações fiscais, e ele era o chefe de Departamento responsável pelas estatísticas primárias. Isso fazia dele figura obrigatória, na época, na mesa decisória de ministros como Mário Henrique Simonsen ou Antônio Delfim Netto. Com curiosidade, perguntei: "Me diga uma coisa: se agora, com as estatísticas detalhadas divulgadas na internet trinta dias depois do fechamento do mês, é tão difícil controlar as contas, como é que vocês faziam política fiscal na confusão dos anos 1980, quando nem estatísticas o país tinha?" Ao que ele, rindo, respondeu com o gesto de botar o indicador na boca, molhá-lo e indicar o alto, querendo dizer que as decisões eram tomadas "sentindo mais ou menos a direção do vento".

Comparativamente a essa época quase heroica da gestão fiscal no Brasil, pode-se dizer que evoluímos muito. Talvez seja difícil ao jovem trader de 20 e poucos anos dos dias de hoje — que em cinco minutos, a partir de consultas na internet, é capaz de montar um painel fiscal com um dashboard retratando a realidade de um vasto conjunto de países — entender o que era a realidade da época. Os números fiscais eram divulgados, durante muitos, anos, a) em papel; b) em uma publicação (*Brasil — Programa Econômico*) cujas cópias eram limitadas e disputadas "a tapa" pelos especialistas; c) irregularmente; d) com uma defasagem enorme em relação ao fechamento de cada mês, em alguns casos chegando a cinco ou seis meses; e e) estavam sujeitos a grandes revisões. Hoje, as informações do "painel de controle" que o secretário do Tesouro, o ministro de Economia e o presidente do Banco Central — além de qualquer pessoa em qualquer canto do mundo — têm à mão no computador, graças à internet, são infinitamente mais completas, tempestivas, detalhadas e confiáveis que as que existiam naquela época, além de serem divulgadas regular e religiosamente e praticamente sem maiores mudanças associadas a revisões de dados anteriores.

Tendo me formado em 1983 — mesmo ano em que o país iniciava o que seria uma longa série de acordos com o FMI, que, entre outras coisas, ajudaram a organizar nossa base de dados fiscais — acompanhei muito de perto todo esse processo. Entre minhas primeiras incursões na área, em 1987, e o momento em que este livro for publicado — 2021 — terão se passado praticamente 35 anos. Uma vida. Dá até para se aposentar por tempo de dedicação! Além de ter conhecido toda uma gama de verdadeiros heróis que, quais bandeirantes pioneiros, legaram ao país as excelentes estatísticas fiscais atuais, tive algum grau de participação em alguns dos diversos debates sobre temas fiscais ao longo dessas três décadas e meia, desde aquela época longínqua à qual me referi.

Se, no conhecimento da realidade por meio dos números, melhoramos muito, o mesmo não se pode dizer dos números em si. Naquela época antiga — marcada por uma inflação que daqui a cem anos será vista pelos analistas como uma aberração —, o conceito de *deficit* nominal não tinha o menor significado econômico e, portanto, os estudiosos do tema e o que hoje chamamos em geral de "mercado" olhavam para o "resultado operacional", que expurgava a correção monetária. As ditas "Necessidades Operacionais de Financiamento do Setor Público — NFSP" foram de 6% do PIB em 1987, quando dei meus primeiros passos no tema — um dado, na época, já bastante constrangedor. Pois no momento em que este livro está sendo enviado à editora, a perspectiva é a de que as NFSP de 2021, agora nominais, sejam de... 6% a 7% do PIB! E assim se passaram de três a quatro décadas...

O que esses mais de trinta anos transitando pela temática fiscal me ensinaram é que pouco adianta convencer os colegas do meio acadêmico se isso não se transformar na conquista de corações e mentes na população como um todo. No final da década de 2010, uma combinação de circunstâncias levou a que grupos que antes barravam qualquer possibilidade de aprovar uma reforma previdenciária mais dura se convencessem de que ela era inevitável. O mesmo, porém, não se deu ainda em relação à questão fiscal *latu sensu*. O país continua convivendo com indicadores de desequilíbrio fiscal que em muitos outros países seriam considerados inadmissíveis. Este é um livro que, modestamente, procura expor para o grande público, em palavras simples, o que aprendi na matéria nessa minha trajetória profissional de mix de burocrata, acadêmico e — um pouco — colunista de jornal.

Muitos anos atrás — antes de eu ingressar na faculdade! —, um dos primeiros filmes de Woody Allen se chamou *Tudo o que você sempre quis saber sobre sexo (e nunca teve coragem de perguntar)*. Ocorreu-me que, por analogia, o título deste livro poderia ser "Tudo o que você sempre quis saber sobre o *deficit* público no Brasil (e nunca teve coragem de perguntar)". O país fez uma série de grandes progressos nos últimos trinta anos: alcançamos uma estabilidade de preços que para minha geração era um sonho; temos uma taxa de juros que muitos — inclusive eu — pensavam que só seria alcançada daqui a vários anos. Nosso *deficit* público, porém, alcança níveis inaceitavelmente elevados, mesmo antes da enormidade do desequilíbrio de 2020. Combatê-lo deveria ser uma das prioridades do país. Esse combate não poderá ser bem-sucedido, porém, se não houver apoio da sociedade — o que requer explicar o tema de forma didática para a população. É essa a ambição à qual este livro ousa aspirar. Aos que se animem nessa aventura, boa leitura! No final do livro, o leitor interessado encontrará um apêndice estatístico que poderá ser útil para acompanhar os dados dos últimos trinta anos.

Restam dois agradecimentos especiais. Um para Matheus Outeiro dos Santos, que colaborou para organizar e aprontar a tempo o conjunto de gráficos e tabelas que formam parte dos capítulos. Para ele, fica meu reconhecimento pela sua dedicação e competência. Sua eficiência ajudou a superar os entraves do confinamento, que em 2020 me deixou longe de algumas das antigas fontes de consulta física que costumava revisitar antes da pandemia e do *home office*. O outro agradecimento é para meu colega e amigo Guilherme Tinoco, autor do Capítulo 13, preenchendo uma lacuna com a qual o livro ficaria, se não contemplasse o tema das finanças subnacionais, muito bem abordado por ele.

Por último, não posso deixar de agradecer à minha família: Gladis e Luciano. Deles, nessas três décadas nas quais aos poucos fui elaborando este livro, roubei uma parte desse elemento insubstituível na vida de todos: o tempo. A eles, minhas sinceras desculpas, com um apelo por compreensão — e com amor.

O autor

# RELAÇÃO DE GRÁFICOS E TABELAS E QUADROS

## ▍Gráficos

| | |
|---|---|
| Gráfico 1.1A | IGP: Variação anual 1970/1994 (%) |
| Gráfico 1.1B | IPCA: Variação anual 1995/2020 (%) |
| Gráfico 1.2 | Taxa de juros real SELIC (%) |
| Gráfico 1.3 | Resultado em conta-corrente do Balanço de Pagamentos (US$ bilhões) |
| Gráfico 1.4 | Dívida externa líquida/Exportação de bens |
| Gráfico 1.5 | Índice de Gini |
| Gráfico 1.6 | Taxa de crescimento do PIB: média dez anos (% a.a.) |
| Gráfico 1.7 | Taxa de investimento (% PIB) |
| Gráfico 1.8 | Poupança: 2019 (% PIB) |
| Gráfico 2.1 | Resultado Primário Governo Central (% PIB) |
| Gráfico 2.2 | Dívida líquida setor público (% PIB) |
| Gráfico 2.3 | Dívida bruta do Governo (% PIB) |
| Gráfico 3.1 | Reservas internacionais (% PIB) |
| Gráfico 3.2 | Taxas de juros EUA (%) |
| Gráfico 4.1 | Transferências a estados e municípios (% PIB) |
| Gráfico 4.2 | Receita líquida (% PIB) |
| Gráfico 5.1 | Gasto primário total Governo Central, líquido de transferências a estados e municípios (% PIB) |
| Gráfico 6.1 | Gasto com pessoal Governo Central (%PIB) |
| Gráfico 7.1 | Gasto com INSS (% PIB) |
| Gráfico 7.2 | Gasto com benefícios previdenciários do INSS no valor de um salário mínimo (% PIB) |
| Gráfico 7.3 | Contingente de mulheres aposentadas por tempo de contribuição (milhares de benefícios) |
| Gráfico 7.4 | Contingente de benefícios rurais (milhões) |
| Gráfico 8.1 | Outras despesas (% PIB) |
| Gráfico 8.2 | Taxa de variação real anual outras despesas (%) |
| Gráfico 9.1 | Investimento do Governo Federal (% PIB) |
| Gráfico 9.2 | Benefícios assistenciais: dezembro (milhões) |
| Gráfico 9.3 | Subsídios, subvenções e Proagro (% PIB) |
| Gráfico 10.1 | Outras despesas (% PIB) |
| Gráfico 10.2 | Despesas obrigatórias com controle de fluxo (% PIB) |
| Gráfico 11.1 | Despesas discricionárias (% PIB) |
| Gráfico 11.2 | Despesas discricionárias, exceto saúde e educação (% PIB) |
| Gráfico 12.1 | Teto anual, a preços de 2020 (R$ bilhões) |

Gráfico 12.2  Variação real acumulada no triênio 2016/2019, despesas selecionadas (%)
Gráfico 13.1  Dívida líquida de estados e municípios (% PIB)
Gráfico 13.2  Relação entre despesa com pessoal e receita corrente líquida (%) — 2019
Gráfico 13.3  Crescimento real da despesa bruta com pessoal entre 2011 e 2019 (%)
Gráfico 14.1  *Superavit* primário x Dívida fiscal
Gráfico 14.2  Brasil: Salário mínimo (% renda *per capita*)
Gráfico 15.1  Taxa NTN-B 30 anos (%)
Gráfico 15.2  Taxa longa emissão primária NTN-B (%)
Gráfico 15.3  Taxa de variação do produto potencial (%)

# Tabelas

Tabela 2.1  *Deficit* público consolidado (% PIB)
Tabela 2.2  Resultado primário (% PIB)
Tabela 2.3  Resultado fiscal projetado 2021
Tabela 3.1  Tabela SELIC real (% a.a.)
Tabela 3.2  Despesa com juros (% PIB)
Tabela 3.3  Composição da dívida líquida (% PIB)
Tabela 3.4  Decomposição de uma taxa de juros de 6%, com inflação de 4%
Tabela 3.5  Detentores de títulos federais (%)
Tabela 4.1  Receita líquida (% PIB)
Tabela 4.2  Receita bruta: 2011/2021 (%)
Tabela 4.3  Composição Receita Tesouro 2019 (% PIB)
Tabela 5.1  Gasto primário total Governo Central, líquido de transferências a estados e municípios (% PIB)
Tabela 5.2  Crescimento real gasto primário, por período de Governo (% a.a.)
Tabela 5.3  Crescimento real gasto primário 1991/ 2021 (% a.a.)
Tabela 5.4  Gasto primário Governo Geral (% PIB)
Tabela 6.1  Gasto com pessoal Governo Central (% PIB)
Tabela 6.2  Crescimento real gasto com pessoal Governo Central, por período de Governo (% a.a.)
Tabela 6.3  Composição gasto com pessoal ativo (% PIB)
Tabela 6.4  Composição gasto com pessoal inativo (% PIB)
Tabela 7.1  Gasto com INSS (% PIB)
Tabela 7.2  Crescimento real gasto INSS, por período de Governo (%)
Tabela 7.3  Composição despesa com benefícios previdenciários: dezembro 2019 (%)
Tabela 7.4  Composição despesa com benefícios previdenciários, por faixa de valor: dezembro 2019 (%)
Tabela 7.5  Taxa de variação do número de benefícios previdenciários emitidos 2000/2019: posição em dezembro (% a.a.)
Tabela 7.6  Idade média na concessão do benefício do RGPS: 2018 (anos)

| | |
|---|---|
| Tabela 7.7 | Distribuição das novas aposentadorias por tempo de contribuição: 2019 (%) |
| Tabela 8.1 | Crescimento real Outras despesas, por período de governo (% a.a.) |
| Tabela 9.1 | Gasto com outras despesas (% PIB) |
| Tabela 9.2 | Gasto com outras despesas (% PIB) |
| Tabela 9.3 | Despesas FAT (% PIB) |
| Tabela 9.4 | Subsídios, subvenção e Proagro: 2018/2019 (% PIB) |
| Tabela 10.1 | Outras despesas (% PIB) |
| Tabela 10.2 | Despesas obrigatórias com controle de fluxo (% PIB) |
| Tabela 11.1 | Despesas discricionárias (% PIB) |
| Tabela 12.1 | Despesas 2016 indexadas vs. Despesa observada (R$ bilhões) |
| Tabela 12.2 | Despesa do Governo Central, a preços de 2021 (R$ bilhões) |
| Tabela 13.1 | Resultado fiscal estados e municípios (% PIB) |
| Tabela 13.2 | Dívida líquida de estados e municípios: dezembro 2019 (% PIB) |
| Tabela 13.3 | Classificação do CAPAG |
| Tabela 13.4 | Composição da dívida líquida de estados e municípios: julho 2020 (% PIB) |
| Tabela 14.1 | Resultado primário do Governo Geral 2021 (% PIB) |
| Tabela 14.2 | Despesas do Governo Central — 2021 (% PIB) |
| Tabela 14.3 | Dívida fiscal x Dívida líquida setor público: dezembro (% PIB) |
| Tabela 14.4 | Decomposição das "outras despesas" de 2021 |
| Tabela 14.5 | Distribuição dos aposentados e pensionistas com rendimento igual a um salário mínimo, por décimo de distribuição de renda per capita (%) |
| Tabela 14.6 | Crescimento da população de 15 a 64 anos (% a.a.) |
| Tabela 15.1 | Taxa crescimento PIB (%) |
| Tabela 15.2 | Brasil — Composição Parlamento por eleição: Câmara de Deputados (número de congressistas) |

## Quadros

| | |
|---|---|
| Quadro 14.1 | Regras para o seguro-desemprego |
| Quadro 15.1 | Idade mínima na reforma da Previdência: meio urbano (anos) |
| Quadro 15.2 | Idades para aposentadoria por idade na reforma da Previdência (anos) |

**FABIO GIAMBIAGI**
Especialista em Finanças Públicas

# TUDO SOBRE O
# *DEFICIT*
# PÚBLICO

## O BRASIL NA ENCRUZILHADA FISCAL

CAPÍTULO 1:

# UMA TAREFA PENDENTE

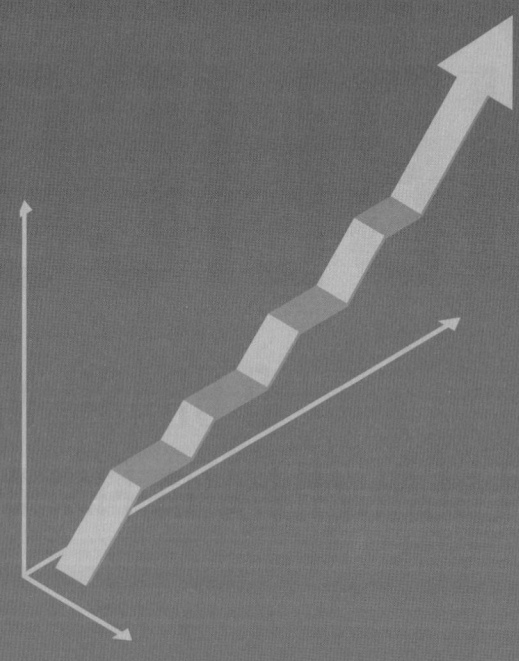

*"Equilibrar o orçamento é como ir para o céu. Todos querem ir, mas ninguém quer fazer o que tem que ser feito para chegar lá."*
(Phil Gramm, político norte-americano)

É CONHECIDA A FÁBULA "O REI DA BELÍNDIA", DO ECONOmista Edmar Bacha. No Brasil de forte crescimento dos anos 1970, ele chamava a atenção para o contraste entre o "lado belga" do Brasil, com uma economia que na época se modernizava a passos largos, com destaque para a pujança de São Paulo, e o "lado indiano" de nossa realidade, à época ainda marcada por níveis elevados de miséria em muitas partes do país, especialmente nas regiões agrárias.

Esse "jogo de contrastes" entre o que é moderno e arcaico, entre o que dá orgulho e dá vergonha, entre o que exibe progressos e o que não funciona, pode ser visto em vários campos no Brasil. Na economia, nas instituições — e nos dados macroeconômicos.

Em particular, sem negar as evidências de que o país avançou bastante em alguns campos essenciais para o desenvolvimento de uma economia, como destacaremos neste capítulo e no livro como um todo, a razão de ser do material que o leitor tem em mãos é a permanência do problema que tem sido o denominador comum de todos os governos no país desde o começo da década de 1980: o *deficit* público.

A inflação já foi o problema número um do país e deixou de sê-lo. O crescimento — ou sua falta, melhor dizendo — é um problema sério hoje, mas pareceu parcialmente superado em algumas oportunidades. As contas externas foram uma dor de cabeça durante décadas, mas não nos últimos tempos. E as taxas de juros reais elevadíssimas foram uma marca da economia durante muitos anos, e, felizmente, não são mais. Entretanto, o *deficit* fiscal, em linhas gerais, tem sido elevado há décadas e nunca deixou de ser um desafio enorme para os governos, desde que as primeiras estatísticas no formato atual passaram a ser apuradas, na primeira metade dos anos 1980. No governo dos presidentes Figueiredo, Sarney, Collor de Mello, Itamar Franco, Fernando Henrique Cardoso, Lula, Dilma Rousseff, Michel Temer e agora no de Jair Bolsonaro, em todos eles, o *deficit* público elevado condicionou a ação das autoridades, gerando preocupações acerca da solvência futura do próprio Estado brasileiro. Agora mesmo, em particular, ainda que em circunstâncias muito peculiares pelo impacto defasado da pandemia na economia brasileira e, particularmente, na receita, espera-se para 2021 que as Necessidades de Financiamento do Setor Público (NFSP) no conceito nominal — o famoso "*deficit* público" — sejam da ordem de 7% do PIB, ou seja, um número alto, "para ninguém botar defeito".

Ulysses Guimarães dizia que "se você tem maioria de votos no Congresso, você só não faz homem virar mulher e mulher virar homem. O resto você faz". Para combater o *deficit*, porém — e isso passa pelo Parlamento —, é preciso entender suas raízes e sua composição. É a esse entendimento que este livro se destina.

Neste capítulo, mostraremos justamente os principais números da situação macroeconômica do Brasil em retrospecto histórico, destacaremos os avanços obtidos pelo país e remarcaremos a dimensão dos desafios existentes para a superação do problema fiscal, entendido como base para a recuperação do crescimento.

Este livro está sendo finalizado ainda com uma margem de incerteza grande em relação às contas de 2021. Adotaremos números projetados com base na análise do autor, baseados no projeto de Orçamento Geral da União (PLOA) para 2021 encaminhado ao Congresso Nacional em agosto de 2020, que, por sua vez, utilizou premissas acerca do que na ocasião se imaginava que aconteceria até o final de 2020. As projeções para 2021 foram feitas tentando ter o maior realismo possível, e os dados até 2019 foram todos observados.[1]

## UM PAÍS VICIADO

Foi dito mais de uma vez que, no Brasil, o Estado veio antes da Nação. Sem que houvesse a formação de uma nacionalidade clara, com uma interação territorial entre as regiões que compunham o país, o Brasil estabeleceu o sistema de capitanias hereditárias, com concessões feitas pelo Poder Central para o domínio de pessoas ou grupos sobre determinadas parcelas geográficas do território. Na ponta desse sistema, havia um sistema de gastos públicos, por determinação do Poder Central, ora para o estabelecimento das "cortes" locais, ora como consequência da exploração de determinados produtos. A arrecadação não se tornou o resultado da pujança das atividades locais, e, sim, o mecanismo de sustentação de uma casta, muitas vezes com mecanismos de transferência de Poder entre gerações, em benefício de famílias que iam se sucedendo nos Palácios — e qualquer similitude com algumas situações atuais em certos Estados não é mera coincidência.

Essas relações entre os governos e grupos de interesses foram se modificando com o tempo, mas sempre permeadas por formas diversas de favorecimento, seja a famílias, seja a empresas, envolvendo algum tipo de relações de troca — nem sempre marcadas pelo princípio da impessoalidade. Em meados do século XX, com as grandes obras de infraestrutura e a construção de Brasília, irrompeu no cenário brasileiro a figura do empreiteiro. Este, como contrapartida de obras públicas feitas ao amparo de contratos muitas vezes modificados com os famosos

---

1. Para o leitor mais familiarizado com os detalhes, deixa-se o registro aqui, evitando repetições todas as vezes em que isso estiver sendo importante implicitamente para os números: as premissas adotadas nas diversas tabelas e gráficos em que constam os anos de 2020 e 2021 no restante do livro são explicitadas a seguir. Para o PIB, R$ 7.070 bilhões e R$ 7.500 bilhões; para a inflação média anual (deflator do PIB), 2% e 2,5%; e para o crescimento da economia, taxa negativa de 4,5% e posteriormente positiva de 3,5%, respectivamente.

"aditivos", tornou-se um personagem muito próximo do Poder. Com este assinavam-se contratos polpudos, ao mesmo tempo em que se tornava o financiador por excelência das campanhas eleitorais, campanhas essas mais polpudas (e aqui caberia a expressão "polpuda$") a cada eleição.

Ficou famosa a resposta de um dos principais líderes empresariais paulistas, dono de uma das maiores empreiteiras do país, a um governador de São Paulo, no dia de sua posse, quando o político se dirigiu a ele com as seguintes palavras: "Você por aqui?" A resposta veio com o devido lembrete: "Eu estou sempre aqui, governador, em todas as cerimônias de posse. Vocês é que mudam."

A necessidade de arcar com os compromissos com a sustentação de uma folha de pagamentos que foi se tornando maior com o passar do tempo, combinada com a realização de obras que nem sempre tinham as devidas fontes de *funding* e com o início do processo de envelhecimento demográfico do país — e seu impacto sobre as despesas —, passou a gerar crises recorrentes, em decorrência da incapacidade de financiamento adequado para o gasto público.

A dívida pública, historicamente, foi então o resultado desse somatório de inconsistências. Estas fazem jus à definição de Ricardo Hausmann, economista venezuelano e ex-ministro de Economia do seu país nos anos pré-Chávez: "A dívida pública se assemelha a uma gravidez indesejada. Ela é geralmente a consequência não desejada e defasada de atos praticados, com outros fins, por mais de uma pessoa." A esse propósito, ressalte-se que ela não era um fenômeno novo no Brasil do século XX, nem algo exclusivo das vicissitudes do país. Há 160 anos, o assunto já estava em pauta, no discurso do Conselheiro Saraiva na Câmara de Deputados, em 1860, utilizado muito depois por Celso Lafer em seu estudo sobre o Programa de Metas de Juscelino Kubitschek, aliás, um campeão do endividamento público: "Por mais que me custe expor-me a ser tido por homem de pouco juízo, eu não hesitaria em alistar-me no número de loucos que nutrem a grande e generosa ambição de ver o país cortado por caminhos, por vias férreas, por canais, embora tudo isso nos desequilibrasse o orçamento e nos fizesse dever dezenas de milhares de contos de réis... Por muito tempo a nossa escola há de ser tida como menos sensata por aqueles que elevam a prudência à ordem de primeira virtude... Quero pertencer à escola dos loucos, porque tenho a certeza de que a dos prudentes nada fará senão trazer o expediente em dia."

Note o leitor, a título de curiosidade, o paralelo entre o espírito dessa frase e o desta outra, mais recente, porém manifestada também há muitas décadas. Ela foi expressa em carta a seu colega Carlos Ibáñez, então presidente do Chile, por Juan Domingo Perón, o ex-presidente argentino, citada em ensaio sobre os aspectos culturais da inflação pelo antropólogo Roberto Da Matta, em seu livro *Tocquevilleanas: Notícias da América*: "Meu caro amigo: dê ao povo tudo o que for possível. Quando lhe parecer que você está dando muito, dê mais. Você verá os resultados. Todos irão lhe apavorar com o espectro de um colapso econômico. Mas tudo isso é uma mentira. Não há nada mais elástico do que a economia, que todos temem tanto porque ninguém a entende."

Entre aqueles que se dedicaram a "evitar se limitar a trazer o expediente em dia" e os que se dedicaram com afinco à tarefa de "se lhe parecer que está dando muito, dê mais", não é de estranhar que Brasil e Argentina tenham sido as maiores frustrações históricas da América Latina, pelo hiato entre o que são e o que poderiam ter sido.

## O DESARRANJO COMO RESULTADO

Em um estudo comparativo publicado há aproximadamente quinze anos, Gustavo Franco apresenta uma tabela com a sistematização dos casos enquadrados como hiperinflação, definida aqui, conforme a caracterização de Philip Cagan, como a situação em que a inflação mensal atinge 50%, até o ponto em que a inflação cede abaixo desse nível e permanece sendo inferior a essa taxa por pelo menos 12 meses.[2] Na tabela de Franco, são 24 casos documentados, que, a rigor, podem ser condensados em 22, se considerarmos que tanto Congo como Tajiquistão aparecem cada um duas vezes, com intervalo entre ambos de apenas

---

2. Ver Franco (2005).

2 anos, o que permite, com certa flexibilidade conceitual, tratá-los como um caso só. Esses 22 casos podem ser enquadrados, nas seguintes taxonomias, em quatro grandes grupos:

I) Desarranjos nacionais no entreguerras. São cinco casos de hiperinflação na Europa depois da Primeira Guerra Mundial, entre os quais o mais notório é o da Alemanha de 1922/1923, no qual muitos historiadores entendem que se criaram as raízes do nazismo, pela degradação representada pelo evento para a honra nacional. Além desse, registraram-se os casos das hiperinflações da Áustria, Hungria, Polônia e da União Soviética, no conjunto entre 1921 e 1924. O caso alemão foi o mais virulento, com a maior taxa acumulada no período de duração — de estonteantes 10 bilhões% — e também a maior taxa mensal, de inacreditáveis 32.400%.

II) Episódios da Segunda Guerra Mundial. É um subconjunto, *grosso modo*, de subprodutos do conflito, que envolve três casos, sendo eles a Grécia em 1943/1944, a Hungria entre 1945 e 1946 e a China entre 1945 e 1949, os primeiros como efeitos colaterais dos acontecimentos na Europa Ocidental na Segunda Guerra Mundial e o último no contexto específico da dissolução do antigo regime, o que acabou levando à adoção do comunismo no país em 1949.

III) Casos da América Latina na década de 1980. São cinco casos, incluindo o Brasil entre dezembro de 1989 e março de 1990, acompanhado da Bolívia em estado de convulsão durante 1984/1985; da Nicarágua sandinista entre 1986 e 1991; do Peru pré-Fujimori 1989/1990; e da Argentina do fracasso do governo Alfonsín de 1989/1990. De modo geral, foram casos de governos militares ou ditaduras *latu sensu*, que acabaram mal e nas quais as sociedades não conseguiram processar a transição rumo à democracia de uma forma economicamente organizada, com os ingredientes específicos da guerra civil na Nicarágua e, em parte, no Peru.

IV) Demais casos avulsos. São em número de nove, incluindo Congo (1991/1994), Ucrânia (1991/1994), Azerbaijão (1992/1994), Armênia (1993/1994), Geórgia (1993/1994), Sérvia (1993/1994), Tajiquistão (1993/1995), Angola (1994/1996) e Turcomenistão (1995/1996). Como o leitor deve ter notado, tratam-se de países com alguns denominadores em comum: uma espécie de dissolução do Estado Nacional no Congo, uma guerra civil em Angola e o caos da dissolução da antiga Europa Oriental comunista, com a agonia inicial do surgimento ou do ressurgimento caótico de novos países, nas ex-repúblicas soviéticas, ou, no caso da atual Sérvia, do desaparecimento da antiga Iugoslávia.

Como fica claro pela simples enunciação dos casos, todos eles, em linhas gerais, corresponderam a situações limítrofes, se não com a dissolução nacional, sempre com uma enorme desorganização do país. No caso do Brasil, que durante anos havia convivido com o fenômeno da alta inflação com certa tranquilidade graças à correção monetária dos contratos, nas palavras de Gustavo Franco em seu artigo já citado, "a era da indexação parecia terminar de forma trágica num processo inflacionário virulento e destrutivo cuja única característica peculiar era uma aparente normalidade em seu desenrolar, ensejada pelos efeitos narcóticos da indexação" (p. 266). Aqui, ao contrário de outros países, a inflação média do período que obedece à definição de Cagan foi de "apenas" 70% mensais, e mesmo no pior mês, não chegou a 90%, mas deixou marcas profundas, como o auge de um processo de degradação da economia, que poderia ser retomado se o país não endereçasse direito o enfrentamento de seus fantasmas.

No caso brasileiro, além disso, fazendo jus à expressão em inglês *adding insult to injury*, a hiperinflação — e sua suposta cura — trouxe, no começo de 1990, o trauma do confisco de ativos, por ocasião do Plano Collor, de março de 1990. Na época, boa parte dos ativos financeiros foram temporariamente congelados pelo governo e devolvidos depois em suaves prestações. Houve ali três elementos marcantes, combinados em conjunto em um mesmo episódio histórico.

Primeiro, o Governo decretou feriado bancário de três dias, indicando para a população que um belo dia ela poderia não mais poder retirar seus ativos — uma experiência dificilmente passível de esquecimento para qualquer um que a tenha vivido pessoalmente.

Segundo, em um contexto em que a inflação estava correndo à bagatela de 3% por dia útil — é isso, caro leitor: aproximadamente 85% ao mês em um mês com 21 dias úteis, ou seja, parecida com a inflação anual atual — a dívida pública ficou sem qualquer correção monetária durante 72 horas, o que significa que em menos de meia semana o poder público "tungou" quase 10% da dívida pública, gerando uma perda similar na riqueza financeira dos detentores de títulos — ainda por cima, vilipendiados sob o rótulo infame de "rentistas".

Terceiro, a riqueza retirada foi devolvida, com um *lag* de tempo, em módicas prestações, com o governo determinando quem poderia receber antes os recursos. O episódio ficou conhecido como o caso das "torneirinhas", que irrigavam de liquidez a economia por meio de canais específicos, em função de determinadas características dos ativos ou dos detentores destes.

Ou seja, em poucos meses, a sociedade brasileira foi apresentada ao que pode acontecer de pior como desfecho de casos de desequilíbrios fiscais agudos: i) uma inflação acelerada, que no limite pode chegar à hiperinflação; e ii) o "calote", implícito ou explícito, da dívida pública. O trauma da cominação da hiperinflação e do congelamento dos ativos financeiros de 1990 criou alguns anticorpos na sociedade brasileira: a) o reconhecimento de que vencer a inflação elevada era um imperativo; e b) a rejeição a qualquer ato de autoritarismo que levasse a uma nova medida desse tipo. Hoje, provavelmente nenhum governo resistiria em pé a um novo Plano Collor. De fato, ele só foi "aceito", por assim dizer, na época, política e socialmente, porque foi visto pela sociedade, naquele momento, como uma forma de derrotar a hiperinflação. Quando, poucos meses depois, a alta inflação voltou, à moléstia — para usar um termo brando — causada por esta em si somou-se a revolta pela situação que o país havia vivido. É claro que esse (mau) humor social esteve meses depois por trás das grandes passeatas que compuseram o pano de fundo do *impeachment* do presidente Fernando Collor em 1992.

## TRÊS DÉCADAS DE FRACASSOS OU 25 ANOS DE PROGRESSO?

É importante, no traçado das linhas programáticas a seguir no caso de uma política mais incisiva de combate ao *deficit* público, ter claro o contexto em que isso se dá. Isso diz respeito à relação das autoridades com os governados. Uma coisa é quando o governo — não a administração do presidente X ou Y, e sim a instituição — tem propostas que envolvem certo grau de sacrifício para a população e elas são apresentadas após o governo fracassar redondamente na provisão de serviços adequados. Outra é quando as políticas públicas tiveram algum resultado, no passado, gerando certo reconhecimento da sociedade para com o poder público.

Como parte da narrativa dos movimentos políticos que acabaram levando à eleição de Jair Bolsonaro como presidente da República nas eleições de 2018, popularizou-se a tese de que a vitória dele se daria no rasto do "fracasso de mais de trinta anos de governos socialdemocratas". Para além da licença poética que implica tratar os governos Sarney, Collor e Lula como parte do mesmo agrupamento político ou os ex-ministros Pedro Malan e Guido Mantega como integrantes do mesmo time, há outras considerações importantes a fazer.

Neste ponto, cabe fazer uma distinção entre o período 1985/2010 e o que veio depois. Independentemente das justas queixas acerca de eventos específicos do período — como o confisco dos ativos no Plano Collor ou os cinco planos fracassados de estabilização antes do Plano Real —, o fato é que entre março de 1985 — quando os militares cederam o poder aos civis — e dezembro de 2010 — no fim da gestão do ex-presidente Lula —, o país fez progressos inquestionáveis. Pode-se dizer, sem medo a errar, que todo o país melhorou ao longo desses 25 anos.

Esquematicamente, pode-se dividir esse período em três grandes subperíodos, mesmo com todas as qualificações que possam ser feitas a caracterizações algo rígidas. A segunda metade dos anos 1980 representou o período da *reconquista das liberdades democráticas*. Acabou a censura, foram eleitos os prefeitos das capitais — até então escolhas do governador do Estado —, o país elaborou uma nova Constituição e, em 1989, realizou as primeiras eleições presidenciais diretas depois de 1961. Não foi pouco, após mais de 20 anos de vigência de um regime autoritário, entre 1964 e 1985.

A década de 1990 é, claramente, a década da *estabilização*. Ainda que no começo ela não tenha sido alcançada plenamente e uma inflação efetivamente baixa e duradoura tenha vindo só anos depois, a simples comparação das taxas mensais de inflação antes e depois de 1994 — associadas ao lançamento do Plano Real — mostra que algo de muito especial ocorreu no país naquele ano. Isso permite dividir a história do país em um "antes" e um "depois" desse marco.

A altíssima inflação, durante quase dez anos ameaçando a cada momento resvalar para a hiperinflação depois de 1985, distorcia preços relativos, impossibilitava o cálculo econômico decente, inibia as decisões de investimento, tomava um tempo enorme das pessoas e, *last but not least*, castigava duramente os setores mais pobres da sociedade. Estes tinham menos acesso aos mecanismos de proteção financeira dos quais dispunham a classe média e os setores mais beneficiados da população.

Finalmente e, novamente, fazendo a ressalva de que o movimento não foi exclusivo da década, pelo fato de, a rigor, ter se iniciado antes, não há dúvida de que, se fosse preciso resumir em uma frase a primeira década do século atual, ela seria rotulada como a "década dos *avanços sociais*". Ainda que esse movimento tenha sido claramente favorecido pelo *boom* do preço das *commodities*, o fato é que eles envolveram desde a recuperação do emprego até a consolidação dos programas sociais — com destaque para o Bolsa Família —, passando pela melhora dos indicadores de distribuição de renda.

Mal ou bem, e apesar da permanência ou, em alguns casos, do agravamento de muitas mazelas — com ênfase na chaga da corrupção —, o país, até 2010, avançava. Éramos uma democracia já a caminho de se consolidar quando Sarney cedeu o mando para Fernando Collor em março de 1990; adotáramos o real quando Itamar Franco passou a faixa a Fernando Henrique Cardoso (FHC) em 1º de janeiro de 1995; aprendemos que o Plano Real não tinha sido o "sexto plano fracassado de estabilização", e sim "o" plano de estabilização em 1º de janeiro de 2003, quando FHC passou o bastão para Lula; e havia um legado social claro quando Lula entregou o Poder a Dilma Rousseff em 1º de janeiro de 2011.

## ONDE FOI QUE NOS PERDEMOS?

Em seu livro *Conversa na Catedral*, Mario Vargas Llosa se manifesta por meio de seu personagem Zavalita, colocando na boca dele a seguinte reflexão, própria de um homem derrotado, em um país marcado pela sina do fracasso: "Desde a porta da 'Crónica', Santiago observa a Avenida Tacna: automóveis, prédios desiguais e insossos, esqueletos de avisos luminosos flutuando na névoa, o meio-dia cinzento. Em que momento o Peru se ferrou?"

A frase tem sido evocada seguidamente, em mais de um país, para tentar identificar o momento, o instante, o período em que uma Nação se extravia e se desvia do caminho.

Quando foi que o Brasil se perdeu?

Cada um terá a sua interpretação, e na história, muitas vezes os eventos de uma época são a sucessão natural de outros prévios, de modo que sempre será possível identificar raízes anteriores em cada ato citado. Se, porém, tivermos que definir um ano como aquele em que as coisas começaram a desandar, talvez seja adequado situá-lo, no Brasil, em 2011.

Em 2012, em coautoria com meu amigo e colega Armando Castelar Pinheiro, publicamos o livro *Além da Euforia — Riscos e Lacunas do Modelo Brasileiro de Desenvolvimento*, que havia sido redigido e submetido à editora um pouco antes, no ano de 2011. Ali dizíamos que, para "além da euforia", havia problemas que a economia brasileira precisava endereçar e que, se assim não fosse, o país teria problemas pela frente, porque o *boom* que o Brasil tinha vivido até 2010 não poderia ser mantido.

Reduzir o ritmo de crescimento, combater a alta dos preços, ajustar o setor externo e suportar como inevitável algum aumento do desemprego são tarefas que nenhum governo gosta de fazer em uma democracia. São, por outro lado, parte da *job prescription* quando se está em uma situação como a do Brasil no começo de 2011, após o fim do governo Lula, com inflação pressionada, *deficit* em conta corrente elevado e todos os sintomas clássicos de uma economia em processo de superaquecimento.

O baixo desemprego da época e a elevada popularidade da qual dispunha o governo, porém, permitiriam ter alguma "gordura" política para queimar em uma gestão que, com certa destreza política, pudesse agir no campo da economia fazendo o que tinha que ser feito, sem descuidar do *front* partidário e parlamentar, para conservar as rédeas do processo.

Uma liderança política como a do ex-presidente Lula, que fazia sombra à sua sucessora, combinada a um partido que pareceu ignorar o bê-á-bá do funcionamento da economia e uma avassaladora inépcia política por parte do novo governo empossado em 2011 foi levando a economia a se afastar cada vez mais do rumo necessário. Daí em diante, foi um rosário de equívocos, cujos marcos mais importantes foram o desastre intervencionista de 2012, com ênfase na MP do setor elétrico e seus efeitos perversos sobre o setor; a propaganda eleitoral de 2014 acenando com a retomada da economia em contraposição ao que ocorreria se a oposição vencesse; e o "cavalo de pau" da mudança econômica de 2015. Esta se deu sem qualquer preparação para a reorientação de 180 graus resultante da escolha de Joaquim Levy para o Ministério da Fazenda, contestada politicamente desde o primeiro dia pelo PT. A "cereja do bolo" desse processo foi a eleição de Eduardo Cunha para a Presidência da Câmara de Deputados no começo de 2015 e a aprovação da assim chamada "pauta bomba", um arsenal de medidas legislativas, cada uma com maior impacto fiscal que a outra, para desafiar o governo. Como mais de um observador reparou, não havia a menor possibilidade de isso dar certo. O resto é história recente, que todos conhecem.

## OS GRANDES AVANÇOS

Deixando de lado os detalhes das "árvores" dos anos, quando se olha para a "floresta" de um processo de décadas, alguns avanços são claros — e convém enfatizá-los. O maior deles, sem dúvida, foi no campo da política anti-inflacionária. O Gráfico 1.1A serve para lembrar os pesadelos do passado.

O gráfico engana um pouco pela escala, já que 20% ou 30% de inflação anual parecem irrelevantes se comparados com taxas de 1.000% ou 2.000%. Adota-se aí o IGP, por ser, dos índices mais conhecidos, o mais antigo — os índices de preços ao consumidor mais conhecidos só surgiram no final dos anos 1970 — e porque o gráfico se inicia em 1970. O final é 1994 porque, claramente, depois há que se adotar outra escala. Em 1970, a variação anual do IGP foi de 19%. A inflação se tornou um problema maior a partir de 1974, quando a taxa passou para o que se chamou de "patamar de 30% a 40%", onde ficou até 1978. A maxidesvalorização de 1979 — ano de "transição entre patamares" — jogou a inflação para o "patamar de 100%", onde ficou no triênio 1980/1982. Nova desvalorização em 1983 deslocou o patamar para 200% a.a., por um novo triênio (1983/1985). Em 1986, o fracasso do Plano Cruzado jogou o país no inferno do que tecnicamente caberia qualificar como "hiperinflação reprimida". Nesse período, a inflação adquiriu uma tendência permanentemente aceleracionista, apenas temporária e artificialmente contida durante alguns meses pelo congelamento de preços, como nos Planos Cruzado (fevereiro de 1986), Bresser (junho de 1987), Verão (janeiro de 1989), Collor 1 (março de 1990) e Collor 2 (janeiro de 1991).

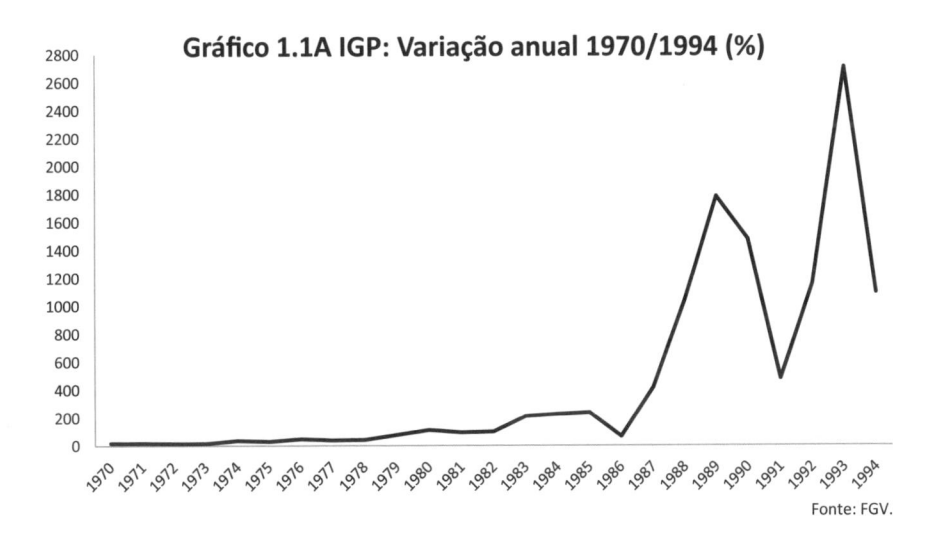

**Gráfico 1.1A IGP: Variação anual 1970/1994 (%)**

Fonte: FGV.

O Plano Real, de junho de 1994, marcou um divisor de águas (Gráfico 1.1B). A partir de então, a taxa de inflação se pareceu mais com a de um país "normal", embora o desafio da estabilização demorasse anos para ser vencido. A inflação dos primeiros doze meses do Plano Real foi de 33% (IPCA), e a inflação oficial janeiro/dezembro de 1995 ainda foi superior a 20%. Mesmo assim, taxas no novo patamar não se comparam com os números doidos pré-junho de 1994. Basta dizer que a inflação do IGP nos últimos 12 meses encerrados em junho de 1994 fora de incríveis 5.153% e que a taxa mensal em junho de 1994 alcançou quase 47%, o que, anualizado, corresponde a alguma coisa em torno de 10.000%! Nos altos e baixos que se seguiram, houve progressos contínuos entre 1995 e 1998 e problemas depois, com os picos de 1999 (8,9%), 2002 (12,5%) e 2015 (10,7%), até o patamar atual de variação do IPCA, na faixa, *grosso modo*, de 2% a 4%, nos últimos anos — taxa medida em 12 meses, vale lembrar...

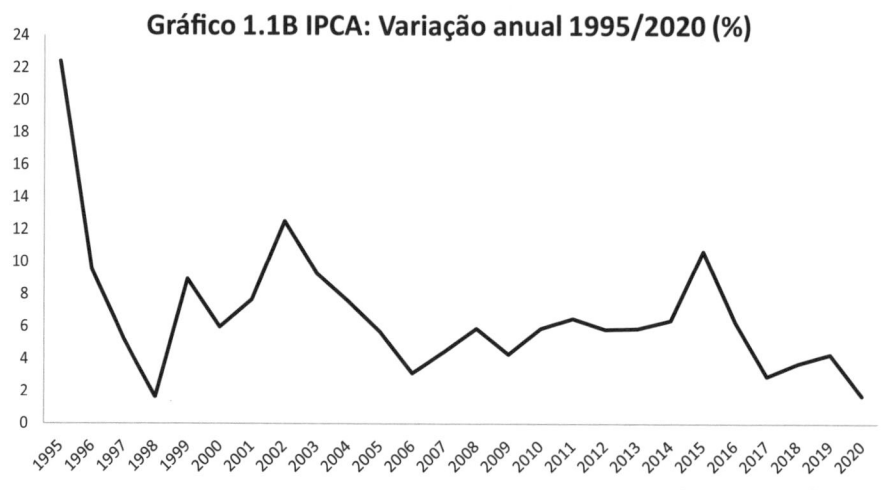

**Gráfico 1.1B IPCA: Variação anual 1995/2020 (%)**

Fonte: IBGE. Para 2020, projeção Focus.

Também no campo dos juros houve progressos enormes (Gráfico 1.2). O fenômeno das altas taxas de juros reais remonta a 1991, quando, no contexto de uma corrida especulativa contra a moeda e de uma aceleração inflacionária forte, o Banco Central adotou uma taxa nominal de juros que não deixasse dúvidas de que geraria um rendimento real extremamente positivo para o investidor. A política se acentuou em 1994 como parte do *script* para o êxito inicial de um plano de estabilização e se manteve por mais de 20 anos, ainda que com uma tendência histórica a baixa. Nos 20 anos entre 1995/2014, a taxa real SELIC, com a taxa nominal deflacionada pelo IPCA, foi de impressionantes 10% a.a. Se computada por períodos de governo, ela evolui de 16% a.a. nos oito anos de FHC para 8% a.a. nos oito anos de Lula e para 4% a.a. na média de Dilma/Temer. Recentemente — claro que em parte em função do contexto internacional de juros baixos —, a SELIC real tem se situado em torno de 0% a 1%, aproximadamente, algo praticamente inacreditável há apenas poucos anos.

**Gráfico 1.2 Taxa de juros real SELIC (%)**
**Deflator: IPCA**

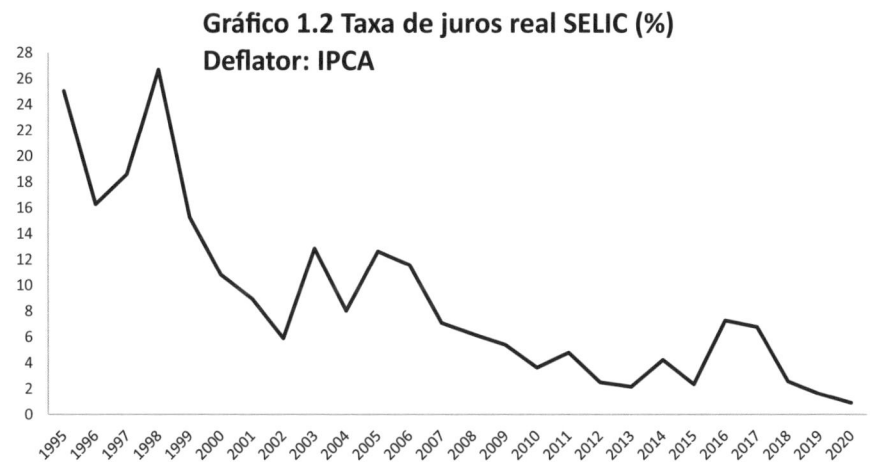

Fonte: Banco Central. Para 2020, projeção Focus.

Além da inflação e da taxa de juros, outro aspecto em que houve uma mudança radical em relação ao passado foi o setor externo (Gráfico 1.3). Para a geração nascida nas décadas de 1950 e 1960, o *deficit* de Balanço de Pagamentos e a dívida externa eram fantasmas a ameaçar permanentemente o futuro do país. Essa realidade, inclusive, deu origem à famosa expressão atribuída a Mário Henrique Simonsen, de que "a inflação dói, mas o Balanço de Pagamentos mata". Embora neste caso a mudança tenha ocorrido mais recentemente, e não em 1995 — pelo contrário, entre 1994 e 1998 e entre 2005 e 2014 houve pioras significativas da variável —, o fato é que a situação das contas externas melhorou muito em relação àquele ano. Em 2014, o *deficit* em conta corrente brasileiro fora de US$101 bilhões, e em 2019 — mesmo tendo aumentado depois de 2017 —, foi de US$51 bilhões, voltando a cair recentemente.

**Gráfico 1.3 Resultado em conta corrente do Balanço de Pagamentos (US$ bilhões)**

Fonte: Banco Central. Para 2020, projeção Banco Central.

Na esteira dessa mudança, a relação do país com o exterior sofreu uma modificação radical, favorecida pelos elevados ingressos de capital na forma de investimento direto, que, junto do resultado em conta corrente, afeta a dinâmica das reservas internacionais. Com a acumulação destas até o atual nível da ordem de grandeza entre US$300 bilhões e US$400 bilhões, elas se tornaram maiores que a dívida externa bruta do país desde 2008, significando que o país se torna credor líquido do exterior. Assim, a relação dívida externa líquida/exportações de bens, que tinha alcançado picos de quase 3 na década de 1960, de mais de 3 na década de 1970 e de quase 5 na década de 1980, e que ainda foi da ordem de 4 na crise do final da década de 1990, cedeu rapidamente, tornando-se negativa, alterando completamente a percepção de vulnerabilidade externa da economia brasileira (Gráfico 1.4). Isso representou um claro contraste com outras economias emergentes que ainda há poucos anos tiveram problemas sérios de Balanço de Pagamentos, como a Turquia e a Argentina.

**Gráfico 1.4 Dívida externa líquida/ Exportação de bens**

Fonte: Banco Central

Por último, não há como deixar de citar os avanços alcançados na distribuição de renda, avaliada pelas Pesquisas Nacionais por Amostra de Domicílios (PNAD) desde a década de 1970. Ainda que os progressos tenham sido contínuos depois da estabilização, eles se acentuaram na primeira década do século. Essa série foi descontinuada em 2015, mas entre 1993 e esse ano, o índice de Gini cedeu de 0,60 até 0,49, indicando uma melhora clara, contínua e inequívoca da distribuição de renda no Brasil (Gráfico 1.5).[3]

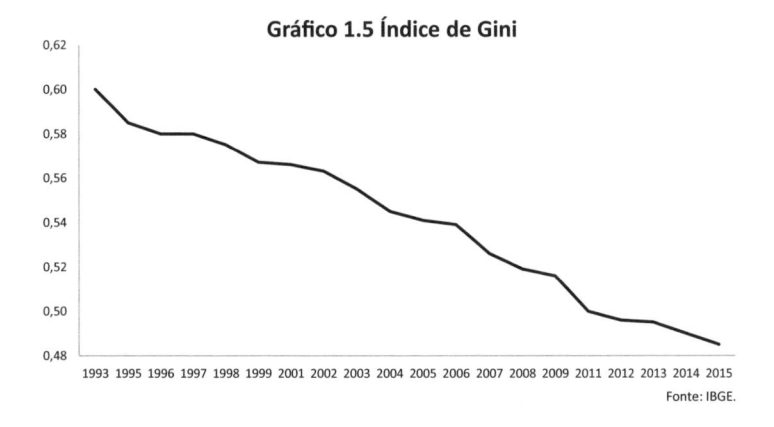

**Gráfico 1.5 Índice de Gini**

Fonte: IBGE.

---

3. Cabe lembrar que o índice vai de 0 (igualdade perfeita) até 1 (desigualdade absoluta). O indicador do gráfico se refere ao rendimento de todos os trabalhos das pessoas ocupadas de 15 anos de idade ou mais, com rendimento.

## O "LADO VAZIO DO COPO"

Se o país promoveu avanços importantes como os citados, não há, por outro lado, como não citar os problemas recorrentes, refletidos no desempenho da economia em termos de nível de atividade, particularmente quando se estende a série até o final da década de 2010. Tomando como referência as taxas médias de crescimento em períodos de 10 anos, o país fechou a década de 1981/1990 com uma expansão média da economia de 1,6% a.a. Na altura de 1994, já com os 2 anos de forte crescimento (1993/1994), a taxa média decenal tinha subido para 2,8% e, com alguns altos e baixos, alcançou uma taxa bem maior, de 4,0% a.a. nos 10 anos entre 2003 e 2013. Depois disso, a taxa foi ladeira abaixo, até ser de apenas 1,3% a.a. entre 2009 e 2019 e praticamente nula entre 2010 e 2020, ao sair o *boom* de 2010 da taxa de 10 anos e entrar o terrível ano de 2020 na estatística (Gráfico 1.6). Quando se considera o crescimento da população, a variação do PIB *per capita* nesses 10 anos até 2020 se torna negativa.

**Gráfico 1.6 Taxa de crescimento do PIB: média 10 anos (% a.a.)**

Fonte: IBGE. Para 2020, projeção do autor.

O grande drama decorrente desse desempenho é o que aconteceu com a taxa de desemprego. Na estatística atual adotada pelo IBGE — e que se iniciou apenas em 2012 —, a taxa ainda cedeu um pouco até 2014, quando alcançou em torno de 7%. Depois disso, a média anual subiu durante 3 anos, com uma ligeira queda em 2018 e em 2019, neste último ano para um número próximo de 12%. Não só continuou a ser uma taxa muito elevada, como também, quando se consideram indicadores mais amplos disponibilizados pelo IBGE, a chamada "taxa de subutilização" alcançou 24% na média de 2019.[4] Isso significa que quase um quarto da população que compunha a força de trabalho em 2019 se encontrava insatisfeita com sua situação, algo que naquele ano correspondeu a um universo de mais de 26 milhões de pessoas. É muita gente! Também nesse indicador, estender a série até o ano de 2020 revelará uma realidade social desastrosa com os números que serão deixados como herança para 2021, pelo menos no curto prazo, pela recente "crise da pandemia".

Na raiz desse processo de baixo crescimento se encontra, naturalmente, o péssimo desempenho do investimento no país. Na série histórica dos últimos 50 anos, a taxa brasileira de investimento se encontra perto de seu piso histórico (Gráfico 1.7). A taxa do biênio 2018/2019, na faixa de 15% a 16% do PIB, se compara em níveis muito desfavoráveis com os dados observados no passado, mesmo fazendo a ressalva de que o pico do final dos anos 1980 envolve distorções estatísticas associadas ao auge da hiperinflação do epílogo do Governo Sarney. E, mais uma vez, também nesse caso provavelmente as estatísticas de 2020 trarão números muito negativos a essa realidade já sombria.

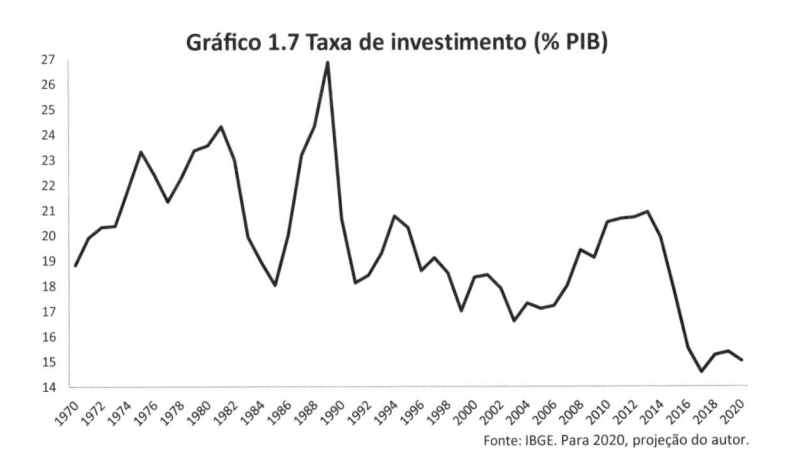

**Gráfico 1.7 Taxa de investimento (% PIB)**

Fonte: IBGE. Para 2020, projeção do autor.

---

4. Além da desocupação tradicional, esse indicador considera também como "subutilizadas" a parcela de mão de obra disposta a trabalhar mais tempo sem conseguir e a mão de obra desempregada, mas que, se houvesse oportunidade, estaria disposta a trabalhar, como os chamados "desalentados".

Por sua vez, associado a esse baixo investimento se encontra o tradicional problema da baixa poupança doméstica brasileira (Gráfico 1.8). Este foi apenas "driblado", historicamente, com o apelo à contribuição da poupança externa, de consequências posteriormente negativas cada vez que o país dependeu desses recursos, o que invariavelmente acabou desaguando depois em crises de Balanço de Pagamentos, cedo ou tarde.

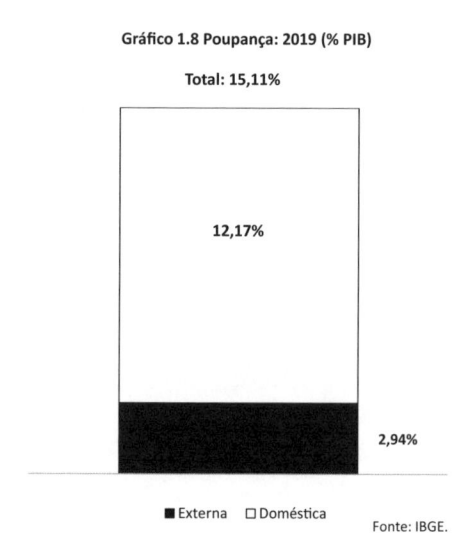

**Gráfico 1.8 Poupança: 2019 (% PIB)**

Total: 15,11%

- 12,17%
- 2,94%

■ Externa  □ Doméstica

Fonte: IBGE.

Resolver o problema do baixo crescimento para poder atacar de forma eficaz o alto desemprego implicará poder poupar mais, o que não será possível sem aumentar bastante a poupança pública, aproximando-se dos níveis que foram observados na década de 1970. Vencer o desafio da vitória contra o *deficit* fiscal e a despoupança pública é justamente o que motiva este livro.

## NO MEIO DO CAMINHO TINHA UM VÍRUS

A elaboração deste livro foi "atropelada", por assim dizer, pela "crise do coronavírus". No dia 16 de março, o livro teve uma espécie de "ponto quase final", quando o autor iniciou uma fase de *home office* "realisticamente" — vã ilusão! — imaginada, na época, em torno de duas semanas. Havia a expectativa de que a crise de dimensões desconhecidas e inicialmente ignoradas pudesse gerar uma queda da taxa de crescimento do PIB em 2020 — de "algo em torno de 2%" para "algo em torno de 0" — e alguma pressão fiscal para acomodar as demandas que estavam começando a surgir. Foi como se preparar para uma chuva forte e, ao abrir a janela, notar que a cidade estava sendo devastada por um tsunami... Diante do que parecia caminhar para ser a maior crise econômica da história documentada das Contas Nacionais do país — iniciada na década de 1940 —, foi preciso adiar os planos. Em vez de esperar um ou dois meses antes de enviar os originais para a editora, para dar tempo de "ajustar a casa decimal depois da vírgula", foi necessário deixar as coisas minimamente se assentarem. Isso permitiria entender melhor qual seria o resultado da devastação — inclusive fiscal — que estava apenas começando em março. Depois de uma recessão horrenda, uma queda assustadora dos indicadores de emprego e da maior tragédia de todas — mais de 100 mil mortos pela covid-19 —, foi possível, então, retomar o fio da meada no final do ano e completar a tarefa.

O fato é que, se o Brasil já teria enormes desafios fiscais a serem enfrentados antes da crise que eclodiu com a descoberta do vírus originado da China e que causou uma pandemia e uma grande recessão mundial, eles se tornaram maiúsculos depois da crise. Em vez de ter que se esforçar para reduzir o peso de uma dívida bruta "da ordem de 75% do PIB", o Brasil terá, nos próximos anos, que encarar o enigma de como fazer para curvar uma dívida "da ordem de 90% a 100% do PIB", com a consequente necessidade de arcar com uma despesa de juros contaminada pela dívida elevada, ainda que beneficiada por uma taxa SELIC menor.

Evitar um aumento contínuo dos indicadores de endividamento público — em um país com o histórico progresso de ter tido experiências traumáticas acerca de como essas histórias acabam mal, com uma explosão de preços ou em um "calote", explícito ou disfarçado, da dívida — e, ao mesmo tempo, conseguir dar conta das demandas sociais que aumentaram de intensidade em função da crise — aumento do desemprego, queda da renda etc. — é uma tarefa hercúlea a ser encarada pela liderança política. Este livro é, também, sobre isso: liderança. Ou seja, sobre a necessidade de expor à população, com clareza, transparência e espírito democrático, a realidade, para, a partir da compreensão da situação e das difíceis escolhas envolvidas, tomar o rumo adequado, de forma politicamente viável, socialmente aceitável e economicamente consistente. Vale insistir: é um desafio hercúleo.

## A TAREFA PENDENTE

Ernesto Lozardo, em sua biografia de Roberto Campos, diz com pertinência que há "na cultura brasileira o entendimento de que, se com os esforços pessoais não se conseguir o mínimo desejado na vida, o Estado, de alguma forma, terá um programa assistencial que garantirá a sobrevivência. É o entendimento sobre o Estado provedor, assistencialista, benévolo, pois a sociedade paga impostos... Criou-se uma imensa massa humana que busca no Estado sua tábua de salvação. A demanda social existente não cabe no Estado brasileiro" (p. 198).[5]

Esse problema — que se acentuou em 2020 — está na raiz das dificuldades enfrentadas pela economia brasileira. Infelizmente, o Brasil perdeu uma oportunidade histórica para endereçar adequadamente a questão durante o *boom* da primeira metade da década. Nos 7 anos compreendidos entre os anos de 2003 e 2010, a economia brasileira se expandiu a uma taxa real média de 4,5% a.a. Em 2003, a despesa primária total, incluindo a transferência a estados e municípios, foi de 18,5% do PIB. Tivesse a despesa crescido a uma taxa de 3% a.a. — repare o leitor, praticamente o triplo do crescimento populacional no período, de 1,1% a.a. —, e a despesa teria caído para 16,7% do PIB em 2010, em um ajuste indolor. Ao invés disso, ela escalou até 20,5% do PIB naquele ano, após 7 anos de crescimento do gasto público a uma taxa média real de 6,1% a.a.

Foi nesse contexto que, no encerramento de um dos capítulos iniciais daquele livro com Armando Castelar, especificamente no capítulo denominado "A fantasia fiscal", dizíamos: "Pensando no futuro e sabendo que nos últimos dez anos

---

5. Lozardo (2018).

os deuses foram generosos com o Brasil, deixamos com o leitor a velha frase de Thomas Jefferson, que vem naturalmente à memória ao se comparar a sorte que o Brasil tem tido em tempos recentes com a prodigalidade com que tem utilizado os recursos públicos nos últimos anos: 'Temo por meu país quando penso que Deus é justo'." Os deuses, depois, se vingariam do Brasil...

Tancredo Neves, na posse que não houve em março de 1985, havia deixado pronto o discurso de transmissão de mando, com a frase que ficaria célebre: "É proibido gastar." Ela se inseria no contexto dos acordos da época com o Fundo Monetário Internacional (FMI), baseados em um forte ajuste fiscal. A realidade, porém, evoluiu na direção contrária, com o gasto aumentando e os acordos com o FMI sendo deixados de lado.

Anos mais tarde, em 1990, o presidente recém-eleito Fernando Collor pretendeu acabar com a inflação retendo a dívida pública e os ativos financeiros — variáveis de estoque —, mas sem conter o fluxo de deficit nos anos seguintes, que continuou sendo uma dor de cabeça a desafiar as autoridades.

Já em 1994, o Plano Real foi precedido de anúncios prévios destinados, supostamente, a resolver o problema fiscal como condição para o êxito do Plano. Entretanto, já na largada, em 1995, o *deficit* nominal do setor público se situou na faixa de 6% a 7% do PIB, por coincidência em patamar próximo, *grosso modo*, ao que se espera para 2021. Em matéria fiscal, em mais de 25 anos, de certa forma, o país andou em círculos.

"Derrotar" o *deficit* público, fazendo com que ele se situe em patamares administráveis sem comprometer a trajetória da dívida pública, é a grande tarefa pendente, da qual dependem algumas das demais tarefas, entre elas a recuperação do investimento e a retomada do crescimento a taxas mais vigorosas.

O Brasil chegou a ter um *deficit* público nominal de menos de 3% do PIB entre 2010 e 2013, mas ele se revelou não sustentável, baseado inicialmente em uma recuperação, também não sustentável, da receita e, depois, em uma situação do gasto que tenderia a piorar pelas tendências previdenciárias. Agora, aprovada a reforma previdenciária e tendo que administrar as feridas — enormes — da crise do coronavírus, é preciso dar conta do desafio fiscal para retomar uma trajetória declinante futura da relação entre a dívida pública e o PIB, de forma que seja sustentável e duradoura no tempo.

## DECISÕES DIFÍCEIS

Em 1984, ao vislumbrar a possibilidade de ser escolhido presidente da República no Colégio Eleitoral que tinha sido definido nas eleições de 1982, Tancredo Neves declarou solenemente para um círculo de políticos próximos: "O jogo agora é para profissionais." A frase se aplica também ao desafio de reduzir o *deficit* público em uma democracia complexa como a nossa, com o sistema político-partidário com o grau de fragmentação da representação que conhecemos.

Além da importância de se ter um diagnóstico correto, duas coisas são necessárias nesse processo:

I) Habilidade política para conseguir aprovar no Congresso as medidas necessárias para o ajuste; e

II) Capacidade de transmitir essa necessidade ao eleitorado, o que significa que o eleitor, ao comparecer para dar seu voto, tem que ter ideia do que o espera ao eleger um grupamento político para representá-lo — e estar disposto a lhe dar o voto, mesmo prevendo medidas duras.

Não é algo trivial. Golda Meir, a lendária líder política israelense, ao saber da intenção de Abba Eban, um dos políticos mais importantes de Israel — famoso pela sua falta de carisma —, de ser candidato a primeiro-ministro, reagiu perguntando, irônica: "De que país?" A frase denota com eloquência que uma coisa é julgar ter as soluções das quais um país necessita, e outra, muito diferente, é ser capaz de implementá-las em uma democracia complexa — como a nossa.

Arnold Harberger, famoso economista de Chicago, já na idade madura, em um texto-depoimento para seus alunos, escreveu há alguns anos: "A única forma de que boas políticas sejam convertidas em realidade é que os economistas sejam persuasivos e convençam as pessoas. Você não as convence dizendo-lhes: 'Meu modelo diz que vocês têm de fazer isso.' 'Por quê?' 'Porque o modelo diz assim.'

'Você pode me explicar?' 'Bom, isso é complicado demais de explicar.' Você não pode fazer isso. Você tem de convencer as pessoas. Portanto, acho que é importante para os jovens economistas aprenderem esse aspecto da vida quando eles encaram a profissão."[6] Troque-se "economista" por "político", e, com algumas adaptações, a frase conserva pleno sentido: em uma democracia, o convencimento é fundamental. E isso é uma arte — que nem todos têm.

Fazer um ajuste fiscal de algo em torno de 5% do PIB — como o que provavelmente será preciso fazer no Brasil, partindo dos números previstos para 2021 —, mesmo que seja diluído no tempo, é muito difícil. Requer tomar medidas que não são em absoluto simpáticas, um desgaste político inevitável e uma capacidade de articulação que é um atributo em falta na política brasileira atual. É este o recado final no fechamento deste capítulo. Voltaremos a revisitar este tema no final do livro. Entre um e outro capítulo, entre o começo e o fim, a esperança é a de que os números e os argumentos a serem expostos colaborem junto ao leitor e junto aos tomadores de decisão para o que este livro tem a pretensão de ser: um exercício de persuasão.[7]

Vamos aos números, então.

---

6. Harberger (2001).
7. O leitor interessado em se aprofundar acerca dos temas tratados neste livro poderá fazer isso lendo a recente coletânea sobre diferentes aspectos da realidade fiscal brasileira, organizada por Salto e Pellegrini (2020).

CAPÍTULO 2:

# O *DEFICIT* E A DÍVIDA PÚBLICA

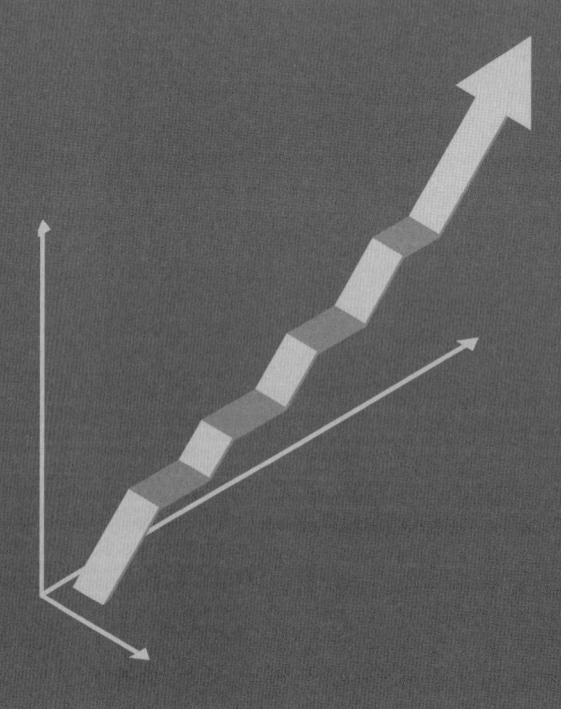

*"O Brasil só vai sair do atoleiro quando aceitar que a realidade existe."*
(Richard Moneygrand, brasilianista)

**E**M DEZEMBRO DE 2001, ESTÁVAMOS NA ARGENTINA, EM férias, com a família, nos estertores de agonia do regime de conversibilidade que tentou atrelar o peso ao dólar e acabou em uma situação caótica que levou junto o governo do presidente Fernando de la Rúa. Fomos com minha esposa e um casal de amigos comer uma pizza em um restaurante e, no final, meu amigo, nos convidando, disse: "Deixa comigo. Vou pagar em dinheiro. Você vai ver algo diferente." Foi então que, para nosso espanto, ele tirou do bolso notas de nada menos que cinco moedas diversas: alguns pesos, naturalmente, e mais: i) notas de dólar, uma espécie de segunda moeda do país na história argentina dos séculos XX e XXI; ii) "patacones", moeda paralela emitida pela Província de Buenos Aires para pagar seus funcionários públicos diante da insuficiência de receita e que era transacionada com deságio no mercado; iii) "quebrachos", outra moeda análoga à anterior, mas emitida pela Província do Chaco — um estado pobre do país — e transacionada com um deságio maior; e iv) um título público emitido fisicamente pelo Governo Federal no final da convertibilidade e que, em alguns casos, estava sendo utilizado como moeda.

Para quem, à época, lidava com finanças públicas há aproximadamente uma década e meia, foi uma espécie de aula prática do que significa o colapso do Estado quando este já não consegue arcar com suas obrigações. A hiperinflação argentina de 1989 foi outra expressão desse colapso, do qual acabou se saindo com o instrumento, similar a um *currency board*, de amarrar o peso a uma paridade unitária em relação ao dólar. Isso acabou por gerar uma impressão de estabilidade que estimulou muito a economia argentina durante vários anos. Entretanto, o regime poderia ser mantido se as contas fiscais estivessem em ordem e a relação entre as quantidades de moeda nacional e de dólares disponíveis continuasse a ser respeitada. Com o surgimento de maiores *deficit*, passou a haver um financiamento cada vez maior por meio de dívida pública, que na Argentina era fundamentalmente externa. Quando os credores de outros países começaram a desconfiar de que o arranjo era insustentável, os recursos vindos de fora tornaram-se escassos, começaram os saques bancários e iniciou-se uma corrida ao dólar. O fim da história é conhecido: "calote" da dívida, *corralito* e megadesvalorização.[1]

No Brasil, não tivemos uma paridade cambial tão rígida como essa nas últimas décadas, mas tivemos nosso Plano Collor, de 1990, e muitas crises relacionadas com processos de endividamento público elevados, gerando riscos de insustentabilidade financeira. Este capítulo mostra as raízes desse processo, discutindo algumas questões conceituais importantes para entender o fenômeno, o papel das instituições e os problemas derivados de um endividamento explosivo, e apresenta os principais dados acerca dos grandes agregados fiscais que o leitor precisa conhecer sobre o tema.

---

1. *Corralito* é a expressão que se usa na Argentina para o "cercadinho" em que são colocadas as crianças pequenas. Ela ficou associada a situações em que há restrições para a movimentação bancária, de modo que é como se os recursos financeiros dos particulares ficassem "presos" dentro de um cercadinho.

## RAÍZES HISTÓRICAS DE UM PROCESSO

As democracias modernas se baseiam no equilíbrio entre os Poderes: o Executivo, o Legislativo e o Judiciário. Observe-se, porém, esta matéria jornalística de 2019, com título "Toffoli suspende bloqueio de R$444 milhões de Minas". A matéria dizia que "o Presidente do Supremo, Ministro Dias Toffoli, determinou à União que se abstenha de bloquear R$444 milhões das contas de Minas. O valor é relativo à contragarantia de contratos de empréstimo entre o Estado e o Banco do Brasil para execução do Programa de Desenvolvimento de Minas Gerais e do Programa de Infraestrutura Rodoviária. A decisão se deu na Ação Cível Original (ACO) 3215".

O bloqueio era uma medida prevista em um contrato de empréstimo do Tesouro Nacional ao Estado de Minas Gerais. A vedação a fazer isso torna, na prática, a dívida impossível de cobrança. Esse é um pequeno exemplo de como muitas vezes o país toma decisões sem a devida consideração acerca das consequências plenas dos seus atos.

No Brasil da tradição das capitanias hereditárias, em que o Poder Central determinava que concessões deveriam ser outorgadas a um mandatário local, altos funcionários do Executivo historicamente agiram como se não houvesse qualquer tipo de restrição à realização de favores graciosos para o indivíduo A ou a categoria B. "O Estado paga", em última instância. O Estado brasileiro, naturalmente. Em outras palavras, o contribuinte.

No bojo da ideia deturpada de independência dos Poderes, o Congresso, historicamente, teve muitas dificuldades em se enquadrar em alguma noção de restrição orçamentária, com base no pressuposto de que o Parlamento deveria ser livre para definir quanto pode gastar.

Os juízes, por sua vez, estão acostumados a tomar decisões envolvendo o comando de recursos, em que, mediante a ordem de "pague-se", se resolvem situações passando a conta para terceiros. Há um conflito entre particulares?

"Obriga-se A a pagar o valor X a B." Alguém entra com ação contra o Estado? "O juiz determina que o Estado pague." Como diz uma antiga frase, atribuída a mais de uma personalidade histórica, "as consequências vêm depois".

A mesma lógica imperou tradicionalmente em nível subnacional e nas relações entre os estados e municípios e o poder central. Nada mais emblemático disso do que a frase atribuída a um famoso governador de Estado ("quebrei o Estado, mas elegi meu sucessor") há três décadas.

Otto Lara Resende dizia que "Brasília foi o produto de uma conjunção rara de quatro loucuras: a de Juscelino, de Israel Pinheiro, de Niemeyer e de Lúcio Costa". JK está intrinsecamente associado à história do país, por muitas de suas virtudes — o espírito democrático, a fé no desenvolvimento, a identificação com o sentimento nacional etc. Por outro lado, também é verdade que deixou um legado de problemas fiscais graves e de conflitos externos não resolvidos, em uma época em que o financiamento externo era essencial para a sustentabilidade financeira do país.

A "conta movimento" do Banco do Brasil foi, durante muitos anos, a expressão institucional de nossa desordem financeira. Ela permitia ao Banco do Brasil operar como depositário das reservas voluntárias dos bancos privados e prestador do serviço de compensação de cheques do sistema. Isso lhe possibilitava nivelar compensatoriamente suas reservas, no duplo papel de banco comercial e de agente do Tesouro Nacional. Na prática, com isso a instituição tinha poder de emissão de moeda, dificultando muito o controle fiscal por parte das autoridades.

## UMA RESTRIÇÃO ORÇAMENTÁRIA FRACA

O economista Janos Kornai, escrevendo sobre a atitude das empresas face à restrição de recursos, escreveu que "uma restrição orçamentária é dura se é implementada com uma disciplina férrea: a empresa só pode gastar os recursos que tem. Ela deve cobrir as despesas com o seu faturamento... A restrição orçamentária é fraca, quando tais princípios não são levados em conta... Restrições orçamentárias duras são efetivas no sentido acima explicado. Elas restringem a ação... Restrições orçamentárias fracas não são efetivas. A situação financeira da empresa não limita a sua ação".[2]

O mesmo raciocínio se aplica aos governos. O próprio Kornai aplicou essas categorias analíticas, anos depois, para analisar o fim dos regimes socialistas. Nessa análise, a natureza da restrição orçamentária (*soft* X *hard*) define a característica comportamental da sociedade e dos governos, que atuam em um contexto institucional marcado pelo tipo de restrição orçamentária: uma fraca, dita *soft budget constraint* — isto é, na prática, a ausência de restrição —, ou por uma restrição forte (*hard*) efetiva e rígida aos seus gastos.

"Cada um por si e o Estado por todos", dizia Piotr Kropotkin, um anarquista russo. Em um espaço geográfico muito mais próximo nosso, há mais de um século, Rodolfo Rivarola, editor da *Revista Argentina de Ciências Políticas*, escreveu em 1913 que "produzir por dois e gastar por quatro pedindo emprestada a diferença parece ser uma característica nacional". (Esta não é, sabemos, uma exclusividade de nossos *hermanos*.) Mais recentemente, do lado de cá da fronteira, o compositor Jorge Mautner declarou que "não existe abismo em que o Brasil não caiba". São todas elas formas complementares de expressar uma situação em que, na base da ausência de maiores restrições a gastar, o Estado vai incorrendo em *deficit*, o que gera dívidas que vão se acumulando com o passar dos anos. Em geral, são histórias que não acabam nada bem.[3]

## ⊜ A CONSTRUÇÃO DE INSTITUIÇÕES

A literatura sobre desenvolvimento econômico é rica em destacar o papel das instituições para o progresso dos países. Curiosamente, nesse campo, em que pese

---

2.   Kornai (1979, p. 807).
3.   Ver Giambiagi (1997) para entender o contexto brasileiro do começo da década de 1990 que precedeu ao Plano Real de 1994.

o fato de que a situação fiscal ainda seja um problema sério que não foi corretamente endereçado, ao longo dos anos o país foi criando alicerces que geram uma base potencial para o controle da situação. O que se segue é um breve sumário dessas transformações importantes.

Na década de 1980, houve modificações substanciais no ambiente em que operava a política fiscal. Entre elas, cabe destacar as seguintes:

I) A incorporação, ao longo da segunda metade da década, ao orçamento tradicional, de elementos do chamado "orçamento monetário" — como financiamento de estoques reguladores ou o custo de diversos subsídios — que antigamente não passavam pela discussão do Congresso Nacional.

II) O fim da conta movimento do Banco do Brasil, em 1986.

III) A extinção, também nos anos 1980, das funções de fomento a cargo do Banco Central, o que configurava uma distorção completa em relação a qualquer manual de boas práticas fiscais.

IV) A criação da Secretaria do Tesouro Nacional (STN), em 1986, para unificar a gestão e a contabilização dos pagamentos e recebimentos do Tesouro Nacional.

V) A determinação, a partir de 1988, de que todas as despesas federais tivessem prévia autorização legislativa.

VI) A transferência da administração da dívida pública para o Ministério da Fazenda e a incorporação ao Orçamento da despesa com o pagamento de juros da dívida pública, na prática acabando com os efeitos da antiga Lei Complementar n.12, que permitia ao Banco Central emitir títulos sem consulta ao Tesouro.

Essas iniciativas foram seguidas, nos anos 1990, por outras mudanças relevantes, com destaque para:

- A privatização, que tirou da alçada do Estado uma série de empresas, particularmente nos setores de siderurgia, petroquímica e telecomunicações.

- A própria estabilização de 1994, que tornou muito mais evidente a comparação transparente entre a receita e a despesa.[4]
- A aprovação, no Governo FHC, da Lei de Responsabilidade Fiscal (LRF), um marco no relacionamento entre o governo central e os estados e municípios que estabelecia uma série de restrições e controles referentes a estes.

A isso se somou a criação de um sistema de estatísticas fiscais que não fica a invejar em relação a alguns dos melhores sistemas de acompanhamento de dados fiscais do mundo, seja pelo uso do acesso ao SIAFI, seja pelo detalhado sistema das estatísticas tradicionalmente divulgadas mensalmente pela STN. Hoje é possível, mediante simples consulta à internet, ter acesso a um grau de desagregação muito detalhado das contas públicas em nível federal. A ideia de que "o cidadão não sabe onde os recursos da arrecadação de tributos são gastos" não resiste à realidade: trata-se, pura e simplesmente, de uma inverdade.

Houve, nesse particular, cinco avanços:

I) De transparência. O que antes era divulgado em papel hoje vai para a internet para conhecimento de todos.

II) De confiabilidade. No passado, os dados estavam sujeitos a revisões, eventualmente muito expressivas, o que tornava tanto as autoridades como os analistas inseguros em relação ao verdadeiro significado dos dados. Atualmente, as revisões são muito menos frequentes e de pequena monta.

III) De detalhamento. Nas primeiras divulgações dos anos 1980, os dados eram disponibilizados de forma extremamente agregada. No presente, essa informação é bem capilarizada, e cada rubrica se desdobra em subitens cuja despesa é divulgada em outras tabelas dos sites da Secretaria do Tesouro Nacional (STN) e do Banco Central na internet;

IV) De regularidade. Durante muito tempo, as informações eram divulgadas de forma esparsa, em "surtos", seguidos de uma fase de "apagão", ou seja,

---

4. Até então, um mecanismo de controle fiscal *sui generis* era o adiamento por algumas semanas do desembolso efetivo de algumas rubricas de despesa. Com 30% ou 40% de inflação mensal, era um mecanismo poderoso de controle real do gasto. Observe-se, porém, que os mesmos valores nominais poderiam ter significados reais muito diferentes, dependendo do momento do mês e do ano em que fossem gastos, algo de percepção bastante difícil para a grande maioria das pessoas.

de forma totalmente irregular ao longo do tempo, e não mensalmente, como hoje.

V) De tempestividade. No passado, os dados eram divulgados com grande defasagem temporal, e mesmo quando as informações passaram a ser divulgadas mensalmente, em meados da década de 1990, isso foi feito com uma defasagem inicial de sessenta dias em relação ao fato gerador, enquanto hoje, até o final de cada mês, tanto a STN como o Banco Central divulgam há anos e sem atraso os dados da execução fiscal do mês imediatamente anterior.

Isso permite aos analistas e às autoridades um grau de conhecimento rápido, confiável e granularizado da situação fiscal nos mais diversos itens, com benefícios para todos. Mostraremos essas contas para o leitor, detalhadamente, ao longo das páginas deste livro.

Aos fatos explicados, somou-se, em 2016, a aprovação da figura do "teto do gasto público", que estabeleceu formalmente uma barreira para a evolução do gasto por um período de pelo menos dez anos, entre 2017 e 2026, mediante restrição inscrita explicitamente na própria Constituição.

Se, apesar das inovações institucionais citadas e do fato de o governo dispor de um poderoso "painel de controle" da situação fiscal, não foi possível resolver o problema, foi porque outros elementos agiram na direção contrária. Cabe, nesse sentido, citar os seguintes fatores:

I) A ausência inicial de uma reforma previdenciária mais incisiva, o que só veio a ocorrer em 2019.

II) A presença de elementos de rigidez no Orçamento, que dificultam um maior controle das autoridades, como a restrição para a redução salarial do funcionalismo ou as vinculações orçamentárias de gastos para determinados setores à evolução da receita ou do PIB.

III) A complacência dos Tribunais de Contas estaduais, que com critérios de uma flexibilidade extrema, na prática, validaram que os tetos de despesa de pessoal dispostos pela LRF fossem burlados, sem qualquer ação compensatória, em muitos estados.

IV) O baixo crescimento, com ênfase no papel da recessão de 2015/2016, na expansão medíocre dos três anos posteriores e do colapso da atividade em 2020, com efeitos negativos sobre a receita, prejudicando o resultado fiscal.

Não obstante essas questões, é possível pensar em uma estratégia que permita atacar de forma eficaz o desequilíbrio fiscal, ainda que a redução do *deficit* público a uma proporção baixa em relação ao PIB demore anos, como discutiremos no final do livro.

## 1990, 1999, 2015

Na história fiscal do país dos últimos trinta anos, houve três episódios marcantes do tipo de situação limite que podem levar a anos de problemas fiscal. Eles se deram nos anos de 1990, 1999 e 2015/2016. Na época do primeiro desses casos, em 1990, utilizava-se muito a imagem da "ciranda financeira". Ela correspondia a uma analogia com a brincadeira de criança em que a música toca até o momento em que cessa, e como há um número de crianças em número maior em relação ao de cadeiras, sempre há alguém que "sobra". A ideia era a de que os juros do *overnight* — modernamente se faria menção à taxa SELIC — eram satisfatórios para o detentor de títulos públicos, mas em um contexto em que se sabia que esse "jogo" seria inviável no longo prazo. O ideal seria então receber juros sobre juros, mas "fugir" dos títulos da dívida, a tempo de não ficar com o "mico" na mão, "antes que a música parasse". O problema é que justamente nunca se sabe, *a priori*, quando chegará esse momento. O resultado foi que muita gente estava se preparando para que esse "dia D" fosse o da posse do novo presidente, Fernando Collor, em meados de março de 1990. Quando, em função de um acordo entre as futuras autoridades e as do governo Sarney, que estava terminando, houve a decretação de feriado bancário de três dias, todos foram pegos de surpresa, e ninguém conseguiu fugir do confisco dos ativos financeiros decretado por Collor.

A segunda experiência traumática foi em janeiro de 1999, com a memória do Plano Collor de nove anos antes ainda relativamente viva na mente das pessoas. FHC havia sido reeleito em outubro de 1998 na expectativa de superar a corrida especulativa em curso contra o real e sustentar a política de câmbio controlado que o Banco Central da época vinha sustentando a ferro e fogo no difícil ano de 1998. Quando, no dia 12 de janeiro de 1999, o governo anunciou a demissão do presidente do Banco Central, Gustavo Franco, e sua substituição pelo economista e então diretor da instituição, Francisco Lopes, todo o arranjo cambial prévio ruiu com a saída de Franco, e foi anunciada uma "banda" cambial, com teto de R$/US$1,32. Cabe lembrar que, no dia anterior ao anúncio, o câmbio estava em aproximadamente R$1,20. A cotação bateu no teto no começo das negociações de câmbio no mercado já no primeiro dia, e, por definição de funcionamento do sistema de bandas, o Banco Central começou a vender reservas, com sério risco de estas se esgotarem rapidamente. A demanda por dólares foi tão intensa, que o esquema de bandas só sobreviveu 48 horas. Arrastado pelos acontecimentos, o Banco Central anunciou no dia 15 de janeiro que o câmbio passaria a flutuar livremente, o que era uma novidade completa em relação à forma em que o país tinha conduzido sua política cambial durante décadas.

Na ausência da figura de um teto para a cotação, a demanda intensa por divisas se transformou em uma pressão avassaladora sobre o nível da taxa de câmbio, que encerrou o mês de janeiro a uma cotação de R$1,98 por dólar. Estabeleceu-se então o pânico, porque a situação era insustentável; o governo precisava fazer um ajuste fiscal que, naquele momento, parecia muito difícil; e havia uma óbvia crise de confiança, à qual o governo não conseguia dar uma resposta clara.

Em tais circunstâncias, os boatos proliferaram, e além da versão, já tradicional nesses casos, de que o ministro da Fazenda cairia, começou a circular muito intensamente a ideia de que o governo decretaria feriado bancário e faria "um novo Plano Collor". Em uma sexta-feira, no final do mês, perplexos com a situação, um grupo de amigos economistas marcamos uma conversa para as 16h30 no escritório de um membro do grupo, no centro do Rio de Janeiro. Ao me dirigir para lá, como havia escutado que as pessoas estavam fazendo grandes saques "antes de que viesse o novo confisco", passei por curiosidade na agência de meu banco, no subsolo do prédio onde trabalhava. Pude constatar então que, de fato, mesmo após o horário de fechamento normal das 16h, havia uma fila de dezenas de pessoas esperando para levar para casa dinheiro em *cash* em grandes quantidades.

Subi para o térreo, algo atônito — poucas vezes a gente tem a impressão de estar presenciando um momento histórico, desses que deixarão lembrança durante décadas — e, a caminho da reunião, encontrei outro amigo, fora do circuito dos macroeconomistas. Paramos para conversar um pouco, e eu comentei: "Olha, acho que as pessoas enlouqueceram. Passei agora no banco e vi muitas pessoas fazendo saques de milhares de reais, como se Fernando Henrique e Pedro Malan fossem decretar algo parecido com o que fizeram Collor e Zélia com o Plano Collor em 1990. É uma loucura: não há a menor possibilidade de isso acontecer." O amigo me ouviu e no fim me disse: "Fabio, olha, entendo teu ponto e não conta para ninguém, mas te confesso que, pelas dúvidas, hoje saquei R$40 mil do caixa. Vai que o confisco ocorre..." Eu me despedi dele dizendo: "Espero que semana que vem você volte para depositar teu dinheiro no banco." O detalhe é que os R$40 mil não foram um número aleatório que eu esteja citando agora: foi o que ele de fato mencionou — e com os preços de mais de vinte anos atrás. Isso dá uma ideia do clima vigente na ocasião.

Naquele mesmo dia, soube-se depois, o governo estava ultimando os preparativos para nova troca de comando no Banco Central, quando entrou Armínio Fraga, em substituição a Francisco Lopes — que sequer chegou a ser formalizado no cargo. Isso foi anunciado na segunda-feira seguinte, de manhã cedo, antes da abertura dos mercados. O resto o leitor já sabe: Armínio foi muito bem, a ameaça foi debelada, o ajuste fiscal aconteceu — e imagino que meu amigo deve ter retornado com o dinheiro ao banco na semana seguinte, para fazer uma boa aplicação financeira... O Brasil se livrou de um novo confisco, mas, na linguagem futebolística, "bateu na trave".

Finalmente, o terceiro episódio traumático se deu em 2015 e se prolongou durante parte de 2016. A taxa de câmbio do dólar tinha encerrado 2014 na cotação de R$2,66. Em 2015, tivemos de tudo: "cavalo de pau" na economia; o ministro da Fazenda Joaquim Levy bombardeado de todos os lados; aprovação de "pauta bomba" no Congresso; a Lava Jato na prática paralisando boa parte do setor de construção civil do país; e uma recessão profunda. Nessas circunstâncias, a insegurança se refletiu rapidamente na cotação do dólar, que escalou para R$3,90 no final de 2015. Com a pressão sobre os juros, o *deficit* público, que havia sido ainda ligeiramente inferior a 3% do PIB em 2013, escalou para 6% do PIB em 2014 e mais de 10% do PIB em 2015. Em tal contexto, a dívida pública passou a crescer rapidamente, em um coquetel indigesto de elevação simultânea do câmbio e da dívida mês após mês. O fantasma de um novo trauma como o de 1990 voltou a frequentar novamente as conversas. A situação acabou sendo resolvida, na prática, com o conjunto de fatos que marcaram o segundo semestre de 2016, a saber: mudança de governo; posse de uma nova equipe econômica; aprovação da regra do teto do gasto público; e o anúncio de uma reforma previdenciária profunda, ainda que posteriormente ela não tenha podido ser aprovada no governo Temer. Pela segunda vez em menos de vinte anos, em uma situação de grande desequilíbrio, o país "bateu na trave", sem que se chegasse ao desfecho de uma situação limite — o descontrole inflacionário e/ou o *default* da dívida pública.

Vale ressaltar, porém, que entre 1999 e 2016 houve outros episódios que também alimentaram esse tipo de pânico financeiro, em função de fatos que ocorreram, porém, não no Brasil, e sim em outros países. Na Argentina, o fim da conversibilidade em 2001, como já comentado, levou à adoção do *corralito* financeiro e suas consequentes restrições à livre movimentação bancária. E, na Grécia, no rescaldo da crise internacional de 2008, a manutenção do país na área do euro se deu à custa de dias dramáticos em Atenas e no restante do país. Na época, diante do temor de que a Grécia saísse da área do euro e criasse uma nova moeda com uma cotação diferente, houve corrida aos bancos e saques bancários massivos, levando as autoridades a um racionamento temporário da oferta de moeda no sistema financeiro, até que as medidas de ajuste fossem digeridas.

## E A PANDEMIA?

Na seção anterior, nos referimos a situações que caracterizam momentos vistos como um "divisor de águas" na história do país. Faltou ali um ano chave: 2020, algo definitivamente a ser reconhecido nos livros de história como "o ano da pandemia". Nele, as contas públicas "estouraram": o *deficit* alcançou proporções bíblicas, e a dívida pública teve uma escalada assustadora. Ao contrário de outros momentos em que o Brasil passou por situações fiscais gravíssimas, porém, o episódio foi encarado com certa tranquilidade— face à dimensão dos desequilíbrios — pelo chamado "mercado", sem que houvesse corrida aos bancos ou algo sequer vagamente parecido a isso. Por quê? Por uma razão óbvia: tratou-se de um fenômeno universal. Ou seja, ao contrário de outras ocasiões nas quais o resto do mundo ia "tocando a vida" normalmente e o Brasil dava mostras de descalabro, esse foi um caso em que praticamente todos os países e governos do mundo se viram diante do mesmo desafio, ao mesmo tempo. Todos os governantes e todos os Congressos, então, se jogaram em um esforço maiúsculo, sem medir custos, para, em maior ou menor medida:

I) Atender a uma maior demanda de recursos do setor de saúde, para tentar salvar vidas.

II) Conceder auxílio financeiro às pessoas que estavam perdendo seus empregos.

III) Dar subsídios para sustentar o nível de atividade diante do colapso de muitas empresas, necessitadas de empréstimos que, em muitos casos, por serem irrecuperáveis, só poderiam ser "bancados" pelo Tesouro Nacional dos respectivos países.

IV) Apoiar, mediante a concessão de auxílios temporários vultosos, as atividades informais de milhões de pessoas, privadas, da noite para o dia, da possibilidade de trabalhar para, literalmente, ganhar o "pão de cada dia".

Diante dessas demandas sociais e políticas naturais, que qualquer governo que fosse a expressão da vontade de seus habitantes seria moralmente obrigado a tentar atender, sob pena da população dos países passar por situações dramáticas de penúria, ocorreram simultaneamente três coisas, combinadas entre si, nas contas fiscais de quase todos os países:

- Uma queda significativa da arrecadação, diante da maior crise econômica mundial do pós-guerra.
- Um aumento do gasto público, próprio de uma situação de guerra.
- Consequentemente, uma expansão acelerada da dívida pública dos países.

Isso mitigou muito, no Brasil, o que alguns autores na literatura econômica chamaram de "intolerância à dívida", ou seja, o receio de emprestar a governos que poderiam ser vistos como potencialmente "caloteiros". Pelo contrário, houve uma grande tolerância em relação a um crescimento vertiginoso da dívida pública, que, em outras circunstâncias, como no passado, provocaria situações de verdadeiro pânico, com alta enorme da taxa de juros e dificuldades significativas para o governo promover seus leilões de títulos públicos.

A premissa dessa atitude, porém, foi a de que, a partir de 2021, as coisas voltariam ao normal, ou seja, que o governo retomaria as rédeas do processo fiscal, a economia e a receita se recuperariam e as autoridades e as principais forças políticas do país se empenhariam em aprovar medidas tendentes a um maior controle das despesas futuras. Isso é algo que, no caso brasileiro, ainda precisará passar pelo "teste do pudim" nos próximos anos.

## ≡ A DINÂMICA DA DÍVIDA

Nas aulas como professor da cadeira de Finanças Públicas, na Faculdade de Economia, para situar a questão do que se chama de "dinâmica da dívida" em seu devido contexto, eu indagava aos alunos acerca da seguinte questão: "Suponham que há duas empresas, A e B. A empresa A tem uma dívida de R$1 milhão. A outra, B, tem uma dívida de R$10 milhões. Qual está em melhor situação?" A única resposta possível é que a pergunta não faz sentido, porque, além de ser necessário ter outras informações — como está a demanda, se a empresa tem lucro ou não etc. —, uma variável fundamental omitida na questão é o tamanho da empresa. Ou seja, para um microempresário individual inscrito no Simples, que fatura R$500 mil por ano, uma dívida de R$1 milhão pode representar uma situação relativa muito pior que uma dívida de R$10 milhões para empresas do porte de uma Vale ou de uma Petrobras, para as quais esse valor, com certa dose de ironia, é quase um "troco", face aos valores com os quais elas lidam.

O mesmo raciocínio vale, analogamente, para os países. Uniformizando a medida para o dólar, não faz sentido avaliar as finanças de um governo dizendo que este tem uma dívida pública equivalente a "US$10 bilhões" ou "US$100 bilhões", porque o que interessa é o tamanho da economia.

A imprensa, muitas vezes, para explicar para o leigo a importância de algo, costuma ressaltar que uma variável corresponde a "tantos bilhões de reais", mas na macroeconomia isso, por si mesmo, não quer dizer nada. Uma dívida de R$1 bilhão pesa muito menos em termos relativos hoje, em um PIB da ordem de grandeza de R$7 trilhões a R$8 trilhões, do que em 1995, no começo da estabilização, quando o PIB foi da ordem de grandeza de um décimo desse valor monetário, uma vez que nesses 25 anos houve uma inflação acumulada expressiva, além do PIB, mal ou bem, ter se expandido a uma taxa acumulada não desprezível.

Por isso, para efeitos de análise das finanças de um país, se usam os coeficientes relativos e se fala não do "*deficit* público de X" expresso na moeda nacional de cada país, e sim de um *deficit* de "x% do PIB", assim como de uma dívida pública de "y% do PIB".

Nesse sentido, não há problema algum no fato da dívida de um país aumentar em termos absolutos ao longo do tempo, assim como é obviamente razoável que a dívida da Petrobras, também em valores absolutos, seja maior que a de uma pequena empresa de tecelagem, pelo simples fato de que a Petrobras é muito maior que essa empresa têxtil. O problema é quando a dívida passa a aumentar muito em relação a outras variáveis que medem a possibilidade de pagamento, seja de um país ou de uma empresa. Se a relação Dívida/EBITDA de uma empresa aumenta ano após ano e se torna muito elevada, essa firma provavelmente estará em uma situação complicada.[5] Da mesma forma, se a relação Dívida pública/PIB de um país aumenta sempre, o governo cedo ou tarde terá um problema, porque isso não pode continuar indefinidamente.

Tomemos um caso fictício. Digamos que a dívida inicial de um governo seja 100, em uma determinada unidade de grandeza e na expressão monetária do país, e que esse governo tenha um *deficit* estabilizado em 2. Se, para facilitar o raciocínio, supusermos que nesse país não há inflação, que o PIB é de 500 e que o PIB cresça 4%, como evoluirão as proporções relativas? Se a dívida inicial é de 20% do PIB — ou seja, os 100 mencionados, em relação a 500 — e em um segundo período a dívida — acrescida do *deficit* de 2 — passa para 102, mas o PIB 4% maior se torna de 500 × 1,04 = 520, a nova relação Dívida pública/PIB passará a ser igual a 102/520, ou seja, a 19,6% do PIB, abaixo do nível original. Ou seja, o país terá tido um *deficit* público estável entre um período e outro, mas a dívida terá caído em termos relativos. Poder-se-ia dizer: "Tudo tranquilo." Em outras palavras, isso corresponderia a uma situação relativamente confortável. O mesmo *deficit*, porém, se o tamanho da economia do país encolhesse em uma recessão, poderia gerar um aumento da relação Dívida/PIB.

---

5. EBITDA é a sigla em inglês correspondente a *"Earnings before interest, taxes, depreciation and amortization"*, ou seja, "Lucro antes dos juros, impostos, depreciação e amortização" Representa um fluxo associado à geração de caixa para poder honrar os compromissos financeiros de uma empresa.

O importante nesse raciocínio é a chamada "dinâmica da dívida", ou seja, a trajetória, ao longo do tempo, da relação Dívida/PIB. Para isso, os economistas, por conta de uns cálculos que não cabe reproduzir em detalhes aqui por fugir ao espírito do livro, falam da "condição de sustentabilidade da dívida". Esta é expressa pela relação aritmética Superavit primário/PIB, que, dados certos parâmetros, gera uma trajetória estável da relação Dívida/PIB. O *superavit* primário nada mais é que o resultado fiscal sem contar os juros. Tipicamente, espera-se que, em condições normais, um governo com dívida tenha *superavit* primário e arque com o pagamento dos juros da dívida herdada do passado. Desse modo, graças a esse *superavit*, mesmo havendo um *deficit* público quando os juros excedem o *superavit* primário, ele é consistente com ter uma relação Dívida/PIB sob controle — isto é, uma dívida estável ou declinante como proporção do PIB.

O "*superavit* primário de equilíbrio" terá que ser tanto maior quanto maiores forem a relação Dívida/PIB e a taxa de juros e tanto menor quanto maior for a taxa de crescimento do país. Por isso o Japão, com taxas de juros historicamente ínfimas, pode ter uma dívida tão elevada como proporção do PIB sem que isso pressione tanto sua despesa com juros, enquanto o Brasil, com taxas de juros muito maior nas últimas duas a três décadas, aplicada a uma dívida pública também pesada, teve durante anos uma relação entre a despesa de juros e o PIB que se encontrava entre as maiores do mundo, pressionando a geração de *superavit* primários para que a dívida não "estourasse". Ao mesmo tempo, o que foi dito explica por que países como a China e a Índia, cujas economias cresceram aceleradamente nas últimas décadas — especialmente a primeira —, não enfrentaram nas duas primeiras décadas do atual século problemas fiscais muito graves em decorrência de exibir *deficit* elevados. Isso porque o fluxo da geração de nova dívida não tinha grande relevância em termos relativos diante da magnitude da expansão do PIB que se gerava a cada ano.

No Brasil, dada a dívida existente e em face dos parâmetros em perspectiva para a taxa de juros e o crescimento da economia, muitos analistas consideram que o país deveria aspirar a ter um *superavit* primário no futuro da ordem de grandeza de 2% do PIB, para poder arcar com a despesa de juros sem pressionar novos aumentos da relação Dívida pública/PIB. Considerando que em 2021 espera-se que o setor público exiba um *deficit* primário da ordem de 3% do PIB, para um PIB em torno de R$7,5 trilhões, estamos falando de um ajuste próximo de 5% do PIB. Ou seja, a "bagatela" de R$350 bilhões a R$400 bilhões. Mesmo que o ajuste seja espaçado ao longo de vários anos, é um desafio e tanto.

## OS DADOS

Podemos agora, após alguns prolegômenos, nos debruçar sobre os dados referentes à evolução das principais variáveis fiscais. A Tabela 2.1 mostra os grandes números, depois da estabilização, do resultado primário, da conta de juros nominais e das Necessidades de Financiamento do Setor Público (NFSP), que nada mais são do que o famoso "*deficit* público".[6] Este é igual à despesa de juros mais o *deficit* primário ou, alternativamente, à despesa de juros, descontado o *superavit* primário, a depender do resultado primário ser negativo ou positivo.

### Tabela 2.1 *Deficit* público consolidado (% PIB)

| Composição | 1995/98 | 1999/02 | 2003/06 | 2007/10 | 2011/14 | 2015/18 |
|---|---|---|---|---|---|---|
| Resultado primário | -0,2 | 3,2 | 3,5 | 2,8 | 1,6 | -1,9 |
| Juros | 5,8 | 7,2 | 7,3 | 5,4 | 5,0 | 6,6 |
| *Deficit* público | 6,0 | 4,0 | 3,8 | 2,6 | 3,4 | 8,5 |
| Composição | 2016 | 2017 | 2018 | 2019 | 2020 | 2021 |
| Resultado primário | -2,5 | -1,7 | -1,6 | -0,8 | -11,6 | -3,2 |
| Juros | 6,5 | 6,1 | 5,5 | 5,1 | 4,2 | 3,8 |
| *Deficit* público | 9,0 | 7,8 | 7,1 | 5,9 | 15,8 | 7,0 |

Fonte: Banco Central. Para 2020/2021, projeção do autor.

---

6. Ver também a análise detalhada feita em Giambiagi (2002) acerca da inflexão fiscal verificada no governo FHC.

O período pós-estabilização até agora pode ser decomposto nos seguintes subperíodos:

- 1995/1998. Início da estabilização, ainda com pouco conhecimento detalhado da realidade fiscal e com instrumentos precários, com um pequeno *deficit* primário na média e uma despesa de juros expressiva.
- 1999/2010. Anos de resultados fiscais expressivos em função do ajuste de 1999, reforçado no primeiro governo Lula (2003/2006), com uma carga de juros também expressiva, ainda que muito oscilante entre um ano e outro em função das mudanças da política monetária.
- 2011/2014. Período de deterioração fiscal, ainda que com uma despesa de juros menor, pela coincidência de uma taxa de juros SELIC relativamente baixa incidir sobre uma dívida líquida que tinha caído bastante como proporção do PIB.
- 2015/2016. Inferno astral da política fiscal, com forte *deficit* primário e juros novamente acima de 6% do PIB, gerando o maior *deficit* público da comparação entre os diversos períodos, antes de 2020.
- 2017/2019. Lento ajuste fiscal após a aprovação da regra do teto do gasto público em 2016.
- 2020. Forte deterioração fiscal.

A Tabela 2.2 mostra como o resultado primário da Tabela 2.1 se decompõe entre "Governo Central" — consolidação do Tesouro Nacional e INSS —, "estados e municípios" e "empresas estatais". Cabe ressaltar que, ao longo dos anos, este último componente teve mudanças de abrangência, com a retirada das estatísticas do resultado fiscal da Petrobras e da Eletrobras, em relação ao padrão adotado previamente e que fazia com que as duas empresas fossem tidas como parte do universo das estatais consideradas. A partir da mudança, em termos estatísticos, elas passaram a receber o mesmo tratamento do setor privado, sem afetar o resultado fiscal. Cabe lembrar também que a estatística se refere ao setor público não financeiro, o que significa que não inclui o resultado das instituições financeiras oficiais.

As principais mudanças na composição do resultado primário ao longo do tempo são explicadas a seguir:

- **Governo Central.** Em termos tendenciais, aplicam-se os mesmos comentários feitos antes acerca do desempenho do resultado primário como um todo: resultados ruins no primeiro Governo FHC (1995/1998), com mais de 10 anos de *superavit* primários em torno de 2% do PIB, deterioração parcial durante 2011/2014 e *deficit* primários expressivos nos últimos anos. Destaque negativo para a deterioração do INSS, uma vez que em termos do Tesouro, especificamente, a média de 2015/2018 foi similar à de 1995/1998, ao passo que no INSS a piora foi notória.
- **Estados e municípios.** Trajetória similar à do Governo Central: forte ajuste, de 1% do PIB, entre as médias do primeiro (1995/1998) e do segundo governo FHC (1999/2002), no contexto do ajuste de final dos 1990, com renegociação das dívidas, aperto fiscal e vigência da LRF; e deterioração depois de 2010.
- **Empresas estatais.** Mudança resultante da exclusão nas contas do resultado da Petrobras, que contribuiu fortemente para o ajuste fiscal de FHC e deixou de constar das contas no início do século atual.

Se o país aspira a ter um *deficit* público "civilizado", assumindo que este seja algo em torno de 2% do PIB, para não pressionar o endividamento, o *deficit* da ordem de 7% do PIB previsto para 2021 deveria cair em torno de 5% do PIB. Dificilmente haverá uma grande redução adicional da despesa com juros, no decorrer da década, em percentual do PIB. Admita-se que o alvo prudencial seja preferencialmente alcançar um *deficit* nominal de 2% do PIB. Caso a dívida líquida se estabilizasse em torno de 70% do PIB, mesmo com uma SELIC futura de 5%, teríamos uma despesa de juros que provavelmente ficaria em torno de 4% do PIB, nível similar ao previsto para 2021.[7] Assim, com uma despesa de juros parecida com a atual, todo o ajuste de 5 % deveria vir de uma melhora primária. Como já foi dito, seria um ajuste expressivo.

---

7. Isso porque, embora a dívida líquida uma vez eventualmente estabilizada seja da ordem de 70% do PIB — que com juros de 5 % tende a estar associada a uma despesa de juros de 3,5% do PIB, aproximadamente —, há ativos, como as reservas internacionais, que são descontados da dívida líquida e que rendem bem menos que 5%. Isso onera a conta de juros líquidos. Além disso, há títulos emitidos no passado a taxas de juros elevadas que pressionarão a despesa de juros até seu vencimento, daqui a muitos anos.

## Tabela 2.2 Resultado primário (% PIB)

| Composição | 1995/98 | 1999/02 | 2003/06 | 2007/10 | 2011/14 | 2015/18 |
|---|---|---|---|---|---|---|
| Governo Central | 0,3 | 1,9 | 2,4 | 2,0 | 1,2 | -2,0 |
| Tesouro | 0,6 | 2,9 | 4,1 | 3,3 | 2,1 | 0,4 |
| INSS | -0,3 | -1,0 | -1,7 | -1,3 | -0,9 | -2,4 |
| Estados e municípios | -0,4 | 0,6 | 0,9 | 0,8 | 0,4 | 0,1 |
| Estados | n.d | 0,4 | 0,8 | 0,7 | 0,3 | 0,1 |
| Municípios | n.d | 0,2 | 0,1 | 0,1 | 0,1 | 0,0 |
| Empresas estatais | -0,1 | 0,7 | 0,2 | 0,0 | 0,0 | 0,0 |
| Total | -0,2 | 3,2 | 3,5 | 2,8 | 1,6 | -1,9 |

| Composição | 2016 | 2017 | 2018 | 2019 | 2020 | 2021 |
|---|---|---|---|---|---|---|
| Governo Central | -2,6 | -1,8 | -1,7 | -1,2 | -12,0 | -3,4 |
| Tesouro | -0,2 | 1,0 | 1,1 | 1,7 | -7,6 | 0,8 |
| INSS | -2,4 | -2,8 | -2,8 | -2,9 | -4,4 | -4,2 |
| Estados e municípios | 0,1 | 0,1 | 0,0 | 0,2 | 0,2 | 0,1 |
| Estados | 0,1 | 0,1 | 0,0 | 0,2 | 0,2 | 0,1 |
| Municípios | 0,0 | 0,0 | 0,0 | 0,0 | 0,0 | 0,0 |
| Empresas estatais | 0,0 | 0,0 | 0,1 | 0,2 | 0,2 | 0,1 |
| Total | -2,5 | -1,7 | -1,6 | -0,8 | -11,6 | -3,2 |

n.d. = Não disponível.
Fonte: Banco Central. Para 2020/2021, projeção do autor.

## COMO ESTAMOS?

A Tabela 2.3 apresenta os resultados projetados por nós para 2021, em termos nominais. Em grandes números, um *deficit* primário do setor público como um todo da ordem de mais de R$200 bilhões, com juros da ordem de algo menos de R$300 bilhões e *deficit* da ordem de R$500 bilhões. Voltaremos a estes números em breve.

Tabela 2.3 Resultado fiscal projetado 2021

| Composição | R$ bilhões |
|---|---|
| Governo Central | -252 |
| Tesouro | 70 |
| INSS | -322 |
| Estados e municípios | 8 |
| Empresas estatais | 7 |
| Resultado primário | -237 |
| Juros | 285 |
| Deficit público | 522 |

Fonte: Projeção do autor.

O que aconteceu ao longo do tempo? Isso será discutido com mais detalhes nos próximos capítulos. Em linhas gerais, o Gráfico 2.1 conta uma história muito clara: a receita do Governo Central estava acima da despesa primária no começo da década de 1990, ao passo que as duas curvas ficaram praticamente coladas uma na outra nos primeiros anos do Plano Real. A partir de 1999, a receita se descola da despesa e o país tem uma década e meia de *superavit* primário do Governo Central, até que em 2014 as curvas se cruzam, e agora vamos a caminho de que em 2021 o país tenha o oitavo ano consecutivo de *deficit* primário.

## Gráfico 2.1 Resultado Primário Governo Central (% PIB)

Fonte: Secretaria do Tesouro Nacional. Para 2020/2021, projeção do autor.

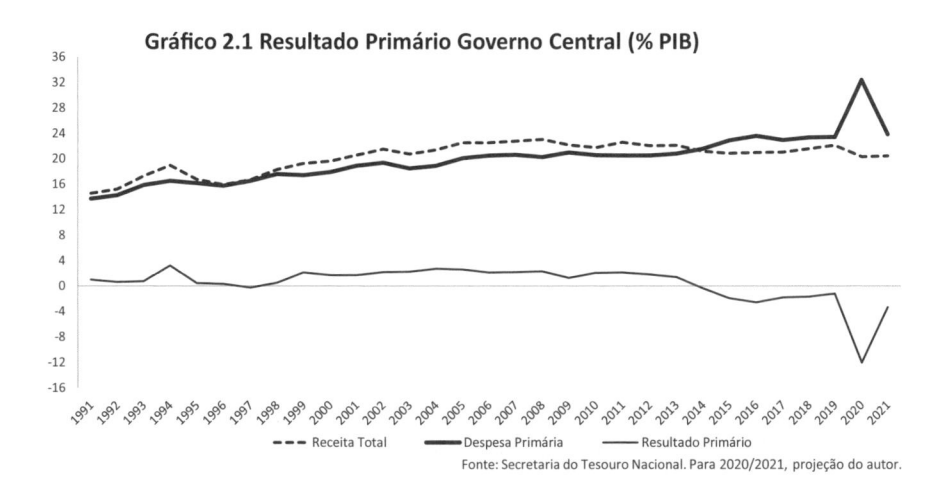

O Gráfico 2.2 mostra o efeito dessa dinâmica sobre a trajetória da dívida líquida do setor público. Ela sobe vertiginosamente na primeira metade dos anos 1980, por uma combinação de efeitos que mistura as consequências da desvalorização de 1983 com os *deficit* da época. Curiosamente, depois de meados daquela década, observou-se um declínio, por conta de diversos casos de desindexação ou indexação imperfeita na época, que reduziram o peso relativo da dívida, apesar da presença de *deficit*. A variável voltou a aumentar fortemente depois de meados da década de 1990, até o final da década, pelo desequilíbrio fiscal da época e, durante alguns anos, pelos efeitos patrimoniais resultantes da incidência do câmbio sobre a dívida externa pública e sobre a dívida interna indexada em dólares. A partir do reforço primário do começo da primeira década do atual século, a dívida caiu como proporção do PIB até 2013 e voltou a aumentar fortemente desde então.

**Gráfico 2.2 Dívida líquida setor público (% PIB)**

Fonte: Banco Central. Para 2020, projeção do autor.

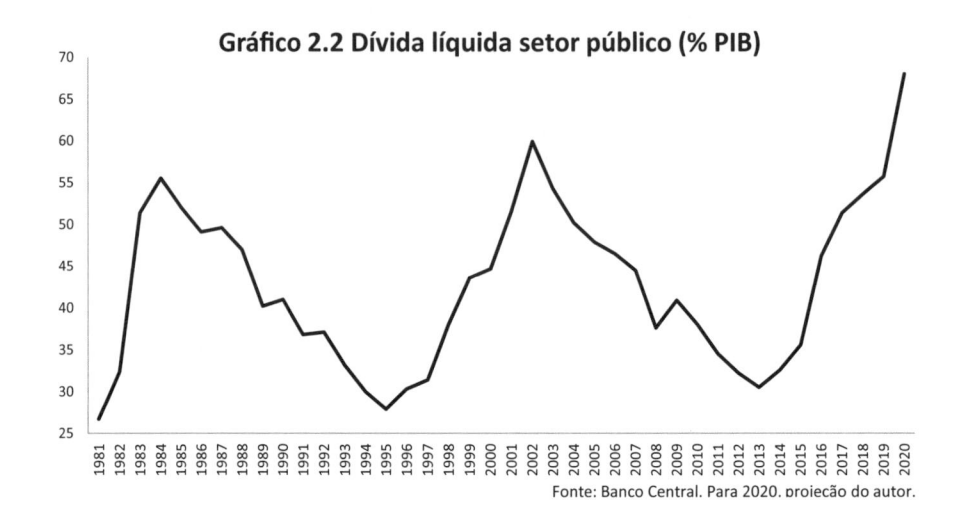

Embora a relação primordial do *deficit* seja com o conceito de dívida líquida — que depende diretamente daquele —, nos anos Lula e Dilma o governo utilizou muitos elementos da chamada "contabilidade criativa", o que fez com que a maioria dos analistas deixasse de ter suas análises fiscais orientadas pelo que acontecia com esse conceito.[8] Em função disso, mais e mais estudiosos da questão fiscal e o mercado em geral passaram a se guiar pelo acompanhamento da evolução da dívida bruta do governo central, que passou a crescer fortemente, de 51% do PIB no começo da década, para números previstos para algo em torno de 95% do PIB em 2020, em função da pandemia (Gráfico 2.3).

---

8. Um exemplo era o que acontecia na prática com os empréstimos do Tesouro ao BNDES. Como nesse caso gerava-se simultaneamente um passivo — aumento da dívida bruta — e um ativo — empréstimos a instituições financeiras oficiais — a posição líquida de endividamento do setor público não era afetada. Porém, como os juros cobrados num caso — mercado — e no outro — TJLP — eram muito diferentes entre si, havia efeitos fiscais relevantes que só seriam captados com o tempo pela despesa líquida de juros.

**Gráfico 2.3 Dívida bruta do Governo (% PIB)**

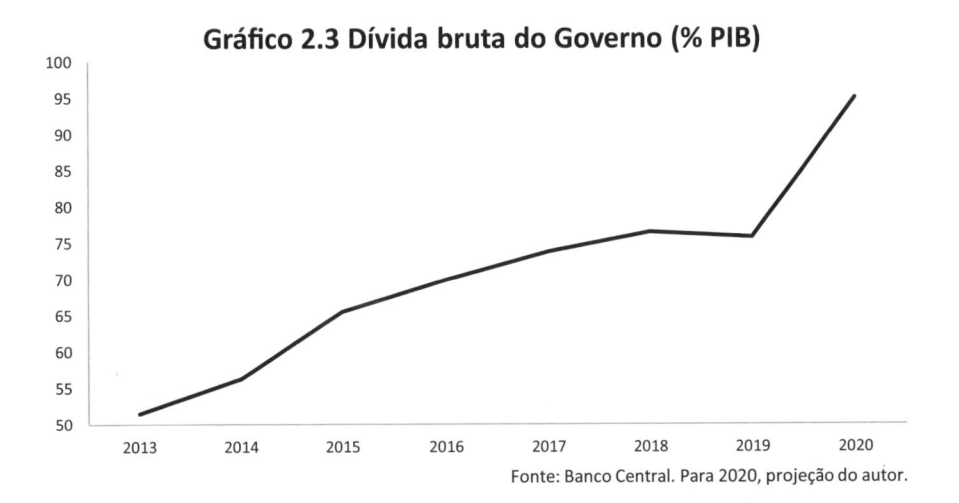

Fonte: Banco Central. Para 2020, projeção do autor.

Cabe agora voltarmos aos números da Tabela 2.3, relacionados, lembremos, a um PIB de R$7,5 trilhões em 2021. Os alvos de médio e longo prazo teriam que ser próximos a uma despesa de juros de 4% do PIB e a um *superavit* primário global de 2% do PIB, de modo a ter um *deficit* público, em um futuro ainda que distante, que não exceda 2% do PIB. Esse nível seria consistente com uma trajetória posteriormente declinante da dívida. Esse percentual, incidente sobre um PIB como o atual, corresponde a um *superavit* primário futuro de aproximadamente R$150 bilhões, em termos arredondados. Ou seja, teríamos que passar de um *deficit* primário consolidado — Governo Central, estados e municípios e empresas estatais — da ordem de mais de R$200 bilhões a um *superavit*, no mesmo conceito, de R$ 50 bilhões. É esse o desafio a enfrentar.

CAPÍTULO 3:

# O GASTO COM JUROS

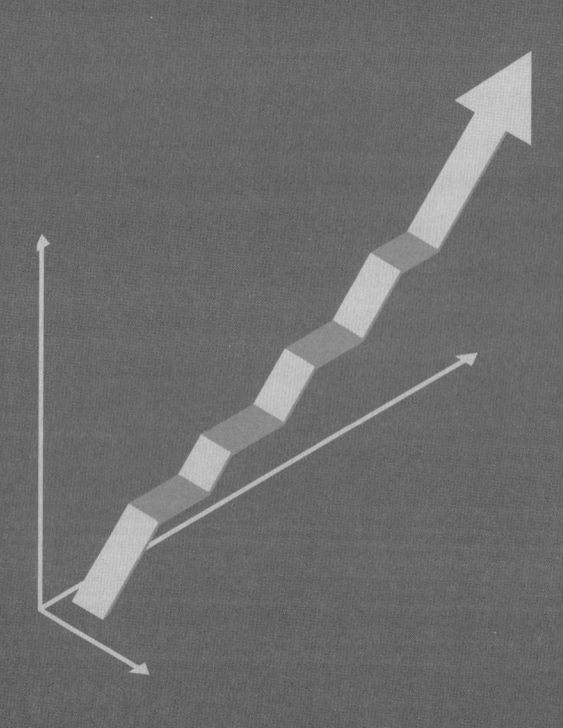

*"Retórica explosiva garante manchetes nos jornais, mas não necessariamente resolve os problemas."*

(George Bush, político norte-americano)

**O**S HISTORIADORES QUE NO FUTURO SE DEBRUÇAREM sobre o estudo da economia brasileira das décadas de 1990 e 2000 certamente concluirão pela existência de duas anomalias. A primeira, obviamente, foi a altíssima inflação: não é normal um país ter taxas de inflação mensais de números como 30% ou 40% ao mês, ainda mais durante tanto tempo, como as que foram observadas até 1994. A segunda, a taxa de juros.

Com o Plano Real de 1994, o país substituiu uma anomalia — taxas de inflação absurdas — por outra — taxas de juros incrivelmente elevadas. Não estamos aqui contestando a política monetária seguida no período posterior à estabilização e que, mal ou bem, serviu para trazer a taxa anual de variação dos preços para o patamar previsto para os próximos anos, da ordem de 3% a.a., o que é excelente. O fato é que, se não é normal ter taxas de inflação como as anteriormente citadas, também não o é ter taxas de juros reais anuais definidas pelo Banco Central de um país — no caso brasileiro, a SELIC — da ordem de 25%, como as que tivemos em 1995, ou 1998, ou ainda de 11%, na média do primeiro governo Lula (2003/2006), mesmo uma década depois da estabilização. Cada decisão do Comitê de Política Monetária (COPOM), desde que foi estabelecido nos anos 1990, se explica pelas circunstâncias da época. E foi a sequência dessas decisões que, no final das contas, nos permitiu alcançar o *status* de país normal em matéria de juros e de inflação — o que, quando se olha para a vizinha Argentina, por exemplo, nunca é demais lembrar e valorizar, para apreciar devidamente a mudança positiva que o Brasil experimentou.

O fato, porém, é que, de um modo geral, durante quase trinta anos — a rigor, o fenômeno remonta ao começo dos anos 1990 —, e em alguns deles mais do que em outros, os juros foram muito altos no Brasil. Isso acabou estimulando teses erradas acerca da "captura" da política econômica por indivíduos que, na condução dessa política, estariam, supostamente, a serviço do interesse dos bancos, e não do país. Embora os juros atualmente sejam baixos, o fato de sua carga na despesa pública ainda ser alta e o risco sempre presente do país cair no populismo justificam nos determos na compreensão da questão para entender por que muitas críticas feitas nessas três décadas eram equivocadas.

Neste capítulo, tentaremos explicar melhor essas questões, expondo a forma como elas aparecem no debate, e mostrar em detalhes os números sobre o assunto.

## "O BANCO CENTRAL NUNCA VAI DEIXAR"

"O sono da razão cria monstros", disse o artista espanhol Francisco de Goya. É possível relacionar tal pensamento à situação de países dominados pelo fanatismo, em que governos autoritários conseguem espaço para impor políticas absurdas de perseguição a determinadas crenças ou pessoas, em circunstâncias em que parte expressiva da sociedade passa por uma espécie de privação do senso crítico. A ideia, porém, se aplica a circunstâncias bem mais mundanas. Uma delas, a noção de que o país estaria preso aos "ditames" do sistema financeiro — nosso "monstro".

Em 2005, assisti ao vivo um conhecido economista, muito crítico da ortodoxia, dizer textualmente em um evento que "o Banco Central jamais permitirá que a taxa de juros real no Brasil caia a menos de 8% a.a".[1] Não porque uma taxa menor fosse incompatível com uma inflação baixa, e sim porque a instituição estaria "dominada pelos interesses do sistema financeiro" e este viveria de uma espécie de "usura" moderna associada aos juros altos.

O economista disse isso diante de umas quarenta ou cinquenta pessoas que estavam presentes no evento e não expressou nada muito diferente do que pregou publicamente durante anos, de modo que não haveria nenhum problema em explicitar de quem se tratava, mas o intuito neste livro não é polemizar com pessoas, e sim com teses, portanto, é preferível não fazer menção ao nome.

Sem entrar no mérito de até que ponto é procedente ou não a tese de que a diretoria do Banco Central está a serviço dos bancos, com a qual não concordo, mas que aqui não vem ao caso, quero me deter na outra parte do argumento. Ou seja, a ideia de que as instituições financeiras seriam defensoras radicais de ter taxas de juros reais elevadas *sine die*. Isso não faz muito sentido — pelas razões que serão expostas aqui.

Primeiro, receitas financeiras da Tesouraria são uma das fontes de receita dos bancos, mas apenas uma delas. O que faz um banco? Transaciona dinheiro. Portanto, recebe depósitos por um lado e transforma esses recursos em empréstimos, cobrando uma diferença, que é o *spread*. A atividade essencial dos bancos é emprestar e ganhar dinheiro com isso — e eles sabem fazer isso muito bem.

Segundo, para manter a rentabilidade global do negócio, quedas de juros tenderam a ser compensadas por um reforço das tarifas. Qualquer pessoa que tenha uma conta em banco há mais de vinte anos sabe que ele cobra — e bastante — por serviços que no passado não eram tarifados ou o eram com valores muito pequenos. Coisas como imprimir um extrato ou fazer certa operação, que antes

---

[1]. A SELIC real do ano, deflacionada pelo IPCA, tinha sido de 8% em 2004 e, naquele ano, estava sendo "puxada" para quase 13%, para combater o risco de alta da inflação. Foi esse o contexto que levou o palestrante a fazer tal afirmação. Depois da estabilização de 1994, a SELIC real tinha caído a menos de 8% (6%, a rigor) uma vez, em 2002, mas no contexto da intensa aceleração inflacionária daquele ano.

não pesavam na cesta de tarifas oferecida aos clientes, se tornaram mais onerosas para usar por parte do público.

Terceiro, a "teoria da conspiração" de que haveria um "conluio" do sistema financeiro contra o dinamismo da economia simplesmente não faz sentido. Taxas de juros reais elevadas conspiram contra o crescimento. É possível crescer apesar de termos juros reais elevados — como aconteceu no Brasil várias vezes —, e é possível crescer pouco ou não crescer, apesar de os juros serem baixos — como constatamos nos últimos anos. Porém, não há como negar que, tudo o mais constante, um país se favorece de ter juros baixos, ao invés de altos, para poder aspirar a um crescimento maior. E, por sua vez, em um país que cresce mais, tudo gira mais: há mais empregos, as pessoas têm maiores salários — e os bancos emprestam mais. Uma proporção de crédito na economia de 50% do PIB em um país com um PIB de R$5 trilhões significa um estoque de crédito de R$2,5 trilhões, enquanto que essa mesma proporção de crédito associada a um PIB de R$10 trilhões implica um volume de empréstimos de R$5 trilhões. Aplicando um ganho de *spread* sobre esses montantes, mesmo que o diferencial entre as taxas de captação e aplicação seja o mesmo em ambos os casos, o lucro na segunda economia é o dobro da primeira. Por que o Bradesco, o Itaú ou o Santander prefeririam ter um PIB fraco em vez de operar em um país com uma economia pujante e um PIB maior? É a grande pergunta não respondida.

E quarto, por fim, a teoria do palestrante foi desmentida pelos fatos: depois de 2006, a SELIC real nunca mais voltou a ser de 8% ou mais, sendo que nos últimos tempos, inclusive, se situou muito mais perto de zero que de 8%.

No fundo, aquela fala acerca da suposta negativa do Banco Central de "aceitar taxas de juros reais inferiores ao 8%" se explica pelo "adormecimento" da razão ao qual se referia Rushdie. Para além das interpretações acerca de se a tese tinha lógica ou não, de qualquer forma, a realidade se impõe: a taxa de juros real SELIC da política monetária definida pelas autoridades monetárias — de convicções inequivocamente ortodoxas, registre-se — tem sido recentemente, como ressaltado, muitíssimo inferior àquela taxa, já há algum tempo. Vale então a velha frase: contra fatos não há argumentos. Não deveria haver, pelo menos.

## A "FINANCEIRIZAÇÃO"

Em 1998, antes da desvalorização de 1999, a inflação foi muito baixa — de menos de 2%. Assim, mesmo com juros reais elevados, a remuneração nominal era inferior àquela que os brasileiros estavam acostumados até anos antes.

Naquele ano, houve um café de manhã desses organizados por instituições financeiras em que chamam uma personalidade para falar de economia e outra para falar de política. Nesse caso, o nome será citado, porque o evento foi há muito tempo e não há mais como polemizar, já que a pessoa morreu, mas também porque o episódio, mais do que polêmico, foi engraçado, de modo que não há aqui ânimo maior de controvérsia.

O fato é que, no evento, fui falar sobre economia, e o convidado para falar de política foi o jornalista e ex-deputado Márcio Moreira Alves. Este era um crítico mordaz da equipe econômica da época, e devo reconhecer que minha tarefa de defender a política oficial naquele momento não era das mais agradáveis. Lembro-me de que naquele ano os juros reais eram bem "salgados", o PIB acabou tendo um crescimento próximo de 0, e o país vivia o "baixo astral" de saber que tudo indicava que em 1999, após as eleições, viria um ano duro de ajuste — como, de fato, acabou acontecendo.

Lá fomos nós debater, sendo que fui para o debate como aqueles times que entram sabendo que se perderem de apenas 1 a 0, o resultado já será muito bom. A política econômica passava realmente por um clímax de impopularidade, e o "Marcito" — como era chamado carinhosamente —, "batendo" nos meus amigos Pedro Malan e Gustavo Franco, me fazia lembrar aquela máxima do político mineiro de que "criticar o governo é tão gostoso, que não deveria ser privilégio exclusivo da oposição".

Depois das falas de cada um, havia chegado o momento dos comentários de um à fala do outro, e como o Márcio havia criticado muito o Banco Central e a SELIC, argumentei dizendo mais ou menos o seguinte: "Todo mundo critica o Banco Central, mas vamos lá, aqui na plateia tem muita gente que viaja ao exterior e faz contas em dólar. Há um risco concreto da política cambial ter que mudar, em cujo caso as aplicações que as pessoas têm em reais vão valer muito menos se avaliadas em dólar. É essa a ameaça concreta com a qual o Banco Central se depara. E todo mundo quer juros baixos para investir e consumir, mas quer ter as suas aplicações muito bem remuneradas. Por exemplo, o Márcio, aqui presente, reclama, mas quero ver o que ele faria se o juro fosse lá embaixo. Será que ele ficaria satisfeito?" Ao que ele, na hora, e creio que sem pensar muito na contradição que isso implicava em relação ao que havia acabado de falar, reagiu imediatamente: "Que nada! Hoje as aplicações já estão rendendo uma merreca!" Ele se referia ao fato de que o juro nominal, em um contexto de inflação próxima de zero e mesmo com juros reais salgados, era baixo em relação ao padrão com o qual o país estava acostumado até anos antes. Todos acabaram caindo na gargalhada pela crítica à "merreca" do rendimento financeiro...

No debate político-ideológico, no contexto em que se inseria a crença — porque se tratava de um ato de fé — de que o Banco Central "jamais permitiria juros reais de menos de 8%", popularizou-se a tese da "financeirização" da economia brasileira. A ideia era a de que a riqueza viria cada vez mais de ganhos obtidos no mercado financeiro, em detrimento da produção real, ou seja, do que simbolicamente poderia ser definido como "fabricação de parafusos" — algo bem concreto, em contraposição à riqueza "de papel" proporcionada pelos juros elevados.

Andrea Rizzi, jornalista do jornal espanhol *El País*, tem uma frase ótima: "Quando se lida com sentimentos, muitas vezes os argumentos racionais são insuficientes." O fato é que uma parte do espectro político-ideológico do país "comprou" essa tese acerca da "financeirização da economia", independentemente do fato de ela ter base na realidade ou não. Não há como ignorar que o fato de as taxas de juros terem sido muito altas durante um período de tempo prolongado dava a impressão, no debate, de outorgar ares de verdade a esse tipo de tese. A dimensão que faltava à análise é a visão do que seja um processo histórico. E o que interessa aqui não é a observação de um ponto específico no tempo ou mesmo de uma variável em um período, e sim a tendência de sua trajetória.

O gráfico da evolução da taxa de juros real, com muitos altos e baixos ao longo do tempo, pode enganar um pouco, mas o fato é que a tendência de queda é clara quando se olha para períodos longos. A tendência se expressa de duas formas.

Primeiro, no que aconteceu com a SELIC em termos nominais, a cada ciclo de aperto e relaxamento da política monetária. Quando se olha para os números concretos, vemos que os picos de aperto da política monetária a cada novo ciclo dela foram declinantes, depois de 2003, com as seguintes taxas nominais máximas em cada período, exceção feita à taxa de 2015:[2]

- 45% na crise de 1999.
- 19% na crise de 2001/2002.
- 26,50% na crise de 2003.
- 19,75% em 2005, no começo do ciclo de alta das *commodities*.
- 13,75% na crise de 2008.
- 12,50% no ciclo de alta de 2010/2011, diante de uma clara situação de superaquecimento.
- 14,25% diante da aceleração inflacionária de 2015.

Ao mesmo tempo, o ponto de mínimo em cada um desses ciclos mostrou a seguinte trajetória, com a mesma tendência declinante depois de 2003, sempre depois de um aperto, seguido de relaxamento:

- 15,25% em 2001, após o aperto de 1999.
- 18% em 2002, após o aperto posterior de 2001.[3]
- 16% em 2004, após o aperto de 2003.
- 11,25% em 2007, após o aperto de 2005.
- 8,75% em 2009, após o aperto de 2008.
- 7,25% em 2012, após o aperto de 2010/2011.
- 6,50 %, após o aperto de 2013/2015, taxa que vigorou de março de 2018 até junho de 2019, quando o COPOM decidiu por novas baixas a partir de então, em um ciclo de reduções mantido até agora, com a SELIC nominal em torno de 2%.

---

2. Cabe lembrar, porém, que em 2015 a inflação escalou até quase 11%, o que naturalmente tenderia a acarretar a necessidade de uma SELIC nominal maior do que quando a inflação era em torno de 6%, taxa ao redor da qual havia flutuado durante alguns anos.

3. Em 2001, a SELIC iniciou o ano em 15,75%, cedeu até 15,25% em janeiro como parte de um ciclo de afrouxamento iniciado em 1999 e aumentou a partir de março, até a decisão do COPOM de julho que definiu a taxa de 19%.

Parece claro, portanto, que havia, na evolução tanto dos picos como dos vales, uma trajetória de queda a cada ciclo, como tendência.

Essa mesma imagem de taxas em queda tendencial — não obstante o reconhecimento da vigência de números muito elevados durante um longo período — fica clara quando se observam os dados da Tabela 3.1, referentes ao período que se inicia com a estabilização da economia em meados dos anos 1990 e que mostra uma inequívoca trajetória declinante da taxa SELIC em termos reais, quando se comparam médias de períodos longos, até a época atual: se no período 1995/2000 a taxa real média foi de 19%, nos últimos tempos ela caiu para o patamar de 2% ou menos.

**Tabela 3.1 Taxa SELIC real (% a.a.)/a**

| Período | Taxa SELIC |
|---|---|
| 1995/00 | 18,7 |
| 2001/10 | 8,2 |
| 2011/18 | 4,0 |
| 2019 | 1,6 |
| 2020 | 0,9 |

/a = Deflator: IPCA.
Fonte: Banco Central. Para 2020, projeção Focus.

O escritor espanhol Javier Marías Franco disse certa vez que "vive-se melhor no mundo da ficção", referindo-se ao conforto que dá ao autor poder ter domínio sobre seus personagens. Isso é o contrário do que acontece no mundo real, em que o indivíduo não tem comando sobre muitos fatos. A frase cai como uma luva quando o debate ideológico obscurece a razão de seus participantes mais radicais. "Financeirização"? "Mínimo de taxas de juros reais de 8%"? Infelizmente para os adeptos desse tipo de teoria, a realidade não parece se enquadrar mais nos limites de sua ideologia. O que remete à famosa frase atribuída a Paulo Francis ("não deixe os fatos interferirem nas suas opiniões"), uma jocosa *boutade* vinda dele, mas algo patética quando aplicada a alguns personagens presos de "personas" ideológicas que não encaixam mais nos dias de hoje. De fato, vive-se mais confortavelmente no mundo da ficção...

## A INFLUÊNCIA DA INFLAÇÃO

Quando a pessoa tem uma aplicação, ela recebe um rendimento nominal. Digamos que, por exemplo, a aplicação seja de R$1.000 e que o rendimento nominal seja de 0,5% no mês. Isso corresponde a R$5 por mês. Ocorre que a pessoa não ficou R$5 mais "rica" em termos reais. Se a inflação é, por exemplo, de 4% a.a., isso corresponde a uma taxa mensal de 0,33% — 0,327, para ser mais preciso. Portanto, se o valor de R$1.000 fosse corrigido única e exclusivamente pela inflação — supondo que esta seja constante no tempo —, um mês depois esse patrimônio deveria ser de R$1.000 × 1,00327 = R$1.003,27. Isso significa que, a rigor, dos R$5 de rendimento que a pessoa recebeu, apenas R$1,73 foi de fato um ganho real de patrimônio.

O mesmo raciocínio se aplica à despesa de juros. Quando a estatística oficial diz que o governo gastou tantos bilhões de reais com juros, esse valor se refere ao conceito nominal, que traz embutida uma parcela que corresponde apenas à simples atualização monetária em função da inflação. Como esta era totalmente dominante até 1994, o valor da despesa com juros nominais pré-1994 era uma variável que ninguém acompanhava, porque não tinha nenhum significado. Na época, utilizava-se o conceito de *deficit* "operacional", que expurgava a atualização monetária dos juros nominais, para chegar à despesa "real" de juros. Embora hoje a estatística operacional esteja relegada ao ostracismo, o Banco Central continua apurando a variável, o que permite comparar a despesa de juros reais posterior a 1994 com épocas mais antigas. Isso é feito na Tabela 3.2, que mostra uma tendência de queda, assim como a da Tabela 3.1.

### Tabela 3.2 Despesa com juros (% PIB)

| Composição | 1985/94 | 1995/00 | 2001/10 | 2011/18 | 2019/20 |
|---|---|---|---|---|---|
| Atualização monetária | n.c. | 2,0 | 2,8 | 2,6 | 4,1 |
| Juros reais | 4,3 | 4,3 | 3,7 | 3,2 | 0,5 |
| Juros nominais | n.c. | 6,3 | 6,5 | 5,8 | 4,6 |

n.c. = Não considerado.
Fonte: Banco Central. Para 2020, projeção do autor.

Tomando como referência períodos longos, a despesa de juros reais foi de 4,3% do PIB nos 10 anos prévios à estabilização e cedeu para 3% do PIB na média de 2011/2019. Cabe lembrar que a despesa depende não apenas da taxa de juros real, mas também da dívida sobre a qual ela incide, que no conceito de dívida líquida teve muitos altos e baixos em relação ao PIB, como já vimos. Quanto aos juros nominais, ainda que de uma forma menos nítida que no caso do componente real, na comparação com o passado também houve uma tendência de queda ao longo do tempo, em termos de médias de períodos longos.

Cabe lembrar que a despesa de juros se refere ao juro pago pelo conjunto dos títulos, dos quais apenas uma parte — as Letras Financeiras do Tesouro, ou LFT — são títulos diretamente ligados à trajetória da SELIC. Os demais papéis tendem a seguir a SELIC, mas com uma defasagem maior. Por exemplo, se o Tesouro emitiu um prefixado longo — a chamada NTN-F — em 2012 com vencimento em 2023 aceitando pagar uma remuneração nominal — arredondando o número — de 12%, como de fato ocorreu no começo daquele ano, essa taxa — definida até o final do vencimento do papel — continuará "contaminando" a despesa de juros pelos próximos 2 a 3 anos, mesmo que atualmente o Tesouro emita títulos com vencimentos mais longos — para 2031 — pagando juros nominais muito menores. O mesmo ocorre com vencimentos mais longos ainda, associados às taxas reais das NTN-B. Tome-se o exemplo nas NTN-B de 2045 com vencimento previsto para aquele ano emitidas em 2006 a uma taxa real de 9%: elas afetarão a despesa nominal de juros — que combinam a taxa real com a inflação do IPCA — por mais duas décadas e meia, não obstante as taxas reais das NTN-B com vencimento, agora em 2055, oscilem atualmente em uma faixa significativamente inferior.

Por isso, embora a queda recente da SELIC tenha sido acentuada, a queda da despesa de juros na estatística fiscal se revelou mais lenta, uma vez que o Tesouro ainda tem títulos antigos cujos juros, bem mais elevados que os de hoje, terão que ser honrados ainda por bastante tempo. Já no futuro, os juros longos provavelmente serão inferiores aos do passado, mas provavelmente a SELIC será maior que a atual.

## OS ATIVOS DO SETOR PÚBLICO

A despesa de juros explicada na seção anterior depende também de outro fator: a diferença entre o tratamento dado a ativos e passivos do setor público. Lembremos que o conceito fiscal de juros se refere aos juros líquidos, ou seja, ao resultado do que o setor público paga pela sua dívida bruta, descontado o valor do que recebe por conta dos ativos financeiros que tem.

Podemos fazer um paralelo com a situação de um indivíduo. Imaginemos uma pessoa que se endividou para adquirir um imóvel. A única diferença é que adotaremos uma hipótese que na vida real hoje não faz muito sentido, mas que será mantida para que o leitor entenda a natureza da conta fiscal. Vamos supor que se trata de um imóvel de alto padrão e que a dívida seja de R$1 milhão, com juros nominais de 10% a.a. Por outro lado, vamos admitir que essa pessoa tenha suas aplicações financeiras em um banco, no montante de R$300 mil, que lhe rendem 6% nominais anuais. O exercício não é realista, não só porque as taxas hoje são bem menores que 10%, mas também porque não faria sentido ter um ativo financeiro que rende menos que os juros da dívida, razão pela qual o racional nesse caso seria pagar R$300 mil e ficar com uma dívida menor, de R$700 mil e sem ativos financeiros. Porém, relevemos aqui esse detalhe, porque o que o governo faz é exatamente isso: ele tem muitos ativos brutos que, porém, ao longo dos anos renderam, em geral, menos que sua dívida. No exemplo citado, o indivíduo pagou nominalmente 10% de R$1 milhão = R$100 mil de juros brutos e recebeu 6% de R$300 mil = R$18 mil da aplicação. Ou seja, teve uma despesa líquida anual de juros de R$82 mil, que sobre uma dívida líquida de R$700 mil em geral — descontando o ativo da dívida bruta em geral — correspondeu a uma taxa de juros dita "implícita" de 11,7%, embora sua taxa formal sobre a dívida de R$1 milhão tenha sido inferior, de 10%. Algo similar ocorre com a estatística da dívida líquida, que resulta da Tabela 3.3.

Tabela 3.3 Composição da dívida líquida (% PIB)

| Composição | 2007 | 2015 | 2020 (julho) |
|---|---|---|---|
| Dívida interna | 50,4 | 47,0 | 75,0 |
| Base monetária | 5,4 | 4,3 | 5,9 |
| Dívida mobiliária | 42,7 | 36,2 | 52,6 |
| FAT | -5,1 | -4,3 | -4,5 |
| Crédito a inst. fin. oficiais | -0,5 | -9,5 | -3,1 |
| Outros | 7,9 | 20,3 | 24,1 |
| Dívida externa | -5,9 | -11,4 | -14,8 |
| Dívida líquida | 44,5 | 35,6 | 60,2 |

Fonte: Banco Central.

O setor público tem três grandes ativos. O mais antigo é representado pelas reservas internacionais, que, na prática, na estatística oficial da dívida já são descontados da dívida externa bruta do setor público. Como o governo acumulou reservas, o setor público, na prática, tornou-se credor líquido — ou seja, a dívida externa líquida passou a ser negativa — desde o ano de 2006, quando o volume de reservas internacionais em poder do Banco Central ultrapassou a dívida externa bruta do setor público. Essas reservas já renderam juros expressivos quando as taxas internacionais eram elevadas, mas passaram a ter rendimentos irrisórios nos últimos anos, na fase de juros externos "no chão".

O segundo grande ativo, que remonta a 1988, quando foi criado, corresponde ao Fundo de Amparo ao Trabalhador (FAT), na forma de recursos oriundos do fluxo de receita do PIS-PASEP que viraram ativos que se previa gastar com seguro-desemprego e não foram utilizados, ou, ainda, ativos do BNDES emprestados e lastreados nesse Fundo. Até 2017, eles eram emprestados à TJLP, em geral muito inferior à taxa de juros paga pelo governo em seus títulos. A partir de 2018, com a criação da Taxa de Longo Prazo (TLP), esse diferencial está tendendo a desaparecer em relação às taxas de juros de prazos mais longos.

Finalmente, temos os créditos às instituições financeiras oficiais, lembrando que, como a estatística se refere ao setor público não financeiro, um empréstimo do Tesouro a uma instituição que está fora do setor público não financeiro, mesmo que seja oficial, representa um ativo. Trata-se de empréstimos para a Caixa Econômica Federal e, principalmente, ao BNDES. Esse estoque era praticamente irrelevante em 2007 e alcançou quase 10% do PIB em 2015. Com a recente devolução de parte expressiva desses recursos, esse elemento diminuiu e, eventualmente, poderá ser "zerado" no futuro.

O fato de as taxas pagas pelo Tesouro na emissão de sua dívida terem sido muito maiores que a taxa de juros recebida pelos seus ativos gerou um adicional de despesa de juros líquido que foi particularmente relevante na primeira metade da década de 2010, quando os ativos citados estavam aumentando aceleradamente, ao mesmo tempo em que o diferencial entre as taxas ativas e passivas era enorme. Hoje, com um ativo menor e com as taxas de juros atuais, esse diferencial tornou-se muito menor.

No caso das reservas internacionais, elas aumentaram muito na gestão de Henrique Meirelles no Banco Central no Governo Lula — o que foi muito bom para reduzir a vulnerabilidade externa do país. Considerando a dimensão relativamente ao tamanho da economia, elas evoluíram de valores de 5% do PIB no ano 2000 para valores da ordem de 20% do PIB recentemente (Gráfico 3.1).

Esse volume de recursos é visto como uma espécie de "seguro" contra crises externas, uma vez que com reservas de mais de US$300 bilhões é mais difícil imaginar corridas especulativas drásticas contra a moeda nacional como as que o país experimentou nas crises de 1998, 1999 ou 2002.

**Gráfico 3.1 Reservas internacionais (% PIB)**

Fonte: Banco Central.

O que o país recebe de juros sobre esses ativos financeiros em divisas depende do valor das reservas e, naturalmente, da taxa de juros, que no caso das reservas tende a ser uma referência de longo prazo. Nesse sentido, o Gráfico 3.2 é eloquente em relação às mudanças pelas quais o mundo passou nos últimos quinze anos: enquanto que na altura de 2006, por exemplo, a taxa em dólares das *T-Notes* de 10 anos dos EUA estava em torno de 5% nominais, atualmente essa taxa é muito modesta, como se observa no gráfico. As reservas, portanto, rendem muito menos que no passado.

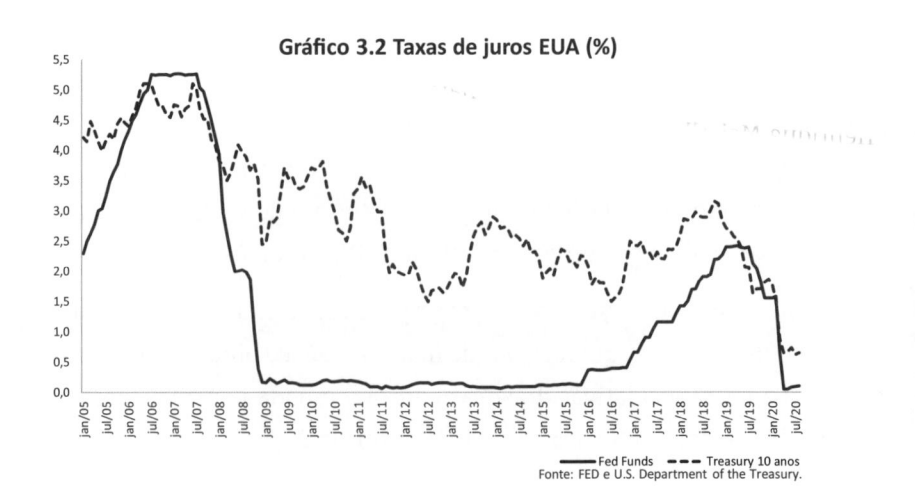

**Gráfico 3.2 Taxas de juros EUA (%)**

Fed Funds — — — Treasury 10 anos
Fonte: FED e U.S. Department of the Treasury.

## DANDO UM "ZOOM" NAS CONTAS

A economista Mônica de Bolle disse certa vez, com pertinência, que "o Brasil é um país que tem muito barulho e pouca informação". Muitas vezes, porém, faz-se barulho mesmo quando existe informação. É o caso da consideração sobre os juros como sendo um adicional que se soma à riqueza da pessoa. Vamos ver em mais detalhe alguns aspectos, enunciados ligeiramente páginas atrás, mas cujo momento de analisar com especial cuidado chegou.

Para o cidadão que ganha salário mínimo e o dinheiro não chega no final do mês, uma despesa com juros de R$300 bilhões é uma enormidade. Porém, também R$100 bilhões serão uma enormidade. O fato é que, quando se tem uma dívida pública mobiliária federal interna em poder do público que, como atualmente, é da ordem de R$4 trilhões, mesmo uma taxa de juros baixa de, por exemplo, 5% gera uma despesa de juros de uma grandeza de R$200 bilhões/ano, além do que sabemos que há outras dívidas do setor público que se somam a ela. Portanto, é compreensível que o cidadão comum que escuta no rádio um locutor esbravejar contra o "absurdo pagamento de juros de R$200 bilhões" — ou R$300 bilhões, ou R$400 bilhões — fique indignado, mas o fato é que esse valor nada mais é do que o somatório de situações individuais que resultam de casos como o que é detalhado a seguir.

Imaginemos uma pessoa com uma aplicação de R$100 mil, que rendem em termos nominais, por hipótese, 6% a.a., ou seja, no caso desse indivíduo, R$6 mil. Como se decompõe essa taxa? A Tabela 3.4 mostra isso de forma bem esmiuçada. Uma taxa de juros anual bruta nominal de 6% significa que a taxa mensal bruta nominal é de 0,49%, pois esta é a taxa — ou, mais precisamente, 0,48676% — que, com juros compostos, em 12 meses gera 6% de rendimento. Ocorre que sobre essa taxa, que é bruta, incide o Imposto de Renda na Fonte, que varia dependendo do prazo da aplicação. Aqui suporemos o caso intermediário em que a alíquota tributária é de 20%. Fazendo as contas detalhadas do raciocínio a ser exposto a seguir com todas as casas decimais, ainda que exibindo elas aqui, para não cansar o leitor com detalhes excessivos, com apenas duas, isso nos deixa com uma SELIC mensal líquida nominal, já descontados os impostos, de 0,39%. Se a inflação anual é de 4%, por hipótese, a variação mensal dos preços é de 0,33%. Isto posto, a comparação da remuneração mensal líquida nominal de 0,39% com aquela inflação mensal nos dá o rendimento mensal líquido real de 0,06%, ou seja, uma remuneração anual líquida real de 0,74%. O que é bem inferior a 6%!

Tabela 3.4 Decomposição de uma taxa de juros de 6%, com inflação de 4%

| Composição | Taxa (%) |
|---|---|
| SELIC anual bruta nominal | 6,0 |
| SELIC mensal bruta nominal | 0,49 |
| SELIC mensal líquida nominal /a | 0,39 |
| Inflação anual | 4,0 |
| Inflação mensal | 0,33 |
| SELIC mensal líquida real | 0,06 |
| SELIC anual líquida real | 0,74 |

/a = Alíquota tributária: 20%. Fonte: Elaboração própria.

Ou seja, se em um mês uma pessoa tinha uma aplicação de R$100 mil, a "despesa de juros" nas contas fiscais é o somatório agregado de todos os casos como o dela, em que essa pessoa, na conta, entra com R$6 mil, mas seu enriquecimento real, na prática, será não se R$6 mil, e sim de 0,744% de R$100.000, ou seja, R$744 — o que não é o mesmo que R$6 mil. Na época dos juros nominais de 15% ou 20%, as taxas eram bem maiores do que as citadas, e os juros reais também, mas a lógica do raciocínio era a mesma: a parcela dos juros líquidos reais era, e é, sempre uma fração, apenas, dos juros brutos nominais.

## QUEM SÃO OS ESPECULADORES?

No noticiário econômico, poucos personagens se prestam tanto ao papel de "vilão" como os "especuladores". Se houver desconfiança acerca do valor futuro do dólar e as taxas de juros aumentarem nos EUA, se dirá que a ação obedeceu aos "especuladores de Wall Street". Se em uma área geográfica delimitada de Paris, onde as construções são praticamente as mesmas que há 150 anos — o que significa que a oferta é dada, quando a demanda não cessa de aumentar —, o preço em euro do metro quadrado do aluguel aumentar muito, o noticiário criticará a "especulação imobiliária". Se na Argentina houver dúvidas acerca da sustentação fiscal do governo e por conta disso o dólar disparar, a imprensa criticará os "especuladores". Sempre eles.

Quem são os especuladores? A Tabela 3.5 mostra qual é a composição da dívida pública mobiliária federal interna em poder do público, no Brasil. Em geral, o cidadão comum costuma pensar que "títulos públicos" é o que os bancos têm em mãos, mas, a rigor, embora as instituições financeiras tenham uma parcela importante da dívida pública em carteira, há muitos outros agentes que estão na outra ponta da venda de títulos.

**Tabela 3.5 Detentores de títulos federais (%)**

| Composição | % (Julho 2020) |
|---|---|
| Instituições financeiras | 26,5 |
| Fundos de investimento | 26,4 |
| Previdência | 24,8 |
| Não residentes | 9,0 |
| Governo | 3,9 |
| Seguradoras | 3,9 |
| Outros | 5,5 |
| Total | 100,0 |

Fonte: Secretaria do Tesouro Nacional.

O principal grupo é representado pelas instituições financeiras, o que é natural, e logo depois vêm os fundos de investimento. A pessoa que se dirige a um Bradesco, a um Itaú ou também a uma XP, para aplicar sem dinheiro em um fundo, a rigor, muito provavelmente, na ponta da aplicação deste terá títulos públicos. Consequentemente, então, formalmente o título é comprado por um fundo, mas como este tem seu patrimônio dividido entre os cotistas, quem, na prática, é o dono do dinheiro aplicado em títulos é o cidadão que aplicou seus recursos no fundo.

O terceiro grupo de grandes proprietários é o segmento de "Previdência". Aqui também, na ponta, estão indivíduos. Na classificação oficial do Tesouro, essa rubrica inclui fundos de investimento e carteira própria da previdência aberta e fechada, além dos Regimes Próprios de Previdência Social (RPPS). Ou seja, se a pessoa tem um PGBL ou um VGBL, essa aplicação estará incluída nessa rubrica.

Temos também os não residentes. Estes são pessoas físicas e jurídicas e fundos de outros países. Ou seja, da mesma forma que o brasileiro João da Silva aplica seus recursos no Brasil em um fundo, o norte-americano John Smith faz isso em um mercado mais desenvolvido, como o norte-americano, mas onde parte do patrimônio é aplicado no exterior dos EUA — um desses lugares sendo o Brasil.

Na tabela, na conta do item "Governo", estão os grandes fundos administrados por este; entre outros, o FGTS. Portanto, uma pessoa pode ter que pagar impostos para arcar com a despesa financeira dos juros da dívida pública, mas parte destes pagam as aplicações do FGTS, que retornam para o ativo deste na forma de rendimentos.

No item "Seguradoras" incluem-se as aplicações dessas organizações. Se Marcelo ou Maria contratam um seguro para o carro e a seguradora não precisa encarar um sinistro com o veículo, ela aplicará o dinheiro resultante do seguro. Porém, Marcelo ou Maria vão querer que, se for preciso, o seguro seja honrado, o que significa que também terão interesse em que a seguradora tenha seus recursos protegidos.

Por último, o grupo "Outros" inclui uma miríade de aplicadores, entre eles, com destaque, pessoas físicas com aplicações individuais no Tesouro Direto.

Ou seja, ao ouvir na televisão que "o mercado não aceita" ou "o mercado reclama", é importante entender que esse "mercado" não inclui apenas os "tubarões do mercado financeiro", e sim o somatório de Silvas, Marcelos e Marias, cujas decisões financeiras têm uma contrapartida em títulos públicos.

## POLÍTICA MONETÁRIA NÃO É FEIRA

Independentemente das considerações mais específicas que foram feitas no capítulo, procurando explicar ao leitor tecnicalidades importantes acerca da contabilidade pública, o mais importante de tudo é que o leitor — que, como cidadão, é também eleitor — entenda o que talvez seja a lição mais importante de todas as que este capítulo, especificamente, pretende deixar: a de que política monetária não é feira.

Imagine o leitor que um parlamentar faça o seguinte discurso: "É um absurdo. Ano passado, o governo pagou R$300 bilhões de juros, ao passo que destinou apenas R$X bilhões para a segurança pública", sendo o valor de X muito inferior a R$300 bilhões. O que o leitor pensa? É tentador concluir que isso parece muito injusto, não?

Há vários problemas embutidos nesse raciocínio. Primeiro, os juros se referem à despesa com essa rubrica de todo o setor público, ao passo que a despesa com segurança é só do Governo Federal, quando a segurança é especialmente uma política que cabe aos estados, que são os que gerenciam as polícias Militar e Civil. Segundo, se fosse ser levada em conta essa amplitude para as esferas subnacionais, teriam que ser computadas não só as despesas com o item "segurança pública" das "demais despesas", como também a despesa com pessoal para o pagamento das polícias. E terceiro, a despesa de juros é a nominal, valendo todas as qualificações feitas anteriormente no capítulo acerca da diferença entre despesas financeiras nominais e reais.

O ponto principal, porém, é outro: é que no Orçamento, nesse aspecto, não há livre alocação. Ou seja, a despesa de juros será a que tiver que ser em virtude da política monetária. Aquele discurso antes comentado induz o cidadão a pensar: "Vamos gastar, então, menos em juros e dobrar ou triplicar o gasto com segurança." O problema é que o mundo real não funciona assim. O ministro de Economia não se reúne com sua equipe em dezembro ao tratar da negociação do Orçamento com o Congresso e diz "Vamos gastar R$20 bilhões a menos com juros e usar esses recursos para aumentar a despesa em educação, em saúde e em ciência e tecnologia".

Isso não funciona assim, na vida real, pelo fato de que a despesa de juros será a que tiver que ser em função da política monetária definida pelas autoridades da área. Quando o FED decide afrouxar sua política e, consequentemente, leva o Tesouro dos EUA a gastar menos juros, ou quando o Banco Central brasileiro eleva a SELIC e, assim, aumenta a despesa com juros — ou vice-versa —, os membros do *board* no FED nos EUA ou no Comitê de Política Monetária (COPOM) no Brasil fazem o que julgam que lhes cabe fazer para obedecer aos respectivos mandatos. Não é realista imaginar que possa ser de forma diferente.

Imagine o que aconteceria se fosse preciso combater a inflação, por exemplo, em um país emergente sujeito a corridas que colocam em xeque a estabilidade da moeda, e o Banco Central desse país ficasse paralisado porque o Congresso está em recesso naquele momento e o governo "não tem orçamento para poder aumentar a despesa com juros". O mundo não funciona assim, gostemos ou não: se "o calo aperta", como se diz popularmente, o governo pode decidir propor aumentar o salário do funcionalismo em 2%, e não mais em 4%, como cogitava, ou reduzir o número de bolsas de iniciação científica para os jovens nas universidades, mas não pode decidir "então terei que pagar menos juros".

Evidentemente, políticos têm sensibilidade. Se a despesa de juros, por exemplo, aumenta de 5% para 8% do PIB, em geral tendo que implantar algum ajuste fiscal, provavelmente eles tentarão fazer com que ele incida sobre as categorias mais privilegiadas, evitando que o ônus afete os mais pobres. Isso, porém, não elimina o fato de que a despesa com juros terá passado de 5% para 8% do PIB, porque a política monetária gerou esse efeito.

Um último ponto que é sempre importante ressaltar. Muitas vezes, ouvem-se discursos na linha de que "com a redução das taxas de juros, o governo poderá gastar mais nos setores X, Y ou Z". Com a recente queda dos juros no Brasil, esse tipo de lógica tem sido recorrente. A rigor, porém, o raciocínio está errado. Por quê? Tomemos como referência o ano de 2015, quando o país teve um *deficit* público de 10% do PIB, com uma despesa de juros de mais de 8% do PIB e um *deficit* primário de 2% do PIB, em termos arredondados. Um *deficit* dessa magnitude estava muito acima do que os países normalmente têm. Se no futuro a despesa de juros for, como se espera para 2021, de 4% do PIB — uma bela redução relativa de 50% em relação a 2015 —, isso significará que, se fosse mantido o resultado primário daquele ano, o *deficit* cairia para 6% do PIB — ainda muito elevado. Gastar parte da queda dos juros não é razoável — pois, nesse caso, o *deficit* continuará muito alto. Admitir essa utilização seria equivalente a que um indivíduo "pendurado" no cheque especial decidisse gastar mais pelo fato de a taxa do cheque especial diminuir. Isso não faz sentido. Ou seja, menores juros precisam estar associados a menores *deficit* — e se essa "poupança" dos juros menores for gasta, o *deficit* cairá menos. Pensando bem, é algo lógico, não?

CAPÍTULO 4:

# A RECEITA LÍQUIDA

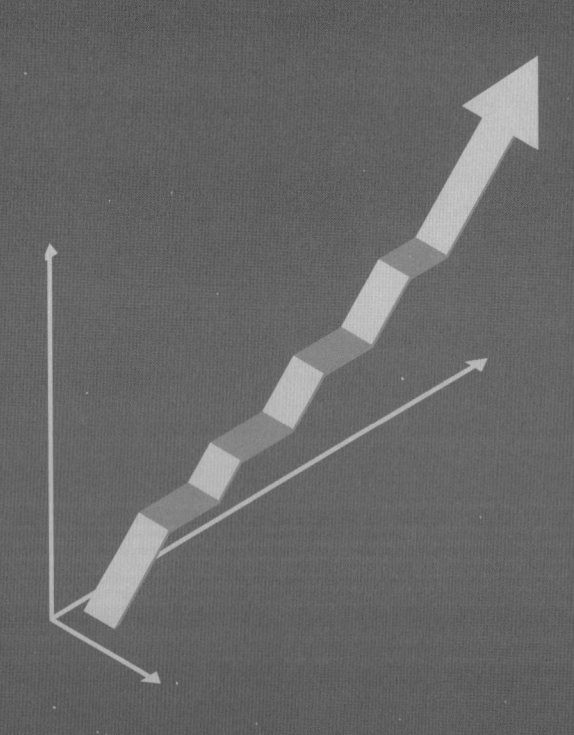

*"Não há nada mais certo neste mundo do que a morte e os impostos."*

(Benjamin Franklin)

**O** **TEMA DA TRIBUTAÇÃO ESTEVE NA ORIGEM DE MUITAS** revoltas contra os governantes desde que o homem começou a se organizar em grupos e surgiram sociedades estabelecidas com alguma forma de governo. A epígrafe do capítulo sobre o sistema tributário em meu livro *Finanças Públicas*, escrito em coautoria com Ana Cláudia Além, é uma antiga citação em inglês arcaico: "*Don't tax me, don't tax thee; let's tax this guy behind the tree*" ("Não me tribute; não tribute eles; vamos tributar aquele cara atrás da árvore"). Ela dá a ideia de que as pessoas são conscientes da necessidade de que os gastos sejam financiados por impostos, mas ninguém quer ser responsável pelo pagamento destes.

Em nossa época de estudantes na faculdade de Economia, no começo da década de 1980, o tema "reforma tributária", no Brasil e na América Latina, estava associado à necessidade de elevar a carga tributária. Eram tempos de uma inflação muito alta, para a qual havia um consenso de que era necessário identificar mecanismos de desindexação rápida — como vieram a ser anos depois a paridade com o dólar na Argentina em 1991 e, em 1994, a URV no Brasil —, mas acompanhada de medidas fiscais, pelo lado tributário, para combater o *deficit* elevando a receita. Era compreensível: a carga tributária na época era relativamente baixa, comparativamente à atual, e, pelo lado do gasto, não tinha começado a elevação da despesa, que no Brasil se iniciou justamente em meados daquela década.

Nos últimos anos, a realidade passou a ser muito diferente em relação àqueles tempos nesse particular: a carga tributária, que era inferior a 25% do PIB no Brasil em 1980, escalou até níveis de 33% a 34% do PIB nos últimos anos, embora tenha caído em relação ao começo da década de 2010; e houve uma expansão muito acelerada do gasto público como proporção do produto.

Mais ainda: a receita foi se tornando em parte disfuncional, no sentido de que o país foi acumulando uma série de distorções em matéria tributária, que acabaram afetando negativamente nossa competitividade e gerando uma série de problemas no relacionamento entre os entes federativos. "Reforma tributária" virou, então, sinônimo de mudança de regras para poder atacar essas distorções. Era esse o desafio que se entendia que o país teria que encarar após a aprovação da reforma previdenciária de 2019, como uma de suas prioridades, antes de chegar a pandemia de 2020 que abalou seriamente as finanças públicas — incluindo a receita.

Este capítulo discute essa temática, apresentando a relação entre a carga tributária e o gasto público, mostrando a evolução dos principais dados na matéria nos últimos trinta anos, destacando as mudanças que ocorreram quando acabou o *boom* que tanto beneficiou o país na primeira década do século e detalhando os dados principais do "raio X" da composição da receita.

## A HISTÓRIA, NOVAMENTE

Quando surgiram as Contas Nacionais (CN) do país, em 1947, a primeira carga tributária apurada pelas mencionadas CN foi de 14% do PIB. Era uma carga relativamente baixa, associada a um país em que não havia a pressão sobre o gasto público que passou a ser observada nas décadas posteriores, ligada, ao longo das diferentes épocas, aos seguintes elementos:

- O fortalecimento das máquinas públicas nas três esferas de governo.
- O surgimento, especialmente depois da década de 1980, do fenômeno do gasto crescente com benefícios previdenciários, algo pouco expressivo até os anos 1940, dada a juventude do país na época.
- A demanda por gastos típicos de assistência social.
- A massificação da educação.
- O envelhecimento progressivo da população, demandando maiores gastos em saúde.
- O aumento do investimento público, vinculado às necessidades da integração nacional verificada entre as décadas de 1940 e 1970.
- O crescimento dos subsídios.

Com isso, a carga tributária total do país começou a aumentar gradualmente, a partir dos mesmos 14% do PIB em 1950. A carga tributária média em períodos de 10 anos seguiu então a seguinte trajetória nas quatro décadas iniciadas em 1950:

- Dezesseis por cento do PIB na média de 1951/1960.
- Vinte por cento do PIB na média de 1961/1970.
- Vinte e cinco por cento do PIB na média de 1971/1980.
- Vinte e cinco por cento do PIB na média de 1981/1990.

A experiência brasileira não difere muito, nesse sentido, da que foi observada em outros países, até porque muitos desses processos históricos citados se repetiram em diversas sociedades mundo afora: o aumento das despesas com aposentadorias, a massificação da educação etc. Vito Tanzi, um dos economistas mais famosos do mundo no campo dos especialistas em finanças públicas, em um estudo comparativo publicado no final do século passado, citando estatísticas de uma média de diversos países de gasto como proporção do PIB, mostrou que a variável era de 11% do PIB por volta de 1870; havia subido um pouco, para 12% do PIB, em 1913, antes da Primeira Guerra Mundial; alcançou 18% do PIB após o término desta, na altura de 1920; foi de 22% do PIB em 1937, antes da Segunda Guerra Mundial; e atingiu 28%, 43% e 44% do PIB em 1960, 1980 e 1990, respectivamente.[1]

Evidentemente, essa despesa teria que ter uma contrapartida pelo lado do financiamento, por meio de uma tendência à elevação da carga tributária em quase todos os países.[2] Processos históricos, porém, também encontram seus limites. Nos países centrais, por exemplo, tais limites estiveram associados a uma crescente resistência — oriunda das forças políticas vinculadas às ideias liberais em economia — ao maior poder do Estado. Isso explica a crise do keynesianismo depois da década de 1970 e o surgimento de líderes políticos como Ronald Reagan nos EUA ou Margareth Thatcher no Reino Unido.

Antonio Delfim Netto costuma falar que "a urna corrige o mercado e o mercado corrige a urna", querendo com isso dizer que, da mesma forma que os *policy makers* precisam incorporar as grandes massas populares no traçado de suas políticas, as políticas sociais precisam ser adaptadas aos condicionantes definidos pelos "estreitos limites do possível" — uma velha expressão de Regis Bonelli e Pedro Malan em um texto de ambos publicado na literatura econômica na década de 1970.

Fernando Henrique Cardoso, em seus diários da Presidência referentes ao período 1995/1996, filosofava que "é extraordinária essa mentalidade do Brasil de que o governo tem dinheiro sempre". É com esse irrealismo que o governante acaba tendo que conviver ao lidar com as pressões políticas do dia a dia, costumeiramente associadas à demanda por mais gastos. José Guimarães, líder do governo na Câmara de Deputados na gestão de Dilma Rousseff, ao comemorar a posse de Nelson Barbosa ao Ministério da Fazenda em 2015, colocou isso de forma cristalina, ao dizer que "o Brasil precisa de mais Estado e menos mercado".

No caso brasileiro, uma das consequências desse "meio ambiente econômico" foi a aceleração inflacionária tendencial ao longo do tempo, em uma trajetória de aumento cada vez mais vertiginosa a partir dos anos 1970. Por um lado, a maior

---

1. Ver Tanzi (1998).
2. Nos países centrais, essa tendência foi acentuada pela pressão dos gastos militares, que explodiram no século passado, por conta das duas guerras mundiais e da Guerra Fria, que se seguiu ao fim dos conflitos.

velocidade de aumento dos preços tendia a gerar uma redução real da receita. A arrecadação sempre sucede ao fato econômico com algum *lag*. Uma coisa é essa receita ser arrecadada em um cenário sem inflação, em cujo caso não há perda real. Se a inflação é de 0,2% ao mês, como é aproximadamente a taxa das economias avançadas, a perda é irrisória. Porém, se a inflação é de 10% ao mês, há uma corrosão real muito forte.[3]

O aparato de arrecadação reagiu a essa maior virulência do processo inflacionário reduzindo o intervalo de tempo entre o fato gerador e a cobrança dos tributos. O Estado poderia estar disposto a tolerar uma perda real X por conta da inflação observada entre o fato econômico e a coleta do tributo. Porém, diante da maior inflação para o mesmo intervalo de tempo, o jeito era reduzir esse intervalo. Se, com inflação baixa, por exemplo, o IPI era recolhido depois de noventa dias do fechamento do mês em épocas de inflação baixa, esse intervalo foi sendo sucessivamente reduzido, por exemplo, para sessenta, depois trinta e depois quinze dias. Assim, o governo foi tentando se proteger cada vez mais do aumento da inflação. Esse ponto é importante para entender algumas questões que aconteceram no período imediato após a estabilização de 1994.

Nesse processo, o sistema de arrecadação do país foi evoluindo sensivelmente com o passar dos anos. Tanto em nível federal como em alguns dos estados mais importantes do país, foram estabelecidos quadros de carreira, definindo-se um conjunto de servidores públicos bem treinados e especializados na tarefa de arrecadar impostos e contribuições. Hoje, por exemplo, o *software* brasileiro de preenchimento do Imposto de Renda da Pessoa Física se encontra entre os melhores do mundo, tendo fechado brechas para a evasão, sendo sempre feito sem erros de sistema e de forma bastante amigável, mesmo para quem não é versado nas novas tecnologias computacionais.

---

3. Essa perda real da receita em função da inflação passou a ser conhecida na literatura econômica como "efeito Olivera-Tanzi", em função dos dois economistas que estudaram o fenômeno, um dos quais o já citado, Vito Tanzi.

## O AUMENTO DA CARGA TRIBUTÁRIA EM DUAS ETAPAS

No caso das contas do Governo Central, que concentram mais nossa atenção neste livro, o aumento da carga tributária nas últimas três décadas, citado na seção anterior, se deu em duas etapas. A primeira entre 1991 e 1994, e a segunda com o ajuste fiscal de 1999 e seus desdobramentos.

No primeiro caso, o aumento foi contínuo ao longo dos três anos: a receita — bruta e líquida — federal foi maior como proporção do PIB em cada um dos anos de 1992 a 1994 na comparação com o ano anterior. Houve três razões para esse aumento, deixando de lado certos detalhes específicos sobre os quais não há razões para explorar mais aqui:

- A criação do Imposto Provisório sobre Movimentações Financeiras, o IPMF — precursor da CPMF —, inexistente em 1991 e que em 1994 arrecadou 1% do PIB.
- A maior arrecadação da COFINS, em virtude de aumento de sua alíquota e que em 1991 gerou uma receita de 1,3% do PIB, ampliada até 2,1% do PIB em 1994.
- A maior oneração da Contribuição Sobre o Lucro Líquido (CSLL) cuja receita, de 0,3% do PIB em 1991, foi reforçada até 0,9% do PIB três anos depois.[4]

Além disso, em 1994, especificamente, a receita se beneficiou do "efeito Tanzi ao contrário" decorrente da queda da inflação no segundo semestre do ano, após o lançamento do Plano Real em julho daquele ano: a erosão da receita real que ocorria entre o fato gerador e a arrecadação praticamente deixou de ocorrer em relação aos níveis enormes de perda observados até junho de 1994, o que elevou a receita em termos reais.

---

4. Isso tem uma explicação muito clara: como aproximadamente metade da receita do Imposto de Renda deve ser compartilhada com estados e municípios, o Governo Federal tem incentivos para tentar elevar outros impostos que não o Imposto de Renda e o IPI — também compartilhado. A CSLL nada mais é do que um IR sobre a pessoa jurídica, porém, não compartilhado com outras unidades da Federação. Foi uma forma de a União ficar com todo o adicional de arrecadação, sem dividir com as esferas subnacionais.

Esse fenômeno também se verificou em outras receitas: o ICMS, principal imposto arrecadado em nível estadual, teve sua receita aumentada de 6,1% do PIB em 1993 para nada menos que 7,3% do PIB em 1994.

Cabe registrar aqui que a comparação das séries históricas entre os dados a partir de 1995 e os anos anteriores fica prejudicada pela revisão da série histórica do PIB desde 1995, feita pelo IBGE em 2007 e revista depois novamente anos depois. Na ocasião, o IBGE optou por não recuar para antes de 1995, entendendo, com alguma razão, que a altíssima inflação gerava uma série de distorções nos dados anuais até 1994. O fato, porém, é que, na nova série, o PIB nominal de 1995 foi da ordem de 10% maior que o da série original, por captar melhor uma série de atividades informais que as Contas Nacionais até então não conseguiam aferir muito bem. Dessa forma, uma variável que, por exemplo, na série original, fosse da ordem de 20% do PIB, caiu para 18% na nova série. Não sendo possível "inventar" um PIB, quem lida com dados macroeconômicos anteriores e posteriores a 1994 é obrigado a levar em consideração os dados oficiais. Como é razoável supor que, se o IBGE tivesse recuado mais anos — por exemplo, até 1991 — ele teria identificado o mesmo aumento do PIB nominal também nos anos anteriores, dá para se inferir que a queda observada em muitas variáveis expressas como proporção do PIB entre 1994 e 1995 não passa de uma distorção estatística. Não há como ela ser evitada, mas o leitor precisa ser informado do fato.[5]

O segundo movimento de alta na carga tributária se deu com o ajuste fiscal de 1999 e seus efeitos posteriores, já que alguns deles se mantiveram nos anos seguintes, com nova influência na elevação da receita. Os principais impactos, na comparação de 1998 com 2002, se deram nas seguintes rubricas:

- O Imposto de Renda (IR) sofreu um incremento de 1% do PIB, concentrado nas pessoas jurídicas.

---

5. Considere-se, por exemplo, uma variável que na série original fosse de 20% do PIB em 1994 e de 21% do PIB em 1995, com aumento de peso entre um ano e outro. Como na nova série o dado do PIB de 1994 não mudou, quando o numerador é obtido de fontes diferentes em relação às Contas Nacionais — como no caso da receita —, a manutenção do numerador da série, combinada com a revisão do PIB nominal a partir de 1995, gera uma inversão curiosa: no dado revisto, a série histórica capta como redução de 20% para 19% do PIB entre 1994 e 1995, o que a original interpretava como um aumento para de 20% para 21% do PIB.

- A COFINS experimentou novo aumento, devido à oneração da alíquota, com uma variação de 1,6% do PIB em 4 anos.[6]
- A CPMF teve uma alta de 0,6% do PIB, também com maiores alíquotas.
- Foi criada a CIDE, que resultou em uma receita de 0,5% do PIB em 2002.

Uma parte do incremento da receita bruta observado nos últimos trinta anos, porém, acabou gerando um aumento das transferências a estados e municípios, que, embora compartilhem com a União apenas o IR e o IPI, também se beneficiaram desse processo. Como mostra claramente o Gráfico 4.1, as transferências a esses entes evoluíram de um padrão da ordem de 2,5% do PIB no começo da década de 1990 para números no intervalo de 3,5% a 4% do PIB nos últimos anos.

**Gráfico 4.1 Transferências a estados e municípios (% PIB)**

Fontes: Secretaria de Política Econômica e Secretaria do Tesouro Nacional. Para 2020/2021, projeção do autor.

De qualquer forma, o Gráfico 4.2 indica claramente que isso esteve longe de comprometer o vigor do aumento da receita líquida dessas transferências, que passou de algo em torno de 12% do PIB em 1991 para um valor relativo em torno de 50% superior a isso — perto de 18% do PIB — até 2019, embora com uma queda

---

6. O que aconteceu com a COFINS é um emblema do processo de aumento da carga baseado em incremento de alíquotas: quando surgiu, em 1982, como uma nova contribuição, com o nome de FINSOCIAL, o argumento era o de que não pesaria muito, com uma alíquota de "apenas" 0,2% sobre o faturamento. Trinta anos depois e à mercê de sucessivas revisões da alíquota, esta tinha chegado a 3%.

importante posterior em função dos efeitos da crise da pandemia sobre o nível de atividade.[7]

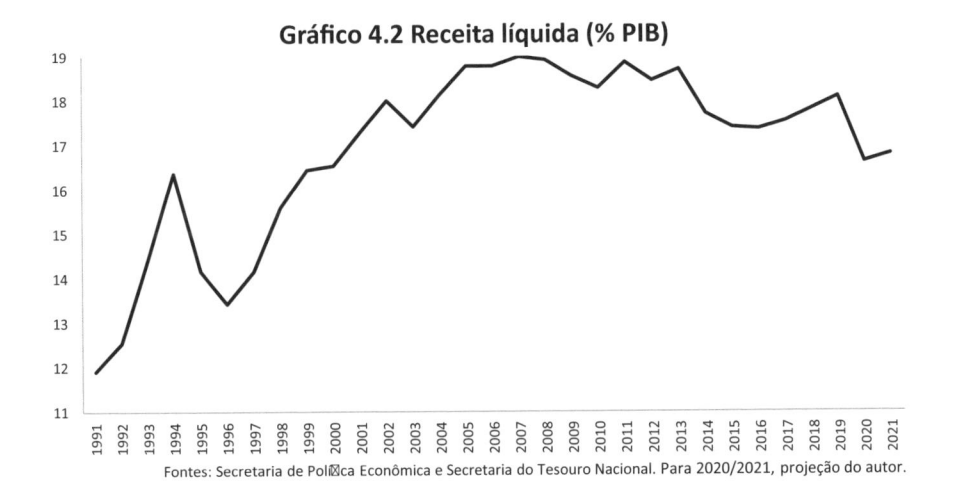

**Gráfico 4.2 Receita líquida (% PIB)**

Fontes: Secretaria de Política Econômica e Secretaria do Tesouro Nacional. Para 2020/2021, projeção do autor.

A Tabela 4.1 indica que, exceção feita a 1998, por conta da distorção estatística antes apontada resultante da revisão do PIB, os governos posteriores — especificamente o segundo de FHC e o primeiro de Lula — tenderam a gerar, no final de sua gestão, uma receita maior que no final da gestão de governo anterior. Isso não ocorreu, porém, em 2010, devido ao fim da CPMF, que foi responsável por uma receita de 1,3% do PIB em 2006 e acabou em 2008; e também não se verificou em 2014, por conta de uma combinação de renúncias tributárias inadequadas concedidas pelo governo na década de 2010 e devido aos primeiros efeitos dos problemas econômicos iniciados em 2014, ano de um crescimento do PIB de apenas 0,5%. Na tabela, vale notar também a queda da receita em 2020 e a continuidade esperada desses efeitos negativos em 2021, na comparação com 2019.

---

7. A variável tinha sido de 16% do PIB em 1998, antes do ajuste fiscal de 1999.

## Tabela 4.1 Receita líquida (% PIB)

| Composição | 1991 | 1994 | 1998 | 2002 | 2006 | 2010 | 2014 | 2018 | 2019 | 2020 | 2021 |
|---|---|---|---|---|---|---|---|---|---|---|---|
| Receita bruta | 14,6 | 18,9 | 18,3 | 21,5 | 22,5 | 21,7 | 21,1 | 21,5 | 22,1 | 20,3 | 20,4 |
| Transferências est. e mun. | 2,7 | 2,5 | 2,7 | 3,5 | 3,7 | 3,4 | 3,4 | 3,7 | 4,0 | 3,7 | 3,6 |
| Receita líquida | 11,9 | 16,4 | 15,6 | 18,0 | 18,8 | 18,3 | 17,7 | 17,8 | 18,1 | 16,6 | 16,8 |

Fontes: Secretaria de Política Econômica e Secretaria do Tesouro Nacional. Para 2020/2021, projeção do autor.

## O FIM DO "BOOM"

A primeira década do século atual foi marcada por um *boom* do preço das *commodities* como não se tinha visto anteriormente. Para se ter uma ideia, o índice de preços médio das exportações brasileiras em dólar, que entre 1997 e 2002 havia caído a uma taxa acumulada de 23%, teve um salto de espantosos 163% entre aquele último ano e 2011. No Brasil, nesse período, coincidiram vários fenômenos.

Primeiro, uma forte recuperação da economia depois de 2003, em contraste com a expansão relativamente fraca observada até então, com um crescimento do PIB de 4,4% a.a. nos 8 anos entre 2003 e 2011.

Segundo, um ciclo de formalização expressivo na economia: na antiga Pesquisa Mensal do Emprego (PME) do IBGE, posteriormente descontinuada, a participação do pessoal com carteira de trabalho em relação ao total da população ocupada passou de uma média anual de 44% em 2003 para 53% em 2011. Entre esses dois anos, isso significou uma expansão anual do pessoal ocupado com carteira de trabalho de nada menos que 4,9% a.a.

Terceiro, a criação da chamada "Super-Receita" no segundo governo Lula. Ela unificou as máquinas de arrecadação da Receita Federal e do INSS. Com isso, este último se modernizou, beneficiando-se do cruzamento de dados das empresas com as informações muito mais precisas da Secretaria da Receita Federal. Assim, a receita do INSS, que já havia crescido de 4,6% do PIB em 1995 para 5,1% do PIB em 2006, cresceu até 5,6% do PIB em 2011.

Na década de 2010, porém, esse ciclo chegou ao fim.[8] A economia brasileira encontrava-se no começo da mencionada década com os sintomas clássicos de superaquecimento, combinando ausência de capacidade ociosa, pressão inflacionária e elevado *deficit* na conta corrente de Balanço de Pagamentos. Em 2011, o crescimento do PIB brasileiro foi ainda de 4%, mas em 2012 e 2013 foi mais fraco, e em 2014 o país entrou em crise.

Na esteira desse processo, o movimento de formalização foi revertido e o mercado de trabalho piorou sensivelmente. Já na nova PNAD Contínua que substituiu a PME, a taxa média de desemprego anual aumentou de 6,8% da força de trabalho em 2014 para 12,3% em 2018.

A receita, por sua vez, deixou de ter os efeitos típicos desse salto tecnológico que beneficiou a arrecadação do INSS, que se manteve no intervalo de aproximadamente 5,6% a 5,8% do PIB ao longo da década.

O resultado dessa combinação de efeitos foi o arrefecimento da arrecadação. Entre 2011 e 2018, a receita bruta do Governo Central cedeu 1% do PIB, mesma dimensão da erosão da receita líquida, já que as transferências a estados e municípios conservaram a mesma importância relativa. Em 2019 houve uma pequena elevação *once and for all* ("uma vez e para sempre") da receita — tanto bruta como líquida —, por conta da arrecadação extraordinária permitida pelos leilões de petróleo. A Tabela 4.2 mostra a evolução da receita, ano a ano, depois de 2010. Trataremos em breve do que aconteceu em 2020 e seus efeitos sobre 2021.

---

8. Rudiger Dornbusch e Sebastian Edwards escreveram, em 1990, um texto clássico sobre populismo, que cai como uma luva ao que aconteceu no Brasil pouco mais de uma década depois: "Populismo macroeconômico é a política econômica que enfatiza o crescimento econômico e a redistribuição de renda e não dá ênfase aos riscos da inflação, do financiamento do *deficit* público e das restrições externas" (Dornbusch e Edwards, 1990, p. 247).

## Tabela 4.2 Receita bruta: 2011/2021 (% PIB)

| Composição | 2011 | 2012 | 2013 | 2014 | 2015 | 2016 | 2017 | 2018 | 2019 | 2020 | 2021 |
|---|---|---|---|---|---|---|---|---|---|---|---|
| Administrada | 14,4 | 13,5 | 13,5 | 12,8 | 12,8 | 13,1 | 12,7 | 13,1 | 13,1 | 12,0 | 12,1 |
| Não administrada | 2,6 | 2,8 | 2,8 | 2,5 | 2,2 | 2,2 | 2,6 | 2,7 | 3,3 | 3,1 | 3,1 |
| Receita Tesouro | 17,0 | 16,3 | 16,3 | 15,3 | 15 | 15,3 | 15,3 | 15,8 | 16,4 | 15,1 | 15,2 |
| Receita INSS | 5,6 | 5,7 | 5,8 | 5,8 | 5,8 | 5,7 | 5,7 | 5,7 | 5,7 | 5,2 | 5,2 |
| Receita bruta | 22,6 | 22,0 | 22,1 | 21,1 | 20,8 | 21,0 | 21,0 | 21,5 | 22,1 | 20,3 | 20,4 |

Fonte: Secretaria do Tesouro Nacional. Para 2020/2021, projeção do autor.

Fosse outro o contexto, no debate dos últimos anos, o ajuste fiscal necessário poderia ter vindo pelo lado da receita, como ocorreu depois de 1998, mas as circunstâncias políticas haviam mudado: as grandes passeatas de 2013 instauraram na sociedade a imagem de que o Estado brasileiro arrecadava muito e entregava pouco. Passou a existir no Brasil uma forte restrição política ao aumento de impostos, algo similar ao que se observa no ambiente político dos EUA. Trata-se de um fenômeno relativamente novo em um país que durante duas décadas — as de 1990 e de 2000 — havia visto a carga tributária aumentar sem maiores percalços políticos para os governantes, até então.

O fim do *boom* da primeira década do século não era, é bom que se diga, uma situação incontornável. Não se tratava de um caso extremo, ou seja, não era uma crise muito aguda. O que o Brasil enfrentou no começo da década de 2010 era uma típica situação de superaquecimento, como houve e haverá tantas no mundo, requerendo um ajuste econômico clássico, baseado na contenção de demanda, aumento da poupança doméstica e melhora fiscal. O problema é que isso não combinava com as características da pregação adotada durante anos pelo governo da época. Albert Hirschman define "políticas populistas" como aquelas que "dão algo a alguns grupos sociais, sem tirar nada diretamente de outros". O que o país viveu entre 2003 e 2011 foi uma espécie de "nirvana" para qualquer governante. O PIB se expandiu a um bom ritmo, o desemprego caiu a mínimos históricos e, nesse contexto, no Governo Federal a receita bruta entre esses dois anos passou de 20,7% para 22,6% do PIB, e o gasto primário, incluindo transferências a estados e municípios, de 18,5% para 20,5% do PIB. De um PIB muito maior! Isso significa que, considerando o deflator do PIB como indexador, o gasto primário federal, incluindo essas transferências, se expandiu nesse período a uma taxa real média de nada menos que 5,8% a.a.

Todos estavam felizes nesse contexto. Desde os antigamente excluídos, que passaram a contar com o Bolsa Família, até os empresários beneficiados por empréstimos associados a um forte diferencial de juros em relação às taxas de mercado, passando pelo imenso conjunto de indivíduos que ganha salário mínimo e o viu aumentar rapidamente ao longo de quase todo o período. O problema, como diz Joaquín Morales Solá, jornalista argentino, a propósito de uma realidade que também foi vivenciada em países vizinhos na mesma época, é que "o populismo requer uma condição: precisa de muito dinheiro, embora se trate de recursos que pertencem a várias gerações. Gasta até que os tempos mudam. O populismo sem talão de cheques não tem destino".

Quando foi preciso ajustar a economia, o governo não tinha nada a oferecer: não dispunha no seu DNA da *expertise* do ajustamento, não tinha uma narrativa a apresentar para a sociedade e não desenvolvera uma estratégia para articular as medidas necessárias para sair da crise. A total falta de habilidade da presidente Dilma Rousseff para gerenciar a coalizão governante e as características da campanha eleitoral de 2014 — quando a crise foi negada ao longo de toda a campanha — compuseram a "tempestade perfeita" que se abateu sobre o país em 2015. Então a economia mergulhou em uma crise profunda.

Cabe, ao concluir esta seção, fazer uma breve menção ao ocorrido em 2020. Nesse ano, ocorreram simultaneamente três elementos:

- Uma recessão gravíssima, que fez o PIB colapsar, devido ao *lockdown* decretado nos principais estados do país para evitar a propagação do vírus associado à pandemia mundial.
- A adoção, por parte do governo, de uma postergação na arrecadação de alguns impostos e contribuições de grande arrecadação, como parte do arsenal de medidas adotadas para evitar que a perda de renda de empresas e famílias assumisse proporções ainda mais dramáticas, o que "empurrou" parte das receitas previstas no ano para 2021 — com "efeito dominó" também neste ano, com parte da receita "deslocada" para 2022.
- O fenômeno comum de elasticidade-renda da receita superior à unidade, o que, se pode ser benéfico em casos de bonança, traz sérios problemas em uma recessão.[9]

Em consequência, houve em 2020 uma queda da receita, com um impacto que incidirá também sobre a receita de 2021, cujos efeitos ainda não foram devidamente dimensionados pela sociedade. Esta, provavelmente, pela inércia do debate recente, demorará algum tempo até "cair a ficha" de que — em relação aos níveis de carga tributária de 2020/2021 — a receita terá que aumentar nos próximos anos, como elemento integrante de um processo abrangente de ajuste fiscal.

## DESTRINCHANDO A QUESTÃO TRIBUTÁRIA

Encarar a questão tributária por parte dos governantes, saber qual é a margem de manobra que existe, implica entender a natureza da carga tributária cobrada. Há duas questões que precisam ficar claras:

I) A carga tributária é elevada porque a demanda por gasto público é elevada. O Brasil não precisaria arrecadar mais de 30% do PIB de impostos e

---

9. Isso ocorre quando empresas ou famílias se encontram diante de situações limite, em cujo caso o não pagamento de impostos acaba sendo uma alternativa de sobrevivência, diante da prioridade concedida ao pagamento de funcionários ou fornecedores, no caso das empresas, ou da comida e da escola dos filhos, no das famílias.

contribuições se não tivesse uma despesa previdenciária tão elevada como a que tem e níveis de gasto de uma série de rubricas claramente superiores, em termos relativos, ao de outros países.

II) O maior problema tributário do Brasil não é o número de impostos, e sim as distorções que eles geram, nos casos mais notórios.[10]

Este último ponto merece considerações mais detalhadas. Citaremos aqui três exemplos. Há muitos empresários, por exemplo, que se queixam, com razão, de ter créditos tributários que, na prática, não conseguem transformar em recursos efetivos, pois o volume desses créditos ultrapassa o de débitos tributários, ficando com um ônus que não são habilitados para compensar. Isso é "custo Brasil" na veia, afetando a competitividade da economia.

O segundo exemplo é algo conhecido de todos: a multiplicidade de legislações do ICMS estadual. Uma rede varejista que fature em todo o território nacional se arrisca a ter que contratar consultorias tributárias específicas de 27 estados para poder lidar com as especificidades de cada legislação estadual.[11]

O terceiro caso é o da legislação do Simples. Como ele gera uma série de benefícios fiscais para empresas de pequeno porte, muitas delas, no processo de crescimento, acabam optando por um processo de "cissiparidade" empresarial. Lembremos que o termo, na biologia, consiste na divisão de um organismo unicelular em dois elementos semelhantes. Para o empresário, acaba sendo melhor então constituir duas, três ou quatro empresas pequenas, em vez de aspirar a se tornar uma empresa média ou, após alguns anos, grande. É uma estratégia lógica do ponto de vista individual, mas péssima para o país, porque, ao não aumentar o tamanho, a empresa vê limitadas as possibilidades

---

10. No momento em que este livro está sendo concluído, o Congresso Nacional está — mais uma vez — discutindo a possibilidade de aprovação de uma reforma tributária, visando simplificar o sistema, prevendo-se que esse debate se intensifique em 2021.
11. Um amigo do autor é conselheiro de uma grande empresa multinacional, com atuação no Brasil e em vários países. Esse grupo tem em sua folha apenas cinco profissionais para cuidar do tema "impostos" na soma dos três países do antigo NAFTA, posteriormente rebatizado no governo Trump (EUA, Canadá e México). Já para o Brasil, o número de profissionais é de inacreditáveis 120 especialistas, principalmente pela complexidade do ICMS.

de alcançar ganhos de escala, melhora da produtividade, investimento em treinamento de mão de obra etc.

Note-se que estamos falando aqui de percalços que afetam as empresas ou o empreendedor, mas não necessariamente, de forma direta, o grande público. Este, em geral, se queixa do elevado número de impostos e taxas. Isso, entretanto, não é necessariamente algo condenável *per se*.

Vejamos a questão mais de perto. Tomemos um par de exemplos. Em 2019, houve uma discussão pública, causada por críticas acerca da taxa de preservação ambiental cobrada em Fernando de Noronha a quem frequenta a ilha. O lugar, como se sabe, é um patrimônio turístico do país, com praias de rara beleza, trilhas, atividades de mergulho e uma série de passeios característicos. Ao mesmo tempo, é um espaço de difícil acesso, longe do continente, com um número pequeno de viagens de avião e, por definição, impossibilidade de acesso por terra, o que limita o abastecimento às vias marítima e aérea. Tem, portanto, uma estrutura de manutenção cara, razão pela qual a ilha não é um turismo barato.

A taxa cobrada aos turistas pelo acesso é maior que a arrecadada em outras estruturas turísticas de parques nacionais Brasil afora, o que de vez em quando motiva queixas como as citadas. Como a despesa necessária para manter tudo o que é necessário levar até Fernando de Noronha não mudará, seja a taxa cobrada ou não — o acesso será o mesmo, assim como os custos —, a alternativa a não cobrar a taxa implicaria uma de duas possibilidades. Uma é não fazer nada compensatoriamente, o que significa pura e simplesmente aumentar o *deficit* público. Trata-se de uma alternativa que não é recomendável. A segunda possibilidade é aumentar a carga geral dos demais impostos, para que estes financiem a despesa hoje permitida pela citada cobrança. A pergunta que cabe fazer é: por que o cidadão comum do país, cuja enorme maioria não foi nem nunca irá a Fernando de Noronha, teria que arcar com o ônus de sustentar uma estrutura que, de um modo geral, atende ao interesse turístico da classe social que mais frequenta Fernando de Noronha e que se encontra, majoritariamente, nos estratos superiores de renda da sociedade? Isso iria contra o objetivo desejável de fazer com que o custeio de um benefício, na medida do possível, incida sobre aqueles que de fato usufruem um determinado serviço.

Outro exemplo parecido é o da emissão de passaportes. Quando a gente faz pela primeira vez ou renova o passaporte, tem que pagar uma taxa específica para poder iniciar o procedimento de entrega da documentação e agendamento da retirada. A taxa varia de vez em quando. Digamos que seja, por exemplo, de R$100. É evidente que o cidadão que acolhe à Polícia Federal para ter seu passaporte emitido ou renovado tem todo o direito de reclamar ou julgar que a taxa é "excessiva", torcendo para ela ser, por exemplo, de apenas R$20 — ou nula. Vale aqui, porém, o mesmo raciocínio do caso anterior. Tendo o serviço um custo — os recursos humanos envolvidos, o uso de uma tecnologia sofisticada, o papel de alta qualidade etc. —, por que ele deveria ser custeado pela população como um todo — a maioria da qual nunca viajará ao exterior — por meio dos impostos gerais, em vez de incidir especificamente sobre os usuários efetivos de passaportes, que pertencem a um subgrupo específico da população, com renda média muito maior que a da população como um todo?

A Tabela 4.3 fornece uma ideia de como se decompõe a receita do Governo Federal, com dados de 2019.[12] A esse total cabe adicionar a receita do INSS de 5,7% do PIB naquele ano.[13] Cabe lembrar que, na esfera estadual, o grande imposto é o ICMS, que em 2019 arrecadou 7,01% do PIB. Na alçada estadual, outro imposto importante — velho conhecido dos leitores — é o IPVA, ao passo que, na esfera municipal, especialmente nas grandes cidades, os principais impostos são o IPTU e o Imposto Sobre Serviços (ISS).

O Imposto de Renda, que é o principal tributo da União, ainda que algo inferior à receita do INSS, se decompõe nas rubricas "Imposto de Renda Pessoa Física",

---

12. Neste caso específico, optou-se por colocar a tabela com dados de 2019, e não de 2020, pelo fato de ainda haver grande incerteza em relação à decomposição desta em 2020.
13. No caso do INSS, o principal componente é a contribuição do empregador, que é de aproximadamente o dobro da contribuição do empregado. Além disso, a contribuição do primeiro, de 20% do salário, incide sobre a totalidade da remuneração, ao passo que a do empregado aplica-se apenas até o teto do INSS (em 2020, R$6.101,06).

"Imposto de Renda Pessoa Jurídica" e "Imposto de Renda Retido na Fonte". O primeiro representa os pagamentos avulsos de autônomos, o "Carnê Leão" e aqueles feitos nos meses de março em diante por parte dos contribuintes, que na declaração anual de entrega ficam com um saldo de imposto a pagar, para além daquilo que foi retido ou pago no exercício. O pagamento das pessoas jurídicas se decompõe entre o setor financeiro e as demais empresas dos segmentos produtivos. Já o imposto retido na fonte abrange fundamentalmente o que é arrecadado mensalmente dos trabalhadores formais com rendimentos do trabalho, os impostos pagos nas aplicações com rendimentos financeiros e a tributação sobre recursos remetidos ao exterior.

A Tabela 4.3 mostra que sete impostos ou contribuições (Imposto de Renda, IPI, IOF, COFINS, PIS/PASEP, CSLL e *royalties*) foram responsáveis por uma receita de 13% do PIB, ou 79% do total da receita na tabela. Se a esta for adicionada a receita do INSS, e esta somada àquele grupo, oito figuras tributárias representariam 85% da arrecadação total somada da Receita Federal e do INSS. Ou seja, a tradicional reclamação contra os "mais de 50 tipos de impostos" se refere, a rigor, a uma miríade de tributos, cujo agregado, porém, uma vez excluídos os principais citados, é, de fato, pouco relevante em termos relativos.

Resolver a questão tributária no Brasil, para o governante, significa então, basicamente, duas coisas. Uma é reduzir a complexidade do sistema, caminhando na direção de certa simplificação, com a fusão de alguns impostos e, principalmente, a diminuição das dificuldades relacionadas com a variedade de regras. E a outra, ainda que isso esteja longe de ser popular, é explicar e convencer a população de que, como forma de alcançar um ajuste fiscal bastante expressivo, será muito difícil que todo ele venha da redução da despesa como proporção do PIB, e seria desejável que, nos próximos anos — provavelmente não em 2022, mas, sim, em 2023/2024, após as eleições daquele ano —, uma parte provenha de um incremento da arrecadação em relação ao PIB. Note o leitor que, na Tabela 4.2, a receita bruta já havia caído 0,5% do PIB em 2019 em relação à de começo da década de 2010, em 2011; e que, depois disso, tivemos os efeitos da crise da pandemia. No total, nos 10 anos entre 2011 e 2021, a receita bruta terá caído, se a projeção para 2021 de fato se verificar, mais de 2% do PIB. Voltaremos a este ponto no final do livro.

**Tabela 4.3 Composição receita Tesouro Nacional 2019 (% PIB)**

| Composição | % PIB |
|---|---|
| Imposto Renda | 5,49 |
| IPI | 0,73 |
| IOF | 0,57 |
| COFINS | 3,29 |
| PIS/PASEP | 0,89 |
| Contribuição sobre lucro líquido | 1,13 |
| CIDE | 0,04 |
| *Royalties* | 0,89 |
| Salário-educação | 0,30 |
| Dividendos | 0,29 |
| Concessões | 0,81 |
| Contribuição servidores | 0,19 |
| Complemento FGTS | 0,07 |
| Outros | 1,67 |
| **Total** | **16,36** |

Fonte: Secretaria do Tesouro Nacional.

CAPÍTULO 5:

# O GASTO AGREGADO

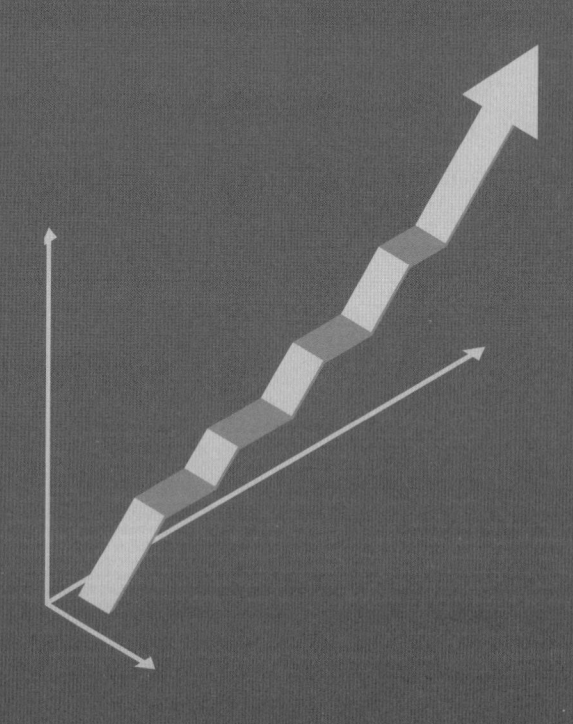

*"Quando o governo distribui dinheiro, os ânimos ficam mais serenos."*
(Julio Blanck, jornalista argentino, sobre a relação do governo com outros atores políticos)

O **LEITOR PROVAVELMENTE JÁ SE DEPAROU COM UMA** situação parecida, conversando com algum amigo ou conhecido em um evento social. Anos atrás, eu estava em um táxi conversando com o motorista, que, como todo bom motorista de táxi, tinha a solução para todos os problemas do país. Era um momento de certa convulsão política, e ele estava indignado com a "roubalheira", reclamando contra a "gastança" e falando muito mal do impacto da corrupção na vida do país.

Corta. Cinco minutos depois, após uma pausa, ele começa a tratar questões da família em seu celular e, ao desligar, como a dar explicações, me conta que estava tentando arrumar a documentação para uma cunhada que estava "encostada no INSS" e que pretendia transformar em uma aposentadoria permanente por invalidez. Pelo que pude depreender, a cunhada tinha algum problema, mas não era nada muito grave. O objetivo do telefonema era acertar a estratégia com o advogado, para que o pleito tivesse chances de sucesso, após passar por uma perícia, aparentemente não muito rigorosa, que ele esperava que fosse favorável.

Provavelmente não ocorreu ao motorista que um discurso não era compatível com o outro. Ou seja, é razoável falar contra o "excesso de gasto público" e reclamar de como o dinheiro escoa pelo ralo no Brasil, e todos sabemos que, ao longo das décadas, inúmeras pessoas tentaram se "encostar no INSS". O que é curioso é que ambas as atitudes se encontrem na mesma pessoa e que esta engate um discurso — de brigar para ter um parente "encostado no INSS", logo depois de falar contra a corrupção — após o outro, sem solução de continuidade... É por conta da importância de se ter sempre alguém bem relacionado para ter acesso aos poderosos e bons contatos que Tancredo Neves brincava, décadas atrás, em plena Guerra Fria ideológica, que "entre a Bíblia e o capital, o PSD fica com o Diário Oficial".

Receber indevidamente uma aposentadoria por invalidez é, pura e simplesmente, uma fraude. Há, porém, muitas situações em que um indivíduo se beneficia de uma estrutura generosa do gasto público — gastos legais, sem nenhuma irregularidade ou imoralidade —, por vezes sem estar ciente disso ou sem reconhecê-lo. "Como é possível não estar ciente", alguém poderá perguntar? Não é difícil pensar em algumas situações típicas. Pense-se no discurso de quem enche o peito para dizer que "paga seus impostos em dia e nunca dependeu de um centavo de gasto público". Há milhões de pessoas que dizem isso. Porém, muitas vezes a pessoa é filho único de algum ex-alto funcionário do Banco do Brasil, ou de algum membro das carreiras de Estado que se aposentou pelo teto do salário e deixou uma herança de dois ou três imóveis. Estes representam, então, um patrimônio confortável do qual o filho poderá dispor, provavelmente, a partir dos 50 ou 60 anos de idade, na fase de sua aposentadoria. Não há nada de errado nisso, evidentemente, mas apenas se quer pontuar aqui que o indivíduo em questão se beneficiou, sim, indiretamente, do gasto público, ainda que a despesa tenha ocorrido no passado.

Outro caso muito comum é o de quem adquiriu habilidades relevantes e é um profissional de destaque em sua área, com grande sucesso no setor privado e, provavelmente, grandes méritos próprios, mas que para isso contou com o benefício de ter feito graduação e mestrado em uma universidade pública ou fez doutorado no exterior com bolsa oficial, recebendo então um benefício que se mede na escala de centenas de milhares de reais.

O que se quer dizer com isso é que, embora a crítica ao excesso de gastos no Brasil seja pertinente, pela escala que a variável alcançou ao longo de três décadas de expansão contínua, a contenção desse processo está longe de ser trivial.

No restante do livro, esmiuçaremos esse processo de crescimento do gasto público a partir da redemocratização de meados dos anos 1980, começando pelo gasto como um todo e depois dando um *zoom*, nos capítulos sucessivos, avaliando as principais rubricas do gasto separadamente.

Neste capítulo, mostraremos os números dos grandes agregados, tanto em termos de percentagem sobre o PIB como da taxa de variação das principais rubricas, destacando as raízes antigas do processo. Os dados, como sempre que possível no livro, são aqueles observados até 2019, com a melhor projeção que possa ser feita acerca de 2020 e 2021, à luz do Projeto de Lei Orçamentária Anual para 2021, ajustada pela ótica do autor.

## UM *MIX* DE COMPLACÊNCIA...

No livro que publiquei no começo de 2014 com meu amigo Alexandre Schwartsman, com o título *Complacência*, escrito ao longo de 2013, lembrávamos uma antiga sentença de Warren Buffet, sempre atual no Brasil: "Nada aplaca mais a racionalidade do que largas doses de dinheiro sem esforço." Na seção de um dos capítulos finais, denominada "A grande festa", lembrávamos as palavras de Públio Siro, poeta romano do século I: "Quando o mar está calmo, todo mundo pode ser timoneiro."

A negligência e a falta de preparação para o enfrentamento de uma eventual "mudança da maré" têm uma longa história no país. O músico Tom Zé já disse há muitos anos a frase de que "o Brasil é um país doentiamente autocomplacente". A ideia de que, se as condições são favoráveis, não há razões para se preocupar e, se são adversas, em algum momento a direção dos ventos mudará permeia, de certa forma, a história de nossas finanças públicas.

Quando, muitas décadas atrás, o Fundo Monetário Internacional (FMI) começou a fazer sugestões de que o meio político local tinha dificuldades de absorver, o então presidente Juscelino Kubitschek optou por brigar com o FMI, mesmo que esse não fosse um arranjo duradouro e o "pepino" tivesse que ser resolvido depois pelo seu sucessor. Quando Celso Furtado tentou incorporar elementos de ortodoxia em seu plano de ajustamento na época da presidência de Jango Goulart, foi execrado pela própria base parlamentar do governo. Quando, mesmo no governo militar, outro acordo com o Fundo Monetário, nos anos 1980, foi descumprido, foi preciso solicitar *waivers* sucessivos por não nos podermos enquadrar no figurino da rigidez do gasto. O Brasil exibiu, historicamente, uma grande dificuldade em se adaptar a restrições, tetos, limites, condicionantes etc.

Critica-se a "gastança", de um modo geral, mas cada grupo procura obter algum tipo de "abrigo" ao amparo dos favores oficiais, o que se traduz em pressões redobradas sobre o Orçamento. A crítica à "gastança" lembra a velha frase humorística de que "negociata é todo bom negócio para o qual não fomos convidados". Uma pequena evidência anedótica experimentada por mim serve como amostra disso: sempre que critico o "gasto público", mas apenas em grandes linhas, sem maiores detalhes, recebo elogios de leitores, mas quando questiono algum gasto em particular, minha caixa de e-mails — e, nos últimos anos, o WhatsApp — recebe muitos comentários, críticas e ponderações justificando essa despesa específica. No esquema de sístoles e diástoles de que falava Golbery no governo Geisel, governo autoritários, quando combinados com uma condução mais austera, podem no passado vez ou outra ter controlado mais o processo de expansão do gasto. Nas fases de abertura, porém, nas redemocratizações, o país não foi capaz de vencer alguns de seus vícios ancestrais mais enraizados, dando conta de procurar satisfazer os anseios sociais, porém sem prejudicar o equilíbrio macroeconômico. Foi assim com JK, Jânio e Jango. E assim continuou sendo após a Nova República inaugurada em 1985.

Diferenciamo-nos, portanto, de outros países que foram capazes de agir com mais sabedoria e dar conta dos desafios sociais de forma compatível com a sustentabilidade fiscal. Já por estas terras, a procrastinação, o hábito de contornar os problemas, em vez de enfrentá-los, a dificuldade de assumir a necessidade de aprovar medidas amargas e a falta total e absoluta de qualquer senso de urgência cobraram seu preço ao longo do tempo. Procrastinar, protelar, adiar, postergar, aguardar, esperar, ponderar, evitar, pensar, refletir e repensar têm sido verbos conjugados intensamente quando questões difíceis são colocadas na mesa no Brasil.

O deputado Jovair Arantes, líder do PTB em uma antiga legislatura, expressou com inegável franqueza essas dificuldades. Diante da importância de aprovar uma medida que não agradava à maioria dos parlamentares, embora fosse chave para as contas fiscais, ele se manifestou nos seguintes termos, anos atrás: "O momento não é propício para discutir matéria ácida."

E, na prática, nunca há momentos propícios para o tratamento de "matéria ácida"...

## ...E DE EQUÍVOCOS

Bertrand Russell dizia que "muitas das grandes desgraças que o homem causou à Humanidade chegaram por meio de gente que tinha certeza acerca de coisas que, na prática, eram erradas". A frase se aplica *ipsis litteris* a certas medidas de política econômica adotadas no Brasil nas gestões de governo do PT.[1] A rigor, a tendência à expansão do gasto público já vinha de longa data, mas a diferença é que, no contexto de um crescimento mais forte da economia, a trajetória ascendente de evolução do coeficiente do gasto em relação ao PIB poderia ter arrefecido e, na verdade, foi reforçada.

O Gráfico 5.1 apresenta a evolução do gasto primário total do Governo Central, líquido de transferências a estados e municípios, em percentagem sobre o PIB,

---

1. Para uma análise detalhada dos dados fiscais em parte desse período, ver Giambiagi (2008). Para uma visão com nuances diferentes e mais recente, ver Pires e Borges (2019).

desde 1991. Corresponde aos valores do Gráfico 2.1, expurgados das transferências citadas.[2]

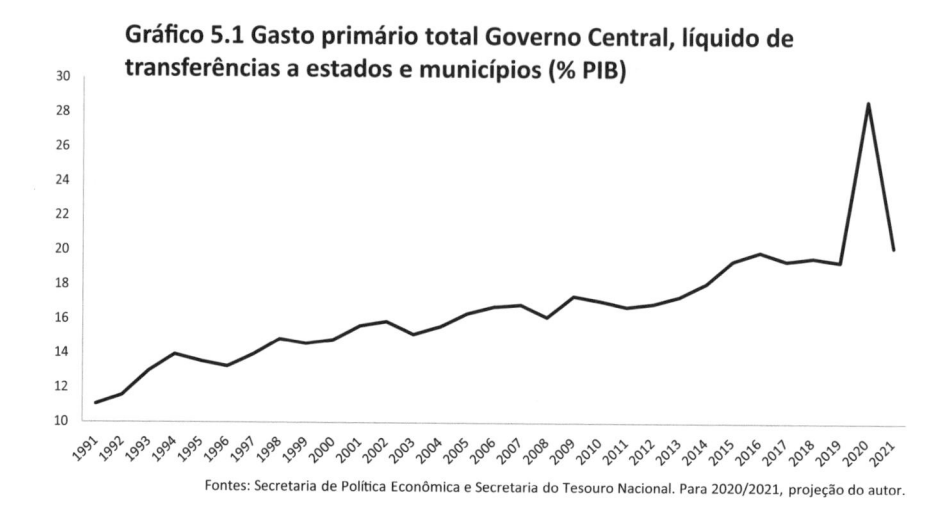

**Gráfico 5.1 Gasto primário total Governo Central, líquido de transferências a estados e municípios (% PIB)**

Fontes: Secretaria de Política Econômica e Secretaria do Tesouro Nacional. Para 2020/2021, projeção do autor.

O rosário de equívocos do período daria espaço para escrever muitas páginas. Eles podem ser resumidos na seguinte relação sintética, exposta a continuação:

I) Comportamento da despesa. Deixando a transição de 1994 para 1995 de lado, em função das distorções apontadas resultantes do cálculo do PIB — que afetam a inflação média de 1995 — e utilizando o deflator do PIB como critério de deflacionamento, partindo então de 1995, a despesa líquida das transferências a estados e municípios se expandiu em termos reais nada menos que 4,5% a.a. nesses 7 anos do governo FHC, entre 1995 e 2002. O PT fez sempre campanha contra a "ortodoxia", embora, em termos fiscais, essa trajetória do gasto tenha ficado a léguas de ser brilhante nos anos FHC. Quando Lula assumiu em 2003 e deu um "cavalo de pau" na economia, surpreendendo os mercados com o reforço da política posta em prática até o ano anterior pela equipe de Pedro Malan, o gasto em termos reais caiu 3,6% naquele ano. É

---

2. O leitor que for ao site do Tesouro Nacional encontrará essa série a partir de 1997. Porém, a Secretaria de Política Econômica dispunha antes disso de dados comparáveis para o período 1991/1996, que são utilizados no gráfico e no livro, encadeando-os com os da STN a partir de 1997. A única diferença dos dados usados no livro em relação aos oficiais se refere aos anos de 2010 e 2019, em que neste livro os efeitos da capitalização e da cessão onerosa, respectivamente, da Petrobras naqueles anos, são expurgados dos dados oficiais, tanto na receita como na despesa, para evitar distorções comparativas.

evidente que um ajuste dessa magnitude não poderia ser mantido. Alcançada a "alavanca" de credibilidade que o governo ganhou com aquele movimento tático junto ao mercado, teria sido possível retomar o crescimento do gasto público, mas a um ritmo moderado. Isso possibilitaria novas reduções da relação Gasto/PIB, porém no contexto de um crescimento de ambos elementos do coeficiente, com o denominador aumentando na frente do numerador. Por razões fundadas nas convicções ideológicas dos governantes da época, entretanto, o país perdeu uma oportunidade histórica de ajustar as contas públicas em caráter duradouro, e o que aconteceu foi exatamente o contrário: nos 12 anos de governo de 2003 a 2015, após o ajuste inicial, aquele mesmo conceito de despesa primária cresceu a uma taxa real maior ainda que nos anos FHC, a uma média anual de 5,2 %.

II) Ausência de reformas. O governo Lula alcançou uma popularidade que dificilmente será possível reeditar em uma democracia como a nossa, reunindo as virtudes de comunicador do então presidente da República com uma combinação zodiacal única em favor do crescimento, no contexto do *boom* de *commodities*. Com 80% de imagem positiva do governo, havia "gordura" de capital político para queimar arcando com alguma perda de popularidade para realizar alguma das reformas das quais o país precisava, notadamente no campo previdenciário. Entretanto, nada disso ocorreu, pois tendo desde cedo o objetivo estratégico de eleger Dilma Rousseff como sucessora, Lula optou deliberadamente por não fazer reforma nenhuma em seu segundo governo. Depois de 2007, Lula teve a popularidade reforçada, sem que praticamente nenhuma medida fosse tomada para dar continuidade ao ciclo de crescimento e assegurar a solvência fiscal para quando, cedo ou tarde, o preço das cotações internacionais de nossos produtos perdesse fôlego anos depois.

III) Empréstimos ao BNDES. O governo reagiu diante da crise internacional de 2008, mediante uma ação contracíclica tradicional, reforçando o papel do crédito e disponibilizando R$100 bilhões em empréstimos do Tesouro Nacional ao BNDES. Esses recursos, no seu devido momento, foram importantes para evitar que a crise no Brasil adquirisse a dimensão verificada em outros países. Essa política, porém, foi mantida nos anos posteriores, mesmo quando as condições internacionais haviam se modificado e a crise de 2008 fora superada há tempos. Sucessivos empréstimos do Tesouro ao BNDES fizeram com que a dívida da instituição em relação ao Tesouro, que era de apenas R$14 bilhões em 2007, escalasse até R$524 bilhões em 2015, mergulhando a instituição em uma séria crise de imagem.[3]

IV) Desonerações tributárias. Diante dos temores acerca de uma desaceleração do crescimento mundial, o governo Dilma reagiu adotando uma série de desonerações que se revelou um festival de equívocos. Primeiro, elas visavam reduzir os encargos sobre a mão de obra exatamente quando o desemprego naquele momento não era um problema, porque a economia na época vivia uma situação de virtual pleno emprego. Segundo, a política se baseava na premissa de que o mundo mergulharia em uma nova crise similar à de 2008, o que não ocorreu no restante do governo Dilma. Terceiro, a desoneração foi um programa concebido para alguns setores específicos mais empregadores de mão de obra, mas que rapidamente, como costuma acontecer diante da ação dos *lobbies* em Brasília, acabou sendo ampliado para dezenas de outros, independentemente da capacidade de geração de emprego. Quarto, o programa vigorou por tempo demais, transformando em duradouro o que poderia ser um mecanismo apenas temporário de estímulo. E quinto, ele envolveu sérios erros de cálculo, acarretando perdas de arrecadação bem maiores que as previstas. O resultado disso foi que as receitas administradas, que eram de 14,4% do PIB em 2011, perderam mais de 1,5% do PIB em 4 anos, diminuindo para 12,8% do PIB em 2015, uma erosão de arrecadação que o Governo não podia ter se dado ao luxo de perder.

## CORTES? QUE CORTES?

Entre 1991 e 1998, a despesa primária total do Governo Central, incluindo transferências a estados e municípios, passou de 13,7% para 17,6% do PIB, mesmo considerando a distorção estatística resultante da adoção da nova série histórica

---

3. O próprio BNDES, com as qualificações próprias do teor de um documento oficial, pareceu reconhecer timidamente o exagero da política, ao se manifestar em um documento institucional, anos depois, com as seguintes palavras: "Pode-se dizer que a resposta da política econômica em 2009 — diante da intensidade da crise originada nos mercados internacionais — com a expansão da oferta de crédito do BNDES foi positiva por contribuir para evitar que o país mergulhasse em uma espiral recessiva. Há indicação de que o programa contribuiu para aumentar, naquele momento, o nível de investimento das firmas compradoras e o faturamento das empresas fabricantes de bens de capital. Entretanto, teria sido importante avaliar de maneira permanente seus efeitos e impactos na economia, de modo a evitar que uma ação anticíclica clássica, inteiramente recomendável, fosse estendida para além do tempo necessário" (BNDES, 2017, p. 71).

do PIB a partir de 1995. Mesmo assim, um artigo jornalístico escrito no final da década de 1990 em uma revista então muito lida pelos formadores de opinião — e aqui novamente não cito o autor, para não polemizar com pessoas, e sim com ideias — alegava que o governo só sabe "cortar, cortar, cortar". Como se explica essa discrepância tão grande entre a percepção de uma parte dos analistas e políticos e a realidade exposta pelos números?

A razão está no modo como a política fiscal é discutida no dia a dia. Dificilmente, no debate no Congresso ou nas principais matérias jornalísticas, há o cuidado de passar uma visão retrospectiva como a que se procura expor neste livro. Em geral, o que ocorre é que os dados da chamada "reprogramação orçamentária" são cotejados com o Orçamento aprovado ou com a reprogramação prévia.

Como é que, então, de um modo geral, se processavam as coisas na realidade política, que por vezes envolve certo jogo de "faz de conta"? A origem do processo se relaciona com o Orçamento, por força de dispositivo constitucional enviado pelo Executivo ao Congresso Nacional em agosto e na prática aprovado em dezembro de cada ano, embora vez por outra tenha "escorregado" para o começo do ano seguinte. Como quem aprova é o Congresso, este muitas vezes, tradicionalmente, discordava das premissas oficiais, "engordando" as receitas com suposições que depois não se comprovavam. A vantagem política é que isso permitia aos parlamentares "aprovar" recursos com os quais podiam se apresentar às suas bases como tendo "lutado pelos interesses da região". Como o Orçamento tradicionalmente era meramente autorizativo e não impositivo, isso era o que, no jargão algo irônico de muitos especialistas em finanças públicas, era chamado de "receita — e despesa — de vento".[4] Ou seja, o Congresso aceitava a meta de resultado fiscal, mas inchando artificialmente receitas e despesas. Quando o governo, no exercício seguinte, começava a executar o Orçamento, diante de receitas menores que as orçadas, ajustava as despesas previstas a essa realidade. Dado que a receita em geral era inferior ao exercício de ficção do Orçamento formalmente aprovado, quase sempre a despesa

---

4. Esse arranjo mudou um pouco recentemente, quando o componente obrigatório associado às chamadas "emendas parlamentares" aumentou bastante, restringindo o grau de flexibilidade do Executivo na execução do Orçamento.

reestimada era menor que a orçada. A manchete jornalística, invariavelmente, então, durante anos a fio, foi: "Governo corta R$ X bilhões."

O que acontecia, porém, no mundo real? Exatamente o oposto. Considere-se, para facilitar, que não há inflação, para entendermos a natureza precisa do problema. Digamos que, tirando juros, em um ano t a receita fosse de R$880 bilhões, e a despesa sem juros fosse de R$980 bilhões — com um *deficit* primário de R$100 bilhões — e que para o exercício orçamentário do ano seguinte (t+1) o Governo trabalhasse com uma estimativa de receita de R$900 bilhões e de despesa primária de R$1trilhão, mantendo o *deficit* constante e aumentando a despesa em 2%. Ocorre que o Congresso, imbuído dos melhores propósitos, estimava, por exemplo, que o governo estava sendo pessimista, consequentemente aumentando a hipótese de receita para R$940 bilhões e incorporando novas fontes de despesa, que alcançavam então no Orçamento de fato aprovado o valor de R$1,04 trilhão, sempre mantido o mesmo *deficit* primário estimado de R$100 bilhões.

Quando o ano se inicia, comprovava-se que o governo estava correto em suas estimativas, e ao se elaborar a reprogramação orçamentária para calibrar a despesa em função da receita, esta era novamente recalculada em R$900 bilhões, e, com isso, a despesa voltava ao nível de R$1 trilhão.

Pergunta então para o leitor: qual era manchete dos jornais? "Governo corta R$40 bilhões do Orçamento." Claro! Era um clássico das finanças públicas. O que ocorria, entretanto, na realidade? Entre um ano e outro, ao passar do ano t para o ano t+1, a despesa estava aumentando de R$980 bilhões para R$1 trilhão. Ao invés de um corte de R$40 bilhões, na verdade havia um aumento de R$20 bilhões!

Esse *script* de equívocos interpretativos foi se repetindo no Brasil ano após ano, até a chegada da "regra do teto" em 2016. O resultado é que o noticiário jornalístico nas páginas de Economia era dominado todos os anos pelos *leads* sobre "cortes", quando a realidade dos números era a que é retratada na Tabela 5.1.[5] É claro que nela, para que o leitor não julgue que há algo errado com os números, o ano de 2020 deve ser visto como algo excepcional, devido ao peso

---

5. Para maiores detalhes, ver o Apêndice Estatístico deste livro.

dos auxílios extraordinários adotados para combater os efeitos da pandemia do coronavírus.

**Tabela 5.1 Gasto primário total Governo Central, líquido de transferências a estados e municípios (% PIB)**

| Composição | 1991 | 1994 | 2002 | 2010 | 2018 | 2019 | 2020 | 2021 |
|---|---|---|---|---|---|---|---|---|
| Pessoal | 3,80 | 5,14 | 4,83 | 4,33 | 4,33 | 4,31 | 4,60 | 4,49 |
| INSS | 3,36 | 4,85 | 5,91 | 6,56 | 8,51 | 8,63 | 9,58 | 9,39 |
| Outros | 3,90 | 3,96 | 5,14 | 6,21 | 6,78 | 6,46 | 14,54 | 6,35 |
| Total | 11,06 | 13,95 | 15,88 | 17,10 | 19,62 | 19,40 | 28,72 | 20,23 |

Fontes: Secretaria de Política Econômica e Secretaria do Tesouro Nacional. Para 2020/2021, projeção do autor.

O que dizem os números? Que desde o começo dos anos 1990, a cada ano em que se encerrava uma gestão de governo, o presidente da República de plantão entregava a seu sucessor um gasto público, expresso como proporção do PIB, maior do que na transição de governo anterior. Foi assim em 1994 em relação ao começo da série de 1991; em 2002, quando se compara o final do governo FHC com o final da gestão de Itamar Franco; em 2010, no final dos oito anos de Lula *vis a vis* o final de FHC; em 2018, no epílogo da gestão Temer — após o *impeachment* de Dilma Rousseff — em relação a 2010; e teremos um quadro similar ao final da série em 2021 com o dado de 2018.

Como se pode ver na mesma tabela, todas as três grandes rubricas — despesa com pessoal, benefícios previdenciários do INSS e "outras despesas" — têm um denominador comum: cada uma delas representa uma proporção do PIB maior no final da série que no começo dela, embora isso não se aplique individualmente a todos os casos na comparação do final de cada governo em relação à gestão imediatamente anterior.

Esse crescimento de importância na relação com o PIB no período de três décadas, comum a cada uma das rubricas, tem as seguintes marcas por período de Governo:

- 1992/1994. Forte crescimento generalizado acima do PIB, apenas mais limitado no caso das outras despesas, que acompanham o PIB só um pouco acima da trajetória deste.
- 1995/2002. Contenção das despesas com pessoal — houve, na época, alguns anos de "arrocho" — acompanhada de crescimento expressivo das despesas com aposentadorias e pensões do INSS e das demais despesas, que começam um longo ciclo de expansão.
- 2003/2010. Fase de grande crescimento do PIB, que diminuiu de forma importante a relação entre a despesa com pessoal e o PIB, mantida a tendência expansionista dos gastos do INSS e das "outras despesas de custeio e capital" (OCC).
- 2011/2018, ampliando aqui o raciocínio até 2019. Embora caiba lembrar que houve uma mudança expressiva com a adoção da regra do teto do gasto público no final de 2016, no conjunto dos nove anos pode-se dizer que, com altos e baixos, a despesa com pessoal manteve seu mesmo peso relativo em 2019 em relação a 2010, com novos aumentos do peso dos benefícios do INSS e, em menor medida, das outras despesas. Embora com uma diferença: no caso do INSS, o aumento foi praticamente contínuo, ao passo que no das outras despesas, elas cresceram muito até 2015 e caíram bastante depois.
- 2020/2021. Houve um "ponto fora da curva" em 2020. Na comparação de 2021 com 2019, deveremos ter um pequeno aumento de peso relativo em relação ao PIB das despesas com pessoal, um grande aumento de peso do INSS — associado ao aumento da despesa, combinado com a retração acumulada do PIB — e relativa estabilidade das outras despesas, depois do "salto triplo" de 2020, seguido de grande queda em 2021.

A realidade não difere substancialmente da consideração dos efeitos das transferências a estados e municípios. Com exceção do período 1991/1994, quando houve uma diferença mais expressiva entre os agregados, a rubrica desse gasto com transferências não é muito diferente que a conta do "gasto sem transferências", como se pode ver na Tabela 5.2.

O GASTO AGREGADO

**Tabela 5.2 Crescimento real do gasto primário, por período de governo (% a.a.)**

| Variável | 1991/94 | 1994/02 | 2002/10 | 2010/18 | 2018/21 |
|---|---|---|---|---|---|
| Gasto com transferências | 9,7 | 4,5 | 4,8 | 2,2 | 0,7 |
| Transferências E&M | 1,8 | 6,5 | 3,8 | 1,7 | -1,2 |
| Gasto sem transferências | 11,7 | 4,1 | 5,0 | 2,3 | 1,0 |
| PIB | 3,4 | 2,4 | 4,0 | 0,6 | 0,0 |

Deflator: Deflator PIB. Fontes: Secretaria de Política Econômica e Secretaria do Tesouro Nacional. Para 2020/2021, projeção do autor.

Quando se olha para o resultado desses trinta anos como um todo, conclui-se que o gasto sem transferências a estados e municípios se expandiu a uma taxa real média da ordem de duas vezes a taxa média anual de crescimento da economia. Como se pode ver na Tabela 5.3, nesse período longo, a liderança da expansão coube às despesas do INSS, que se expandiram a uma taxa média anual de notáveis quase 6% a.a., seguidas das outras despesas com uma média de quase 4% a.a. e do gasto com pessoal, que cresceu um pouco menos de 3% a.a. Nos próximos capítulos, veremos essas questões mais de perto e entenderemos alguns detalhes importantes na caracterização do que aconteceu em cada período. Será como colocar uma "lupa" em cada uma das rubricas, para compreender melhor o que houve em cada um dos casos.[6]

**Tabela 5.3 Crescimento real do gasto primário 1991/2021 (% a.a.)**

| Variável | Crescimento médio |
|---|---|
| Gasto com transferências | 4,1 |
| Transferências E&M | 3,3 |
| Gastos sem transferências | 4,3 |
| Pessoal | 2,8 |
| INSS | 5,7 |
| Outros | 3,9 |
| **PIB** | **2,2** |

Deflator: Deflator PIB. Fontes: Secretaria de Política Econômica e Secretaria do Tesouro Nacional. Para 2020/2021, projeção do autor.

---

6. Deixamos aqui de nos referir aos acontecimentos de 2020, inteiramente excepcionais em matéria de gasto, expansão essa que o governo anuncia a intenção de não repetir em 2021. Assim, na comparação da projeção de gasto para 2021 com os números de 1991, o ocorrido em 2020, especificamente, perde relevância, se a expansão for, de fato, revertida em 2021. Haverá comentários mais específicos nos capítulos correspondentes às rubricas individualizadas de gasto.

## TRÊS DÉCADAS DE EXPANSIONISMO FISCAL

Um dos dramas da análise fiscal do Brasil é a ausência de estatísticas retrospectivas longas. Ao contrário dos Estados Unidos, por exemplo, onde é possível encontrar séries de décadas e, em alguns casos, até centenárias, no Brasil não temos essa possibilidade. É verdade que temos estatísticas excelentes, muitas das quais serão apresentadas no livro. Porém, elas são historicamente recentes — remontam à década de 1990, ou seja, "ontem" no longo olhar da história para o passado. Temos, portanto, boas séries que, porém, se iniciam no final do século passado, e temos também boas séries antigas, mas que foram descontinuadas.

Argumentamos anteriormente que há evidências de que vivemos fases sucessivas de expansionismo fiscal a partir de 1991. Como veremos depois, o ano de 2016 marca um divisor de águas, podendo assumir que a expansão foi até meados da década de 2010. A rigor, porém, há outras evidências que sugerem que o forte crescimento do gasto público já se deu na segunda metade da década de 1980 — ver Tabela 5.4.

### Tabela 5.4 Gasto primário Governo Geral (% PIB)

| Ano | Salários e encargos | Assist. e Previdência | Subsídios | Outros gastos correntes | Investimento | Total |
|---|---|---|---|---|---|---|
| 1970 | 8,3 | 8,2 | 0,5 | 3,1 | 4,4 | 24,5 |
| 1980 | 6,2 | 7,7 | 3,8 | 2,9 | 2,3 | 22,9 |
| 1984 | 6,3 | 8,6 | 1,8 | 2,9 | 2,1 | 21,7 |
| 1991 | 9,2 | 8,9 | 1,8 | 5,9 | 3,4 | 29,2 |

Fonte: Varsano (1996).

Entre 1970 e 1980, a despesa primária agregada retratada na Tabela — que se refere não apenas à União, mas abrange também estados e municípios —, e foi obtida por Ricardo Varsano — autor do texto que inclui os dados — com base nas Contas Nacionais, cedeu como proporção do PIB. Isso foi devido ao forte crescimento da economia nesses 10 anos — exatamente o que deveria ter se tentado fazer depois de 2003 — de, em média, 8,6% a.a. Os anos entre 1981 e 1984 corresponderam ao período — a rigor, iniciado no final de 1982 — de árduas negociações do país com o FMI, envolvendo um ajustamento do gasto público, após as primeiras tentativas de reorganização da despesa pública.[7]

Em 1985, o Brasil iniciou uma nova etapa de sua vida política, com a inauguração da chamada "Nova República", marcando o fim dos governos *de facto* dos militares. Há que recordar o contexto em que isso se deu — com contornos de tragédia grega — marcado pela morte do presidente eleito, Tancredo Neves, e a posse de José Sarney. Ela envolveu quatro problemas. Primeiro, Sarney, até poucos meses antes das eleições, tinha sido presidente do ARENA, o partido de apoio aos militares, o que gerava enorme desconfiança nos novos aliados e a necessidade dele de se legitimar diante de um país em processo de mudança. Segundo, a eleição de Tancredo no Colégio Eleitoral foi uma obra de engenharia política a partir da qual ele, na transição, montou o governo com os aliados, mas só ele tinha o "código-fonte" dos arranjos políticos em função dos quais poderia exigir mais apoio de um aliado ou de outro. Com a morte de Tancredo, Sarney ficou sujeito a uma negociação complexa, em que a cada conversa pairava a ameaça de os aliados deixarem de apoiar o governo. A expressão "presidencialismo de coalizão" surge nesse período. Terceiro, embora Sarney fosse presidente da República, o poder, na prática, era em parte compartilhado com Ulysses Guimarães, a grande liderança política da oposição aos militares, que funcionava quase como uma espécie de "fiscal" do governo e agia às vezes como uma oposição interna, gerando uma disputa de poder que, na prática, fragilizava a figura da Presidência e diminuía a viabilidade de políticas mais duras. Quarto, embora a Constituição na época estabelecesse o mandato presidencial de seis anos, havia o entendimento político de que o novo Governo encurtaria a própria duração para quatro. Quando Sarney optou pela decisão salomônica de um arranjo intermediário, apoiando e defendendo a aprovação de um mandato de cinco anos, foi

---

7. É preciso evitar, porém, que o leitor mais novo tenha uma ideia equivocada da influência desses dados sobre a política econômica da época. As Contas Nacionais eram divulgadas no final de um ano referentes ao ano anterior e sujeitas a revisões. Portanto, a utilidade prática desse tipo de dados para o dia a dia da política econômica era próxima de zero. As informações obtidas com um pequeno *lag* de tempo em relação aos fatos eram extremamente limitadas e referentes unicamente ao Governo Federal.

obrigado a fazer todo tipo de concessões no Congresso para obter sucesso em sua intenção, que acabou se impondo a outros objetivos econômicos.

A resultante desse conjunto de forças e circunstâncias históricas foi uma incapacidade do governo de resistir às pressões por mais gasto público, o que se expressa na espantosa velocidade de incremento do gasto retratada na Tabela 5.4 depois de 1984, quando houve um aumento da despesa de oito pontos do PIB em sete anos. Observou-se uma expansão generalizada de todas as rubricas como proporção do PIB, com exceção do item referente aos subsídios. Não é de estranhar que a hiperinflação — entendida como a observação de meses com taxas de inflação de mais de 50% ao mês — tenha vindo nesse período — ainda que abortada em 1986, 1987, 1989, 1990 e 1991 com planos heterodoxos de contenção artificial dos preços, que rapidamente fracassavam — exatamente como corolário da crescente desorganização da economia, em um quadro de grande fragilidade política.[8]

Temos então sinais de que a segunda metade dos anos 1980 foi marcada pelo forte crescimento do gasto público a taxas muito superiores ao PIB. Apontaram-se no capítulo os dados — referentes, isso sim, apenas ao Governo Central — que indicam que isso se repetiu nas décadas posteriores. Como em 2016 a aprovação da regra do teto do gasto público denotou a intenção de promover uma mudança do regime fiscal, pode-se falar que o país viveu uma longa fase de três décadas de expansionismo fiscal, de 1985 até 2015/2016.

A forma com que o país se adaptou a isso foi variando com o passar do tempo e a evolução do quadro econômico e institucional. Durante muitos anos, a forma de lidar com essas pressões por mais gasto era contar com a inflação e, eventualmente, com a aceleração desta. Na prática, isso significava financiar o *deficit* público com o uso da "senhoriagem" — ou seja, a expansão monetária, ou "direito do senhor", resultante do monopólio da emissão de moeda, por analogia com épocas antigas da humanidade em que a prerrogativa era apenas do dono das terras do lugar. Esse mecanismo acabou em 1994, quando o país se tornou

---

8. Isso lembrava um pouco alguns casos nacionais conhecidos de hiperinflações no entreguerras e no final da Segunda Guerra Mundial, lembrando a discussão sobre este ponto feita no Capítulo 1 do presente livro.

um país relativamente normal em matéria inflacionária, ainda que a conquista de uma inflação baixa — espera-se — duradoura tenha demorado mais 25 anos depois disso. A partir desse momento, a pressão fiscal por mais gastos foi satisfeita de outras formas:

- Entre 1994 e 1998, pela expansão da dívida pública, fase na qual a dívida líquida do setor público passou de 30% para 38% do PIB, mesmo considerando a distorção resultante do aumento nominal de 10% do PIB na nova série histórica depois de 1995 em relação ao inicialmente divulgado.
- Entre 1998 e 2013, quando o país teve 15 anos seguidos de *superavit* primário relativamente expressivo, mediante uma maior pressão tributária, que no caso do Governo Central elevou sua receita total de 18,3%, em 1998, para 22,1% do PIB, em 2013.
- Depois de 2013, com o retorno dos *deficit* primários a partir de 2014 — inclusive — mediante nova elevação da dívida líquida do setor público, que em 2013 tinha caído a 31% do PIB após vários anos de crescimento do denominador — o que contribuiu para reduzir o coeficiente Dívida/PIB — e que depois disso escalou até o nível próximo a 70% do PIB previsto para 2020.

Considerando que o financiamento via aceleração inflacionária tem o repúdio unânime do país; que há resistências a um aumento significativo da carga tributária, embora um incremento parcial desta se configure como provavelmente inevitável; e que há limites para a expansão sistemática da dívida como proporção do PIB, de modo a evitar que o processo acabe como em outros episódios históricos — inflação ou "calote" —, cabe alertar: "Houston, temos um problema." Em outras palavras, deveríamos reduzir a relação gasto público/PIB, revertendo, pelo menos em parte, a trajetória mostrada no Gráfico 5.1. É o que tentaremos entender melhor nos próximos capítulos.

CAPÍTULO 6:

# A DESPESA COM PESSOAL

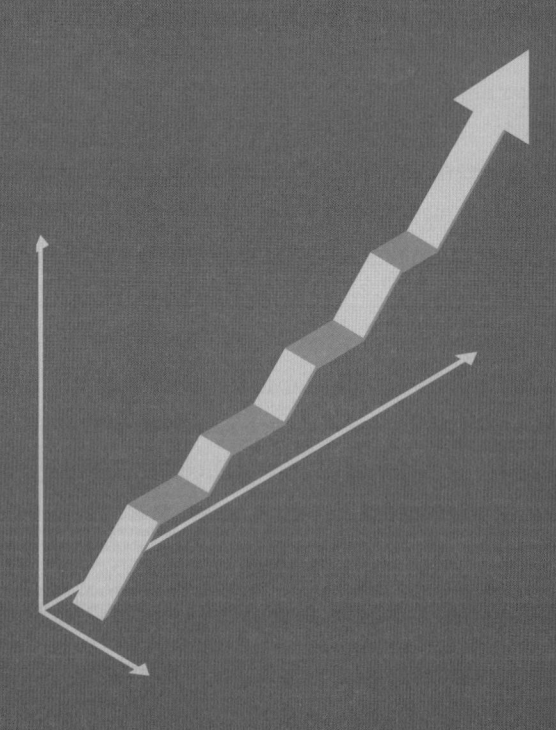

*"Minha primeira coluna na* Folha de São Paulo, *em 2006, tinha por título 'Ajuste fiscal ou morte'. Os desenvolvimentos posteriores mostraram que optamos pela segunda alternativa."*

(Alexandre Schwartsman, economista)

O JURISTA SILVIO ROMERO, ESCREVENDO ACERCA DO "excedente de bacharéis à procura de emprego público fácil" na formação da burocracia brasileira do século XIX, referiu-se a eles da seguinte maneira: "Eram um grupo sempre mendigando algum emprego, de preferência um de fachada, que não requeresse empenho pessoal. Eram os advogados sem clientes, os médicos sem clínicas, os escritores sem leitores, os magistrados sem juizados." Para uma parte importante da sociedade brasileira, essa concepção permaneceu até os dias de hoje, com a qualificação de que, em geral, o acesso às carreiras se dá por concurso, muitas vezes bastante concorridos e difíceis.

O fato é que a ideia de que o problema fiscal está associado às despesas elevadas com pessoal domina corações e mentes no debate sobre o *deficit* público. Qualquer pessoa que tenha tido que fazer algum trâmite em um órgão burocrático sabe que há funcionários públicos em excesso em muitas repartições. Daí a supor que esse é o grande nó do problema fiscal brasileiro, porém, há uma certa distância.

A principal questão é que, no caso do Governo Federal, a despesa com pessoal é apenas uma das rubricas importantes da despesa. Mais ainda, quando se excluem os pagamentos de aposentadorias e pensões da administração pública — e, lembremos, não dá para "demitir aposentados" —, conclui-se que, se consideradas todas as despesas primárias — aí incluídas as transferências a estados e municípios —, a despesa com funcionários públicos ativos do Governo Federal é de apenas 10% da despesa total. Em outras palavras, mesmo assumindo a hipótese — completamente tosca, só para efeitos de raciocínio — de que haja um "excesso" de 50% de funcionários públicos, significando que os serviços poderiam ser atendidos com apenas 50% do contingente de pessoal, o que sabemos que não é verdade —, a "poupança" resultante disso deixaria de fora 95% da despesa primária federal. A razão disso é que o Governo Federal tem uma série de despesas com o INSS, transferências a estados e municípios, benefícios assistenciais etc. que não têm contrapartida nas alçadas de outras esferas subnacionais.

Trata-se de uma realidade bem diferente em relação à das esferas subnacionais, onde, aí sim, as despesas com pessoal são responsáveis pela maior parte do gasto total, além do que o clientelismo está muito mais enraizado, pela prática corrente do empreguismo com os aliados políticos locais e a menor frequência da realização de concursos.

Neste capítulo, mostraremos com atenção qual é a composição do gasto com pessoal do Governo Federal em suas diversas rubricas, apresentando uma visão geral da despesa, mostrando os números, destacando a importância dos inativos e fazendo alguma reflexão do que se pode esperar no futuro em relação aos pontos discutidos.

A partir deste, cada capítulo mostrará um "raio X" detalhado das grandes rubricas de gasto que foram apresentadas no capítulo anterior, exibindo a evolução geral da despesa ano a ano e enfatizando as causas mais importantes da dinâmica apresentada pelas estatísticas fiscais acerca de cada variável.

## UMA VISÃO PANORÂMICA

O processo de aumento do gasto público se inicia na segunda metade dos anos 1980. Houve, na época, uma combinação de grandes demandas associadas ao final do governo militar, com uma situação de fragilidade política do governo, levado a fazer seguidas concessões. A consequência foi que as carreiras de Estado, uma após outra, foram conseguindo seguidas vantagens salariais. Existia, além disso, a prática da chamada "equiparação": os funcionários do Banco Central, por exemplo, lutavam para ter suas remunerações "equiparadas" às do Banco do Brasil — ou vice-versa —, ou os advogados da Defensoria Pública pleiteavam equiparação com a remuneração dos colegas da Advocacia Geral da União. Como o leitor deve ter adivinhado, a luta sindical pela equiparação era para que a carreira com menores salários tentasse se igualar com a de salários maiores — e não o contrário. Com o passar dos anos, isso foi "puxando" para cima as remunerações.

A partir do fracasso do Plano Cruzado em 1986 e da disparada inflacionária, que se manteve como tendência até a estabilização de 1994, surgiu também uma distorção estatística que afetou o peso das despesas com pessoal, associada com o décimo terceiro salário. Em tempos de inflação normal, pode até soar algo ridículo lembrar do assunto, que deve parecer ficção para os mais jovens, acostumados desde cedo a uma situação de normalidade. O fato, porém, é que a realidade era diferente na hiperinflação...

Normalmente, o décimo terceiro salário é pago em duas vezes: uma primeira metade em uma certa época — no aniversário da pessoa, quando ela solicita férias ou em um determinado mês —, e a segunda metade em dezembro. Naquela época, porém, lembrando que se viviam tempos de indexação salarial à inflação e que essa indexação em determinada época chegou a ser mensal, a forma de pagamento da segunda metade era tal, que a fórmula era:

Pagamento dezembro = Salário de dezembro − Valor nominal da parcela antecipada

Em um país normal, o "valor nominal da parcela antecipada" é de 50% do salário, de modo que o pagamento da parcela restante do décimo terceiro salário em dezembro é também de 50% do salário. Ocorre que, em tempos de hiperinflação, entre o momento em que a pessoa recebeu a primeira parte do décimo terceiro e dezembro, o salário nominal havia aumentado várias vezes. Era possível um salário, por exemplo, ser de 10 mil cruzeiros em janeiro, quando a pessoa recebia a antecipação, e ter aumentado para, digamos, 150 mil cruzeiros no final do ano. Nesse caso, em dezembro o desconto da parcela antecipada do décimo terceiro seria de apenas 5 mil cruzeiros — e não de 75 mil.

Na prática, portanto, o valor extra que a pessoa recebia em dezembro era quase o dobro do salário normal do mês, pois além do salário de final do ano, a "segunda metade do décimo terceiro" correspondia praticamente a um salário a mais. Isso porque a parcela descontada, feita em termos nominais, era uma fração ínfima do salário de dezembro, e não 50%.

Em uma despesa paga formalmente em 12 meses, ter um salário extra que aparecia na estatística pesando além de um salário significava que uma despesa de, por exemplo, 4% do PIB em época normal poderia virar, por essa distorção estatística, 13,5/13 disso, ou seja, 4,2% do PIB, elevando artificialmente o peso da despesa em questão.[1]

No período 1991/1994, além da conservação dessa distorção estatística, tivemos outro efeito muito importante afetando a despesa com pessoal, que foi a concretização das mudanças constitucionais do Regime Jurídico da União (RJU) estabelecidas na Constituição de 1988, regulamentadas algum tempo depois e com efeito pleno na década seguinte, especialmente nos primeiros anos.

---

1. Em termos de poder aquisitivo, como a primeira parcela era de fato de 50% do salário e a segunda parcela equivalia a quase um salário — dado que o desconto nominal da primeira parcela era proporcionalmente pequeno na comparação com o valor do salário de dezembro —, na prática, era como se a pessoa recebesse 13,5 salários no ano, e não 13.

O RJU garantiu aos funcionários públicos aposentadoria, muitas vezes de acordo com o último salário, mesmo não tendo os citados funcionários feito contribuições prévias para tal. Nos primeiros anos da década de 1990, então, houve muitas aposentadorias precoces de funcionários públicos saindo da ativa muito cedo, ao mesmo tempo em que suas vagas eram repostas para dar continuidade à oferta de serviços. Foi nesse contexto que a despesa com inativos do Governo Federal passou rapidamente de 0,9% do PIB em 1991 a 2% do PIB em meados da década de 1990.

O resultado foi uma explosão da despesa com inativos do Governo Federal e um salto da despesa total com pessoal, que abrange ativos e inativos da União, salto esse que ocorreu na primeira metade da década de 1990. Cabe lembrar sempre que, nas estatísticas a serem apresentadas, os dados posteriores a 1995 sofrem a distorção, na comparação com os dados até 1994, representada pelo salto da série histórica do PIB a partir de 1995, elevando o denominador da fração Gasto/PIB e, portanto, reduzindo o coeficiente relativo da despesa.

A partir de então, a trajetória da despesa com pessoal por período de governo pode ser sintetizada da seguinte forma:[2]

- **1995/1998.** Após o "susto" inicial resultante da alta da despesa até 1995, o governo iniciou uma fase de "arrocho" severo das despesas com pessoal no primeiro governo FHC, na forma de reajustes nominais nulos ou inferiores à inflação.[3]

---

2. A decomposição da despesa de pessoal feita aqui não pode ser encontrada em nenhuma estatística oficial, pela razão a ser explicada. A base de referência é o agregado da despesa com pessoal informada pela Secretaria do Tesouro Nacional. A esse total foi aplicado o percentual da decomposição do gasto com pessoal informado pelo Ministério do Planejamento entre 1995 e 2018, incidente sobre um total apurado com outros critérios e diferente do valor da STN. Esse mesmo critério foi adotado para 2019 com base na decomposição feita pelo conceito denominado de "valor pago" da STN, que não é consistente com a despesa primária em geral mais acompanhada pelos analistas e projetado para 2020/2021. Nesse período de duas décadas e meia, além da despesa com ativos e inativos, houve gastos com pessoal transferidos a antigos Territórios e ao Distrito Federal e com sentenças judiciais, cuja apropriação na contabilidade oficial foi sofrendo alterações, que explicam as oscilações dessa rubrica no detalhamento registrado no Apêndice Estatístico deste livro. Para 2020/2021, adotou-se uma estimativa do autor, baseada na trajetória observada da despesa desagregada até o final de 2020.

3. Em 1995, o grau de conhecimento que se tinha da realidade fiscal por parte das autoridades era realmente pequeno. Inclusive, nos primeiros meses do ano, o "apagão" de informações foi muito grande, por conta de certa inadaptação das estatísticas que havia ocorrido por ocasião da estabilização. O primeiro dado fiscal da época só saiu em agosto de 1995 e se referia ao período janeiro/maio do ano. O autor, na época, era assessor do ministro de Planejamento em Brasília e lembra de ter participado, no começo do segundo semestre do ano, de uma reunião para discutir medidas para enfrentar a alta da despesa com o funcionalismo, com a presença de diversos ministros e coordenada pelo próprio presidente da República, Fernando Henrique Cardoso. A reunião fora convocada porque estávamos todos assustados pelo aumento da despesa com pessoal, mas sem que houvesse praticamente informação desagregada

- **1999/2002**. A caminho das eleições de 2002, com o desgaste de anos de governo muito difíceis, marcados por sucessivas crises, o governo foi perdendo a sua capacidade de resistir às pressões. Além disso, muitas carreiras, inclusive aquelas às quais pertenciam alguns dos quadros dos Ministérios da Fazenda e do Planejamento responsáveis pelas medidas de ajuste, haviam ficado, com o passar dos anos, com seus salários defasados, e os próprios altos funcionários — incluindo ministros — passaram a perceber *in loco* a necessidade de recompor o quadro de cargos e salários de algumas carreiras, movimento que se repetiu em outras carreiras ao longo de alguns anos.

- **2003/2006**. Precisando exibir sinais de rigor fiscal para ganhar a confiança do mercado e favorecido pela existência de uma inflação inicial relativamente elevada em 2003 e 2004 — que propiciava o achatamento dos salários reais no funcionalismo —, Lula adotou uma prática negocial bastante dura com o funcionalismo na época, o que favoreceu a queda da relação entre a despesa com pessoal e o PIB.

- **2007/2010**. Nesse período, ocorreu o reverso da medalha do período anterior. A rigor, a despesa com pessoal caiu um pouco como proporção do PIB, por ter sido um período de intenso crescimento deste, que favoreceu a redução do peso relativo da despesa com pessoal. Porém, como foi uma época em que o governo pretendeu adotar o que seria a "verdadeira" política defendida pelo PT e este tinha sindicalistas ocupando cargos importantes na estrutura de Estado, o período foi uma "festa" para o funcionalismo, tanto em termos de aumento do contingente de servidores e realização de concursos como de recomposições de carreiras e aumentos reais.

- **2011/2014**. Curiosamente, embora tenha sido uma época que muitos analistas associam a excesso de gastos, na prática, no âmbito do funcionalismo, foi uma fase de "arrocho" em termos reais. A razão foi que, como o governo havia estabelecido uma pauta de aumentos nominais para quatro anos com base em uma certa expectativa de inflação e esta se mostrou sistematicamente superior à esperada, os aumentos nominais ficaram aquém do incremento dos preços, acarretando uma redução da relação Gasto com pessoal/PIB entre 2010 e 2014.

- **2015/2018**. Embora 2016 delimite um divisor de águas nesses quatro anos, devido à troca de guarda no Planalto com a saída de Dilma Rousseff e a

---

acerca do que estava causando esse impacto. O contraste entre aquela situação e a atual, com um conhecimento desagregado e detalhado de toda a abertura da despesa entre ativos e inativos, militares e civis etc. não poderia ser maior.

entrada de Michel Temer na presidência da República, faz sentido dar um tratamento conjunto ao biênio 2015/2016 e ao período posterior, pelo fato de que os aumentos nominais das carreiras ocorridos na gestão Temer foram aprovados por este, mas negociados ainda na gestão Dilma. Cabe lembrar que, após as perdas reais antes citadas, os sindicatos fizeram reivindicações de grandes aumentos, e o governo Dilma — já muito enfraquecido no final — fez diversas concessões. Houve então recomposições nominais importantes cujos efeitos reais se estenderam ainda alguns anos depois de 2016, pela queda expressiva da inflação após 2015. O resultado foi um crescimento expressivo do gasto com pessoal na segunda metade da década.

- **2019/2021**. O governo Bolsonaro congelou o salário do funcionalismo depois de 2019. Entretanto, a relação Gasto com pessoal/PIB deverá ser maior em 2021 em relação a 2018, por três razões: i) o fato de que muitas categorias ainda tiveram aumentos nominais no começo de 2019, por conta da "safra" de leis votadas em 2016 prescrevendo reajustes nos três anos seguintes; ii) o aumento específico para os militares, aprovado já no governo Bolsonaro para vigorar nos anos posteriores, sob o rótulo de reestruturação da carreira; e iii) o péssimo desempenho do PIB na composição do triênio 2019/2021, que impediu uma queda da relação entre o gasto com pessoal e o PIB.

## OS GRANDES NÚMEROS

Os acontecimentos explicados na seção anterior geraram a dinâmica do gasto com pessoal mostrada no Gráfico 6.1. O que salta aos olhos quando se observa a trajetória é a sua grande variabilidade. Ao contrário, por exemplo, da despesa do INSS, que praticamente seguiu uma tendência contínua ao longo de todo o período, a rubrica de pessoal não teve uma tendência uniforme. Expresso como fração do produto, ela cresceu até metade da década de 1990, quando alcançou 5,1% do PIB; cedeu até um vale de 4,2% do PIB no "arrocho" que teve seu auge em 1997; subiu gradualmente até 4,8% do PIB em 2002; caiu durante na fase mais dura do governo Lula até 4,3% do PIB em 2005; aumentou na etapa de concessões aos sindicatos do funcionalismo até 4,6% do PIB em 2009; caiu novamente para 3,9% do PIB em 2014 por conta da maior inflação; e teve um incremento depois com as novas concessões de Dilma e Temer até uma estimativa da ordem de 4,5% do PIB em 2021, em parte, nesse caso, também devido ao "efeito denominador" do comportamento do PIB, com crescimento negativo ou muito fraco nos últimos sete anos.

**Gráfico 6.1 Gasto com pessoal Governo Central (%PIB)**

Fonte: Ministério de Planejamento (antigo), Secretaria de Política Econômica e Secretaria do Tesouro Nacional. Para 2020/2021, projeção do autor.

A Tabela 6.1 mostra a importância da despesa com inativos. Em 1991, na soma de ativos e inativos, estes constituíram 25% desse agregado. Com o aumento do número de aposentados, combinado com sua maior longevidade, em 2020 esse peso terá alcançado 48% do total, mesmo com as medidas inibitórias tomadas ao longo dos governos.[4] Como em 1995 a despesa em proporção do PIB passa a ser afetada pela revisão do PIB, é útil tomar como base de referência o peso dessas rubricas naquele ano, que foi um total de 2,63% do PIB para a despesa com ativos; 2,14% do PIB para inativos; e 0,36% do PIB para a despesa com transferências para pagamento de pessoal de alguns estados. Observe-se então que, em uma comparação já isenta de distorções resultantes da mudança da série do PIB, a despesa com ativos após a estabilização cede ligeiramente, de 2,6% do PIB em 1995

---

4. Um exemplo de medida de controle adotada foi a mudança feita no final do governo de FHC que acabou com a progressão que existia para muitos quadros na carreira militar por ocasião da aposentadoria, razão do enorme desgaste do ex-presidente junto à categoria. Até então, muitas patentes ganhavam X no final de carreira e se aposentavam recebendo acima de X na reserva, o que acabou não vingando mais para quem se retirasse após a medida. Com isso, com o passar do tempo, foram saindo da estatística, pelos óbitos, pessoas que tinham certa remuneração ao se aposentar e sendo substituídas por outras com uma aposentadoria menor.

para uma estimativa de 2,3% do PIB em 2021. Como nesse período de 26 anos a despesa exceto transferências a estados e municípios terá aumentado de 13,6% para 20,2% do PIB, pode-se alegar que há excesso de funcionários públicos, mas não é correto afirmar que foi essa rubrica a responsável pelo "inchaço" da despesa do governo depois da estabilização. As causas estão no INSS e nas demais despesas, como veremos nos próximos capítulos. É verdade, porém, que em uma época mais longínqua, na primeira metade dos anos 1990, o aumento da despesa com pessoal foi de fato enorme durante alguns anos, como veremos a seguir.

**Tabela 6.1 Gasto com pessoal Governo Central (% PIB)**

| Composição | 1991 | 1994 | 2002 | 2010 | 2018 | 2019 | 2020 | 2021 |
|---|---|---|---|---|---|---|---|---|
| Ativos | 2,66 | 2,82 | 2,51 | 2,39 | 2,48 | 2,29 | 2,35 | 2,30 |
| Inativos | 0,91 | 1,99 | 2,09 | 1,77 | 1,85 | 1,93 | 2,17 | 2,10 |
| Transf. para pgto. Pessoal/ Sent. Jud. | 0,23 | 0,33 | 0,23 | 0,17 | 0,0 | 0,09 | 0,08 | 0,09 |
| Total | 3,80 | 5,14 | 4,83 | 4,33 | 4,33 | 4,31 | 4,60 | 4,49 |

n.d. = Não disponível.
Fontes: Ministério de Planejamento (antigo), Secretaria de Política Econômica e Secretaria do Tesouro Nacional. Para 2020/2021, projeção do autor.

A Tabela 6.1 mostra em alguns dos anos o peso das transferências para pagamento de pessoal de estados em que parte da folha de pagamentos era de responsabilidade do Governo Federal. Isso ocorria por conta da legislação e dos acordos feitos no passado, particularmente por ocasião da transformação de alguns dos antigos territórios em estados. Em alguns anos, esse componente deixou temporariamente de ser individualizado nas estatísticas, incorporando-se às demais rubricas de despesa.

A Tabela 6.2 apresenta outra forma de expor a mesma realidade que a exibida na Tabela 6.1. Nela aparecem claramente:

- O fortíssimo crescimento da despesa com pessoal, especialmente por causa da folha de inativos, nos primeiros anos da década de 1990.
- A contenção da despesa com ativos observada nos anos do governo FHC.
- A continuidade da queda da relação Despesa com pessoal/PIB nos oito anos do governo Lula, apesar do crescimento importante do numerador da fração, devido à maior velocidade de expansão da economia.
- O crescimento modesto do item "pessoal" nos oito anos como um todo — ainda que, como já salientado, com duas fases bem diferentes entre si — dos governos Dilma e Temer, porém mantendo a importância relativa da rubrica, devido à baixa expansão média da economia.[5]
- A liderança dos inativos na composição do crescimento da rubrica em questão no período de três décadas como um todo.
- O crescimento da rubrica do total de gasto com pessoal, na média dos trinta anos considerados, a uma taxa maior que a do crescimento médio da economia.

**Tabela 6.2 Crescimento real de gasto com pessoal Governo Central, por período de governo (% a.a.)**

| Variável | 1991/94 | 1994/02 | 2002/10 | 2010/18 | 2018/2021 | 1991/2021 |
|---|---|---|---|---|---|---|
| Ativos | 5,4 | 0,9 | 3,4 | 1,1 | -2,5 | 1,7 |
| Inativos | 34,2 | 3,0 | 1,9 | 1,2 | 4,3 | 5,1 |
| Total | 14,0 | 1,7 | 2,7 | 0,6 | 1,3 | 2,8 |
| PIB | 3,4 | 2,4 | 4,0 | 0,6 | 0,0 | 2,2 |

Deflator: Deflator PIB.
Fontes: Ministério de Planejamento (antigo), Secretaria de Política Econômica e Secretaria do Tesouro Nacional. Para 2020/2021, projeção do autor.

---

5. No período 2010/2018, a taxa de crescimento do gasto total com pessoal da Tabela 6.2 é menor que a dos componentes da tabela — ativos e inativos — pelo fato de refletir a ausência, em 2018, na Tabela 6.1, da rubrica de transferência para pagamento de pessoal de estados/sentenças judiciais, que não aparece na decomposição com sua taxa específica de crescimento, justamente pelo fato de a rubrica não ter sido explicitada em alguns anos nas estatísticas oficiais do antigo Ministério de Planejamento.

## O GASTO COM INATIVOS

Katharina Viner, jornalista do *The Guardian*, declarou recentemente que, em tempos de *fake news*, "as opiniões estão substituindo os fatos". Neetznan Zimmerman, especialista em viralização, complementa dizendo que "hoje não importa se uma notícia é real. Os fatos são uma relíquia da mídia escrita".

É importante levar isso em conta quando se analisam os números que fazem parte deste capítulo. É possível que muitos leitores, presos a sua concepção prévia acerca dessas questões, julguem que sou um defensor dos funcionários públicos. Esse ponto, porém, não está em questão. Ulysses Guimarães dizia que, em política, era necessário se curvar diante de "Sua Excelência, o fato". Mal comparando, analogamente, como especialista em finanças públicas, sou obrigado a me curvar diante de "Sua Excelência, o dado".

Não estamos aqui, é bom frisar, discutindo se os funcionários públicos são ou não privilegiados. Não é intenção minha entrar no mérito disso neste capítulo. Além disso, tenho repetido em diversas instâncias que entre 2016 e 2019, especificamente, o aumento das despesas de pessoal foi, de fato, um problema para a sustentação do teto do gasto público. Estamos apenas discutindo números e tendências de longo prazo. Meu objetivo com isso é apenas, primeiro, mostrar ao leitor o que causou o aumento do gasto público federal no conjunto dos últimos trinta anos; e segundo, convencê-lo de que há como agir no sentido de promover um corte dessa despesa no futuro, mas que, sem atuar sobre as demais causas do aumento do gasto, esse efeito será limitado. Se a despesa com pessoal responde por 80% do gasto público, "cortar gasto" dificilmente deixaria de significar "cortar gasto com pessoal". Quando esse percentual é muito menor, o potencial de ganho fiscal de medidas pelo lado do funcionalismo é também limitado.

A Tabela 6.3 corrobora o que foi dito, mostrando os dados da decomposição da despesa com pessoal ativo no primeiro ano para o qual há uma ampla desagregação dos dados (1995) e a última informação desagregada disponível (2019).[6]

---

6. Nas tabelas 6.3 e 6.4, ao contrário de outras tabelas e gráficos do livro, que incluem uma projeção para 2021, optei por colocar apenas os dados da última informação, referente a 2019, pelo fato de ainda existirem diversas dúvidas acerca da composição final detalhada entre as rubricas específicas das tabelas nos anos de 2020 e 2021.

Mesmo com a qualificação acerca da existência de pequenas mudanças ocorridas no critério de apuração entre esses dois pontos, observa-se que todos os itens perderam peso em relação ao PIB — incluindo o total, que cai de 2,6% para 2,3% do PIB —, com exceção dos gastos com os funcionários ativos do Judiciário, que cresceram bastante em termos proporcionais. De qualquer forma, observe-se que, neste caso — que é aquele que, com o Legislativo, apresenta as maiores remunerações —, estamos falando de passar de um gasto de 0,3% para 0,4% do PIB. Voltamos ao ponto já ressaltado: é legítimo e necessário que se questionem os custos do Executivo, do Legislativo e do Judiciário, mas não foi isso que causou o grande salto da despesa total do governo entre os anos citados, como mostrado exaustivamente neste livro.[7]

Tabela 6.3 Composição gasto com pessoal ativo (% PIB)

| Composição | 1995 | 2019 |
|---|---|---|
| Civis Executivo | 1,68 | 1,40 |
| Civis Legislativo | 0,12 | 0,07 |
| Civis Judiciário | 0,28 | 0,41 |
| Militares | 0,55 | 0,41 |
| Total | 2,63 | 2,29 |

Fontes: Ministério de Planejamento (antigo), Secretaria de Política Econômica e Secretaria do Tesouro Nacional.

Já a Tabela 6.4 apresenta a mesma desagregação por categorias e também comparando 1995 com 2019, mas agora no caso dos inativos. O total destes passa de 2,1% para 1,9% do PIB entre 1995 e 2019, com a despesa com aposentadorias entre esses mesmos anos caindo de 1,5% para 1,3% do PIB e a de pensionistas permanecendo relativamente estável, em torno de 0,7% do PIB. No conjunto dos

---

7. Esta tabela, bem com a 6.4, envolveu aplicar a participação relativa de algumas estatísticas desagregadas publicadas pelo Governo Federal ao total da despesa com ativos por um lado e inativos por outro, divulgadas pelo governo com outros critérios. A partir de dados do total da despesa consistentes para ambas pontas da série (1995 e 2019) a desagregação pode estar sujeita a pequenas imperfeições, de qualquer forma da ordem de grandeza de 0,1% do PIB, ou seja, afetando apenas a segunda casa decimal. Em que pese esse risco, optou-se por apresentar as Tabelas 6.3 e 6.4 para mostrar a tendência observada para a evolução dos componentes entre meados da década de 1990 e fins da década de 2010.

inativos como um todo, os civis do Executivo perdem bastante espaço, de 1,4% para 1% do PIB, o Legislativo e o Judiciário somados aumentam de 0,1% para 0,2% do PIB, e os militares conservam seu peso de 0,7% do PIB.

Tabela 6.4 Composição gasto com pessoal inativo (% PIB)

| Composição | 1995 | 2019 |
|---|---|---|
| Aposentados | 1,46 | 1,27 |
| Civis Executivo | 0,98 | 0,71 |
| Civis Legislativo | 0,04 | 0,05 |
| Civis Judiciário | 0,07 | 0,13 |
| Militares | 0,37 | 0,38 |
| Pensionistas | 0,68 | 0,66 |
| Civis Executivo | 0,37 | 0,29 |
| Civis Legislativo | 0,01 | 0,01 |
| Civis Judiciário | 0,02 | 0,03 |
| Militares | 0,28 | 0,33 |
| Total | 2,14 | 1,93 |
| Civis Executivo | 1,35 | 1,00 |
| Civis Legislativo | 0,05 | 0,06 |
| Civis Judiciário | 0,09 | 0,16 |
| Militares | 0,65 | 0,71 |

Fontes: Ministério de Planejamento (antigo), Secretaria de Política Econômica e Secretaria do Tesouro Nacional.

Uma menção especial cabe para a questão da despesa com inativos militares. A passagem destes para a reserva se dá em idades inferiores em relação à média do funcionalismo, o que naturalmente tende a elevar esse tipo de despesa comparativamente à dos civis, em termos relativos. Há uma questão conceitual envolvida nessa discussão, porque, quando se conversa com militares — que são muito bem preparados, estudiosos e defendem seu ponto de vista com conhecimento de causa, por estarem a par dos dados e dos argumentos —, eles alegam que, formalmente, não são aposentados, e sim reservistas. A diferença é que, quando um servidor público se aposenta, ele encerra o vínculo com o órgão. Já o militar, teoricamente, pode ser convocado novamente a qualquer momento, se o interesse das Forças Armadas assim o demandar. O fato, porém, é que sabemos que são raros os casos de nova convocação de quem já passou para a reserva para servir na tropa, razão pela qual, na prática, a grande maioria que passa para essa categoria é composta de quadros que ficam mesmo aposentados. E isso se dá em uma idade muito precoce em relação às demais categorias do funcionalismo, com exceção dos professores do ensino fundamental — que também se aposentam antes, mas são pouco numerosos no âmbito específico do funcionalismo público federal.

A esse efeito se soma também a figura da aposentadoria das filhas pensionistas, privilégio mantido para as mulheres maiores de idade filhas de militares que, embora tenha acabado na reforma de FHC feita para quem ingressasse na carreira a partir de então, foi conservado para quem já estava na ativa. Tal fato explica o peso da rubrica de pensionistas dessa categoria na Tabela 6.4. Com isso, há uma desproporção de pensionistas militares, derivados da manutenção do benefício após o falecimento do titular, comparativamente ao peso das pensões das demais categorias.

Essas questões se traduzem em diferenças importantes entre os militares e os civis, quando se comparam os dados do Poder Executivo das Tabelas 6.3 e 6.4 na posição, por exemplo, de 2019. A despesa com inativos (1,00% do PIB), por exemplo, representou 42% da soma de ativos e inativos (2,40% do PIB) no caso dos servidores civis do Executivo, e nada menos que 63% no caso dos militares.[8] Isso significa que, para essa categoria, gastam-se R$173 por inativo para cada R$100 de gasto com ativos (0,71%/0,41%), mais do dobro que os R$71 com inativos para cada R$100 com ativos (1,%/1,4%) gasto com civis do mesmo Poder Executivo.

Esse desnível se explica pela soma dos dois componentes de despesa com inativos: aposentadorias e pensões. Para os servidores civis do Executivo, a relação

---

8. Ou seja, um coeficiente relativo 50% superior.

entre a despesa com aposentadorias (0,71% do PIB) e a soma total da despesa com ativos e inativos (2,40% do PIB) em 2019 foi de 30%, e alcançou 34% para os militares.[9] Já para o gasto com pensionistas, a relação entre essa despesa e o total do dispêndio com ativos e inativos em 2019 alcançou 12% para os servidores civis do Executivo e, devido à diferença de regras antes explicada, nada menos que 29% para os militares.

Algumas dessas questões referentes aos militares foram endereçadas, porém parcialmente, na reforma das regras para a categoria aprovada no ano de 2019. A idade de aposentadoria, em função do maior tempo de serviço a ser demandado, de fato deverá aumentar e, consequentemente, a despesa futura com inativos será menor. Por outro lado, os militares — fortemente representados no Gabinete no governo Bolsonaro — fizeram essa concessão em troca de aumentos relevantes para as remunerações da categoria na fase ativa. O argumento estaria baseado na deterioração da remuneração recebida pelos servidores nas Forças Armadas *vis-à-vis* outras categorias, com a ideia de que, no topo da carreira, um general de quatro estrelas teria uma aposentadoria muito menor que a de outros servidores "topados" em outras carreiras do Estado, como auditores da receita, advogados da AGU etc. A maior perda de peso relativo da despesa com militares ativos em 2019 em relação a 1995 na Tabela 6.3, comparativamente aos civis, sugere que esse argumento possa ter certa procedência, quando se analisam intervalos longos de tempo em que diversos planos de carreira do Executivo sofreram reestruturações importantes.[10]

---

9. Optou-se por não expor os detalhes da conta de cada um dos casos para não entediar o leitor. É possível, porém, a qualquer um conferir os cálculos, utilizando os dados de cada categoria das Tabelas 6.3 e 6.4.
10. Por conta desses aumentos para o pessoal militar da ativa definidos na reforma previdenciária de 2019, no período janeiro/julho de 2020, a despesa real com ativos do pessoal militar teve um aumento de 8% em relação ao mesmo período de 2019, em contraste com a queda de 3% da despesa real com o contingente de funcionários públicos federais civis, utilizando o IPCA como deflator.

# O FUTURO

Tempos atrás, no meio da convulsão política espanhola que acabou com o virtual bipartidarismo dominante do PSOE e do PP na política espanhola, o economista Jesús Fernández-Villaverde, após ouvir as ideias de um colega seu referente às propostas de reforma política no país, reagiu com uma provocação realista: "Basicamente, você está pedindo para muita gente cometer suicídio." Ele fazia menção, na prática, ao óbvio interesse dos membros da classe política em evitar a aprovação de regras que enviassem a maioria deles de volta para suas casas.

É bom levar em conta esse realismo quando se ouvem algumas ideias acerca do funcionalismo. Já cheguei a escutar a proposta de limitar os salários nominais do funcionalismo a um teto de R$10 mil por mês para atacar o problema do gasto público. Isso pode agradar a muitos, mas é impossível na vida prática. Primeiro, na ausência de mudanças legais/constitucionais, quem sofrer uma redução do salário nominal irá à Justiça e obterá ganho de causa, pois, a não ser que haja uma revolução, o sistema Judiciário protege, hoje, o indivíduo contra a redução nominal da remuneração, no âmbito da legislação aplicada ao setor público. E segundo, o leitor já pensou na qualidade dos servidores se, mesmo mantidos esses salários para os antigos, novos concursos fossem feitos sujeitos a esse teto? O que se pode aspirar de um policial federal que com trinta anos de serviço ganhe no máximo R$10 mil? Ou de um juiz de um tribunal superior? É de uma evidência cristalina que teríamos categorias-chave do funcionalismo — a força policial, a Justiça e o sistema prisional, por exemplo — sujeitas a um risco de escalada da corrupção. Pode haver corrupção mesmo com salários elevados? Sabemos que sim. Também é claro, porém, que se todos os salários forem achatados, as brechas para esse câncer se tornarão muito maiores. Propostas radicais desse tipo simplesmente não são realistas e nem fazem sentido.

Há que levar em conta, também, aquilo que já ocorreu em matéria de controles do gasto nos últimos vinte anos no decorrer de sucessivos governos, sem ter que ir ainda mais longe no tempo. Entre essas medidas destacam-se:

I)   A aprovação da figura do teto do funcionalismo, que remonta à década de 1990, algo que, ainda que muitos questionem o valor supostamente alto do teto, visou normatizar uma situação em que, na prática, até então, não havia qualquer limite.

II)  A taxação dos inativos a partir da reforma previdenciária do governo Lula, medida cujo rigor pode ser avaliado quando se leva em conta a hecatombe política que ocorreria se algo assim — uma taxa extra para as aposentadorias — fosse adotado para quem recebe benefícios do INSS, algo impensável no Brasil atual.

III) A aprovação do FUNPRESP no início da década de 2010, no governo Dilma, a partir da qual os novos ingressantes no serviço público, no caso dos civis, passaram a ter que contribuir para o fundo de pensão para valores de sua remuneração que excedam o teto do INSS, como ocorre nas empresas estatais com regime de contratação de mão de obra regido pela Consolidação das Leis do Trabalho (CLT).

IV)  O aumento da taxação sobre os inativos no governo Bolsonaro, chegando a mais de 20% na alíquota marginal superior, o que, é bom lembrar, se superpõe com a alíquota marginal para essa mesma faixa do Imposto de Renda, de 27,5%. Isso significa que, na prática, dada a sistemática de descontos do IR, de cada R$100 que um servidor público ganha de aumento na faixa superior de remuneração, mais de R$40 acabam de volta nas mãos da Receita, algo em geral desconsiderado nas análises sobre a questão.

Há, além disso, que esperar o tempo agir. Considerem-se alguns exemplos. O pagamento de pensões às filhas de militares, para citar um caso, deverá perder peso gradualmente com o passar dos anos, a medida que as beneficiárias atuais forem falecendo. Isso porque o mecanismo foi extinto para quem ingressasse no sistema a partir do final do segundo governo FHC. Também o FUNPRESP gerará o mesmo efeito com o passar das décadas, uma vez que os funcionários que sucederem quem hoje se aposenta afetando as contas do Tesouro passarem a fazê-lo no futuro recebendo a maior parte dos seus rendimentos do FUNPRESP — e não mais do Tesouro, que ficará limitado ao citado teto do INSS.

É natural, porém, que o leitor pense: "Ora, eu não quero esperar décadas." O que se pode fazer, então, a curto prazo, no decorrer dos próximos anos, realisticamente? Basicamente, cinco coisas, todas elas importantes:

I)  A regulamentação do teto — medida que talvez seja a mais importante de todas, especialmente sob a ótica da moralização e para conseguir a compreensão da população para outras medidas que impliquem sacrifícios de parcelas da população — para acabar com os chamados "penduricalhos". Estes permitem que, na prática, muitos funcionários da administração direta acabem recebendo no contracheque mensal valores muito superiores ao salário contratual, algo que, especialmente em diversos estados, alcança proporções chocantes, notadamente no âmbito dos Judiciários locais.

II)  Uma contenção nominal das remunerações, o que, com uma inflação mesmo que modesta, pode gerar uma erosão do salário real adicional durante um ou dois anos. Evidentemente, não é um mecanismo que possa ser repetido indefinidamente, mas por um curto período atenuaria os ganhos reais de várias categorias verificados na segunda metade da década de 2010.

III)  Avanços na direção da digitalização, que permitam que o serviço que hoje é feito por pessoas possa ser substituído parcialmente pela ação das máquinas, o que, em determinadas funções, é perfeitamente factível, ensejando perspectivas de desmobilização de várias equipes, sem exigência de substituição quando essas pessoas se aposentarem.

IV)  O entendimento com o Congresso Nacional e o Supremo Tribunal Federal acerca da possibilidade de redução da remuneração mensal em troca de diminuição do número de horas de trabalho. Essa é uma perspectiva que não necessariamente teria que gerar resistências enormes, podendo ser do interesse mútuo de empregado e empregador em muitos casos, sujeitos a acordos coletivos.[11]

V)  A aprovação de novos planos de carreira, com um menor salário de entrada para muitas categorias, algo a princípio abrangido pela proposta de reforma administrativa já em debate no país. Há muitos casos em que não há maiores problemas nem injustiças distributivas em ter salários elevados de final de carreira. Não faz sentido considerar, por exemplo, um "privilégio" que um juiz do STF possa ganhar perto de R$40 mil por mês. Qualquer bom advogado na metade da carreira de um escritório de advocacia de ponta do Rio de Janeiro, São Paulo ou Brasília pode ganhar acima disso, e todos

---

11. Imagine-se uma categoria onde todos são obrigados por lei a trabalhar 8 horas, com cada um tendo sua respectiva remuneração. Pode haver muitos casos individuais, porém, em que, por exemplo, um indivíduo julgue que pode ser um bom negócio trabalhar apenas 6 horas por dia — ou seja, 75% do tempo — ganhando, digamos, 80% do salário. O governo cortaria em 20% seu gasto com o indivíduo, e este teria mais tempo livre do seu dia, seja para ganhar um extra com outra atividade — podendo no final do mês dispor até de mais dinheiro que originalmente — ou para dedicar mais tempo à família ou ao lazer, dependendo do estágio da vida e dos interesses da pessoa

julgam isso como normal, porque, de fato, é a remuneração que o mercado paga. O que não faz sentido é que determinadas categorias tenham salários de entrada superiores a R$20 mil, como é o caso de algumas carreiras. Isso, de fato, é uma distorção que faz com que jovens no setor público de 25 ou 26 anos ganhem muito mais que no setor privado e introduz um viés de baixo incentivo ao progresso na carreira, uma vez que a ascensão posterior não permite ganhos significativos, devido à elevada relação Salário inicial/Teto da carreira. A solução é aprovar novos planos de cargos e salários para a administração pública que diminuam os salários iniciais e modifiquem a trajetória da curva de remuneração, além de ter mecanismos de promoção mais exigentes. Isso permitiria substituir gradualmente, na composição do corpo de carreira — na medida em que os atuais funcionários públicos se aposentem — pessoas com remunerações elevadas por outras com remunerações menores, diminuindo o custo da folha global do funcionalismo.

Com exceção das duas primeiras, difíceis, mas de impacto imediato e abrangente, as demais medidas teriam efeitos de médio e longo prazos, mas seriam relevantes para ir corrigindo gradualmente as distorções que afetam a despesa com funcionalismo. Isso possibilitaria uma redução gradual dessa despesa em relação ao PIB e abriria, potencialmente, espaço para outros gastos e/ou para uma redução do desequilíbrio fiscal.

A composição desses outros gastos, justamente, será o objeto dos próximos capítulos.

CAPÍTULO 7:

# O INSS

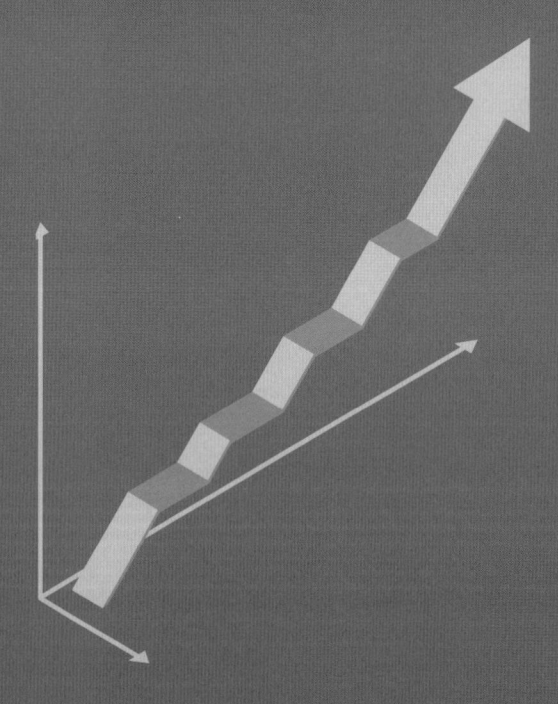

> *"No futuro, morreremos jovens. Aos 140 anos."*
> (Mónica Salomone, jornalista espanhola especializada em ciências)

O ENVELHECIMENTO DA POPULAÇÃO É UM FENÔMENO demográfico de alcance mundial.[1] Exatamente por isso, muitas nações entenderam que essa questão deveria ser objeto do que se chama de "políticas de Estado", em contraposição às chamadas "políticas de governo". Aquelas são políticas de interesse do país como um todo, em que as divergências partidárias devem ser deixadas de lado em função de um objetivo maior. Já as políticas de governo mudam ao sabor das circunstâncias do momento, dependendo de quem ocupar o Poder e de que inclinação as autoridades tiverem em favor de certas questões.

Políticas de Estado foram as que levaram a Espanha a cultivar certa tradição de "pactos", inaugurados na década de 1970 com os famosos Pactos de Moncloa, de cunho mais político em função da necessidade de reforçar a democracia que então dava seus primeiros passos. Essa tradição foi mantida e levou, muitos anos depois, ao denominado Pacto de Toledo, que sacramentou mudanças necessárias nas regras de aposentadoria, exatamente em função de fenômenos que já estavam

---
1. Ao leitor interessado nessas questões, recomenda-se o fascinante livro de Weeks (2012).

começando a ser percebidos — menor taxa de fecundidade e maior longevidade da população.

Em nosso país, nesse campo, durante muito tempo parecemos querer dar razão a Roberto Campos, que dizia que "a burrice no Brasil tem um passado glorioso e um futuro promissor". A necessidade de reformar a previdência já era clara para os principais especialistas no tema desde os anos 1990 e esteve por trás da tentativa do governo FHC de estabelecer um requisito de idade mínima para as aposentadorias, que acabou rejeitado pelo Congresso. Foi essa percepção generalizada da necessidade de uma reforma — percepção inicialmente restrita só aos especialistas e a algumas poucas lideranças políticas — que explica por que a reforma, que não foi possível aprovar no primeiro governo FHC, acabou sendo aceita como natural com o voto majoritário do Parlamento mais de vinte anos depois, na gestão Bolsonaro.

Em 2008, um de meus livros, organizado em conjunto com Octavio de Barros, tinha como epígrafe a sábia frase de Victor Hugo: "Nada é mais poderoso do que uma ideia cujo momento tenha chegado." O problema entre nós é outra frase digna de epígrafe, esta do genial Millôr Fernandes, que repetia que "quando uma ideologia fica bem velhinha, ela vem morar no Brasil".

Assim, o que deveria ser objeto de uma discussão realista e desapaixonada envolvendo números e projeções virou um cabo de guerra absurdo no contexto de uma polarização ideológica sem sentido. Esta me fez retornar aos anos 1980, quando o país ingressava na época da aceleração inflacionária e, ainda nos tempos da Guerra Fria, até as questões econômicas mais simples eram analisadas sob o prisma ideológico. Naqueles tempos, eu dava aulas, já tendo que enfrentar a "patrulha" dos alunos mais radicais, aos quais gostava de provocar, e quando se dizia que "o Brasil se rendeu à lógica econômica do FMI", eu complementava com a frase alternativa de que "o Brasil se rendeu à lógica econômica. Ponto".

Neste capítulo, mostraremos a característica universal do debate em questão, apresentaremos os grandes números sobre o tema, exporemos as razões que fizeram crescer a despesa previdenciária do país, faremos um diagnóstico do problema e sintetizaremos os principais pontos da reforma previdenciária de 2019.

## ⊜ UMA QUESTÃO UNIVERSAL[2]

Como se sabe, o gasto público federal sem considerar as transferências a estados e municípios pode ser decomposto em três grandes categorias: i) gastos com pessoal; ii) benefícios previdenciários do INSS; e iii) uma miríade de todo tipo de gastos englobados na rubrica geral de "outras despesas". No capítulo anterior, colocamos uma lupa no item "pessoal", desagregando-o entre ativos e inativos, militares e civis etc. Agora faremos um "raio X" similar com o Regime Geral da Previdência Social (RGPS), ou seja, com as despesas do INSS. Estas correspondem ao que se gasta com as aposentadorias, pensões por morte e outros benefícios — como o auxílio-doença —, que são pagos a antigos trabalhadores do setor privado. O regime dos funcionários públicos, em contraposição, é conhecido como Regime Próprio da Previdência Social, ou, no jargão, RPPS. Neste capítulo, nos demoraremos um pouco mais do que nos outros, o que é natural pela preeminência que a previdência foi assumindo como item do gasto na composição do total da despesa ao longo do tempo, em função das razões que serão explicadas nas próximas páginas.

Os sistemas previdenciários mundiais se defrontam há muito tempo com a necessidade de se adaptar a um mundo em permanente transformação demográfica. Em 2010, o percentual de pessoas idosas, entendidas aqui como o contingente de indivíduos com 65 anos de idade ou mais, tinha alcançado a proporção de 23% da população total no Japão, o país envelhecido por excelência em termos mundiais, pela combinação de desenvolvimento econômico e hábitos saudáveis de consumo. Na Alemanha, essa proporção, no mesmo ano, era de 21%. Na Grécia, mesmo com todos seus problemas econômicos, 18%. Em outra situação dessa realidade estatística, em outro estágio evolutivo de seu processo econômico, essa proporção, em todos os casos tomando como referência as estatísticas da Divisão de População das Nações Unidas, naquele mesmo ano foi de 5% do total na Índia, 6% na Indonésia, 7% no Brasil e 8% na China. O desafio, do ponto

---

2. Os números a serem citados nesta seção são extraídos do citado livro de Weeks (2012).

de vista fiscal, é que um dia, utilizando uma expressão já citada por outros, "o Japão vai ser aqui": corremos o risco de ter a demografia japonesa, sem o grau de desenvolvimento deles. Uma combinação indigesta.

Ao mesmo tempo, embora em geral as pessoas associem o "problema demográfico" à maior longevidade da população, há outro fenômeno que há muito vem afetando a dinâmica populacional na grande maioria dos países e se localiza no outro extremo etário da distribuição populacional, representado pelas crianças.[3] Referimo-nos à queda das taxas de fertilidade mundo afora. Define-se essa taxa como o coeficiente que resulta da divisão entre o número de nascimentos a cada ano e o número de mulheres em idade de reprodução, entendida como a faixa que vai dos 15 aos 44 anos de idade, ainda que excepcionalmente algumas gestações ocorram fora desses limites. Esse fenômeno também foi reduzindo a relação entre as pessoas em idade de trabalhar e a população idosa, uma vez que um menor número de nascimentos se transmite 15 ou 20 anos depois para a dinâmica da população adulta em idade de trabalhar. Na Europa, a taxa de fertilidade era de 2,7 em 1950/1955 e caiu para 1,5 no período 2010/2015.[4] Na América do Sul, nesse mesmo intervalo de tempo de 60 anos, a redução foi ainda maior, de 5,7 para 2. A tendência é a de que essas taxas tendam a convergir com o tempo. Mesmo na África, onde as precárias condições educacionais ainda geram um maior número de gestações por mulher, as taxas nesse período cederam de 6,6 para 3,9. No mundo, a queda foi de 4,9 para 2,5. O Brasil se inseriu nesse período nessa tendência, com uma taxa de fertilidade, em 2010, de 2,2, naquele ano, praticamente igual à dos EUA, de 2,1.[5]

---

3. Ao citar a expressão "problema demográfico", não posso deixar de me lembrar do saudoso Regis Bonelli, conhecido pelo seu humor refinado. Certa vez, após uma palestra do autor sobre estes temas, ele se aproximou e disse: "Fabio, gostei muito da sua palestra. Porém, se me permite um conselho, você deveria começar tuas palestras esclarecendo que viver mais é bom! É porque às vezes, quando vejo esses teus *slides*, eu fico na dúvida." Foi impossível não rir. É claro que, na essência, o fenômeno representado pela maior longevidade é muito positivo. Isso, porém, não impede que se deixe de reconhecer que o fato implica um desafio para a autoridade fiscal.
4. Convenciona-se que a divisão explicada é multiplicada por 1.000, na fórmula, para o número resultante não ser muito pequeno em termos absolutos.
5. A taxa é maior que a da América do Sul antes citada porque a do Brasil se refere a 2010, e a do continente, a 2010/2015, em um período em que essa queda vinha sendo muito intensa.

## ⊜ ALGUNS CONCEITOS

Por conta do que foi exposto, desde os anos 1980 e, com maior ênfase, a partir da década de 1990, nas reflexões comuns ao mundo como um todo, começou a se mencionar muito o conceito de "três pilares", em que o sistema previdenciário deveria se apoiar.[6] É importante aqui introduzir os conceitos de "repartição" e de "capitalização". O primeiro é o regime em que, basicamente, a geração que está na ativa financia com suas contribuições a que já se aposentou. O segundo é um sistema de contas individuais em que o que cada um recebe de aposentadoria é fruto da capitalização dos valores acumulados ao longo da vida ativa.

No sistema dos três pilares, o primeiro, considerado básico e universal, seria representado por um valor que o Estado asseguraria a todos os participantes do sistema. O segundo estaria associado a um pilar de capitalização obrigatório, até um determinado nível de remuneração. Finalmente, o terceiro pilar corresponderia à parcela que excedesse a faixa de contribuição obrigatória e seria representado pelas contribuições voluntárias. Há quem mencione também a ideia de uma espécie de "Pilar zero", por conta de um valor inferior ao do primeiro pilar, de natureza estritamente assistencial e para quem não participasse do sistema previdenciário e, portanto, não tivesse contribuído para sua sustentação.

Embora a ideia de que o valor que cada um recebe de aposentadoria deveria ser uma função única e exclusivamente de suas próprias contribuições seja tentadora, na prática, o sistema de capitalização "puro" é muito difícil de vingar. Ele poderia funcionar bem se vigorasse desde o começo do sistema. Na prática, de fato, historicamente, muitos regimes surgiram originalmente como sendo de capitalização. O problema é que, na realidade do dia a dia dos governos, os recursos começaram a ser acumulados, sem que fosse erguida uma *"chinese wall"* eficaz para proteger eles da ansiedade dos políticos e — por que não dizer? — também da própria sociedade.

---

6. Ver, por exemplo, Banco Mundial (2005).

Imagine o leitor o seguinte diálogo hipotético entre Getúlio Vargas, então presidente da República, e um assessor, a propósito dos recursos acumulados nas antigas "caixas de aposentadoria" que tinham surgido alguns anos antes, com um país inteiro a construir, no Brasil extremamente subdesenvolvido dos anos 1930:

— Me conta, tchê. Todo dia eu recebo aqui políticos reclamando mais verbas para isso ou aquilo, querendo que o governo faça estradas, ferrovias etc., e eu dizendo que não tem dinheiro, mas eis que fui informado que as tais caixas previdenciárias estão aí, acumulando fortunas. O que é isso? Como é possível?

— Dr. Getúlio, nesses recursos não podemos mexer: eles estão segregados, pois vão servir para pagar as futuras aposentadorias.

— Mas que aposentadorias, rapaz? Somos um país que quase não tem aposentados, comparativamente ao tamanho da população. De quem você está falando?

— Das pessoas que forem se aposentar no futuro, Dr. Getúlio.

— No futuro quando, ó guri?!

— Na década de 1970.

— Então tu queres me convencer que eu não posso usar o dinheiro que temos disponível em 1936, com todo mundo reclamando que quer recursos para gastar hoje, num país que não tem estradas, não tem aeroportos, não tem infraestrutura, porque o dinheiro tem que ser segregado para gastar com quem for se aposentar em 1970? É isso mesmo que tu queres me dizer? Ou será que entendi errado?

O leitor já sabe o fim da história... O dinheiro foi usado para outras coisas quando a *chinese wall*, se havia, foi derrubada a golpes de decretos. O problema é que, uma vez que foi cometido o "pecado original" do uso dos recursos para outros fins, sistemas originalmente de capitalização encontram dificuldades imensas para se reerguer. De uma forma ou de outra, os aposentados precisam ser pagos, e quando os recursos originais que deveriam ter sido guardados são gastos, isso é feito, então, mediante a contribuição de quem está na ativa. No caso brasileiro, se a partir de certo dia quem contribui para o INSS passasse a contribuir para um fundo de pensão ou para contas individuais, a Previdência Social, que já tem problemas dramáticos, teria um *deficit* ainda maior. Na prática, o que aconteceria é que os aposentados continuariam a ser pagos, e o *deficit* público consolidado — combinando Tesouro Nacional e INSS — explodiria. É essa a razão pela qual, sempre que o tema passa a ser objeto de debate, a ideia acaba não vingando e o sistema de repartição se mantém. E isso voltou a ocorrer, mesmo quando a reforma previdenciária foi finalmente aprovada, em 2019.

Vale registrar, de qualquer forma, que, na prática, o Brasil conta com elementos de capitalização importantes. Eles são representados pelos seguintes componentes:

I) As instituições que compõem as entidades de previdência fechada para participantes de certas categorias, como funcionários de quase todas as empresas estatais e de algumas empresas privadas grandes, que contam com seu respectivo fundo de pensão, como a Petros, na Petrobras, a Previ, no Banco do Brasil ou a Valia, na Vale.

II) Os mecanismos de poupança previdenciária como o VGBL ou PGBL, abertos para qualquer participante que, voluntariamente, estiver disposto a contribuir para acumular recursos para usufruir de uma renda complementar.

III) Na administração pública, para quem ingressou no sistema recentemente, o FUNPRESP, que operará como as instituições citadas em (i) , para aqueles que se aposentarem em um futuro mais distante, na administração direta, com vencimentos acima do teto do INSS.

Esses três itens — o terceiro apenas embrionário, por ser recente — compõem um sistema de aposentadoria complementar em bases de capitalização que, embora não alcance a dimensão e sofisticação observada em países avançados e com renda *per capita* muito maior, como os EUA ou alguns países da Europa, encontra-se entre os mais desenvolvidos no conjunto das economias emergentes, contando com um órgão supervisor importante — a PREVIC — e uma regulação que tem sofrido sucessivos aprimoramentos ao longo dos anos.

## UMA PREOCUPAÇÃO ANTIGA[7]

A Lei Orgânica da Previdência Social (LOPS) de 1960, precursora da atual legislação previdenciária, continha o art. 32, que dispunha que "a aposentadoria por

---
7. Sobre as origens do agravamento da despesa previdenciária no Brasil, ver Giambiagi e Além (1999).

tempo de serviço será concedida ao segurado que completar 30 anos e 35 anos de serviço, respectivamente com 80% do salário de benefício no primeiro caso e integralmente, no segundo. Em qualquer caso, exigir-se-á que o segurado tenha completado 55 anos de idade".

Mais ainda: a Lei Eloy Chaves, de 1923 (há quase um século!), que é a "mãe" original da Previdência Social brasileira, estabelecia em seu art. 12 que "a aposentadoria ordinária de que trata o artigo antecedente compete: a) completa, ao empregado ou operário que tenha prestado, pelo menos, 30 anos de serviço ou tenha 50 anos de idade".

Ressalte-se que a expectativa de vida de quem chegasse vivo aos 50 anos no Brasil em 1930 era, em média, de 68 anos para os homens e 70 para as mulheres, indicadores que viriam a aumentar para 72 e 74 anos, respectivamente, em 1970, o que justifica a mudança de parâmetro de referência de 50 para 55 anos como requisito mínimo de idade entre as referências citadas de 1923 e de 1960. Para que se tenha uma ideia, posteriormente, essa expectativa de vida aos 50 anos no Brasil, em 2018, já era de 78 anos para os homens e de 83 anos para as mulheres.

Quando o Brasil aprovou a Constituição de 1988, nela estabeleceu-se, no capítulo previdenciário, que as pessoas poderiam se aposentar pelo critério de idade aos 65 anos, no caso dos homens, e 60 anos, no das mulheres. Além disso, seria possível a aposentadoria por "tempo de serviço" — na revisão constitucional de 1998, critério alterado para "tempo de contribuição" — com 35 anos de esforço contributivo dos homens e 30 das mulheres, mas sem qualquer exigência de idade mínima. Isso significava que, no limite, uma pessoa do sexo feminino que começasse a contribuir como trabalhadora com carteira de trabalho ou como autônoma aos 16 anos de idade, poderia se aposentar aos 46 anos de idade. Exato: é isso! Ou seja, até 2019, quatro anos antes da idade mínima definida na lei... de 1923!

Resumindo, o Brasil discutia em 2019, quase cem anos depois da aprovação da Lei Eloy Chaves e quase sessenta anos depois da aprovação da LOPS, a adoção de uma idade mínima que, como conceito — ou seja, a ideia de que para se aposentar há que respeitar um requisito básico de idade — já tinha sido estabelecido na legislação brasileira um século antes![8]

Contemplando, a propósito, a repetição dos debates ao longo do tempo, no caso da educação — mas ressaltando aqui que a observação vale também para as questões envolvendo a Previdência Social —, a educadora Maria Helena Guimarães de Castro declarou certa vez, desconsolada, que "o Brasil é um país que debate muitas propostas, mas encontra poucas soluções".

Em 2019, no caso da Previdência, havia chegado a vez de encontrar a solução. Trataremos disso daqui a algumas seções. Primeiro entenderemos a evolução dos grandes números da Previdência, no caso do RGPS.

## OS GRANDES NÚMEROS

Vimos antes, na Tabela 5.1, a evolução dos grandes agregados da despesa do Governo Central, cujo total desde 1991 na evolução anual pode ser visto também no Gráfico 5.1. No Capítulo 6, vimos uma avaliação detalhada do que aconteceu com a despesa com pessoal, e no atual, estamos analisando o que houve com a do INSS. O comportamento desse item ano a ano, desde 1991, encontra-se visível no Gráfico 7.1, que indica que a despesa do INSS passou de 3,4% do PIB em 1991 para uma estimativa de 9,4% do PIB em 2021. Cabe registrar que, ao contrário do que ocorre com outros indicadores, neste é possível retroagir até os anos 1980, por haver estatísticas sobre o período. Nesse sentido, é útil enfatizar que essa despesa tinha sido de 2,5% do PIB em 1988, de acordo com os dados do antigo Ministério da Previdência Social. A informação é relevante, porque mostra que a importância da despesa em relação ao PIB quase quadruplicou em 30 anos, em uma fase da evolução do país na qual o envelhecimento demográfico da população mal havia começado, uma vez que será a partir da década atual que começará

---

8. Para uma primeira reflexão sobre as mudanças necessárias na Constituição no capítulo previdenciário, ver Giambiagi et al. (2004). Para os desdobramentos posteriores, ver as coletâneas organizadas por Caetano (2008) e, mais recentemente, por Tafner, Botelho e Erbisti (2015).

a se acentuar. O ano de 1988 é apresentado aqui por ter sido o ano de aprovação da — na época — "Nova Constituição".

O gráfico mostra um aumento praticamente contínuo da importância relativa da variável, interrompido apenas, breve e pontualmente, em curtos intervalos, quais sejam:

- 1994, 2007/2008 e 2010, devido ao forte crescimento do PIB naqueles anos, que reduziu o coeficiente Gasto/PIB da rubrica em questão.
- 1995, por causa da já mencionada revisão da série histórica do PIB.
- 2011, por conta de uma tecnicalidade, já que os benefícios naquele ano foram indexados em 6,5% em termos nominais, conforme a inflação de 2010, enquanto que a variação do deflator do PIB em 2011, que afetou o valor nominal do produto nesse ano, foi de 8,3%, acima da variação do INPC médio na comparação de 2011 com 2010, que foi de 6,6%.
- E provavelmente 2021, pela perspectiva de um crescimento algo mais forte do denominador da relação Gasto do INSS/PIB, após a superação da grande recessão de 2020.

No restante dos anos, como se pode ver claramente no gráfico, o crescimento da relação Despesa do INSS/PIB foi uma constante. Na década de 2010, apareceram nas estatísticas as despesas decorrentes de sentenças judiciais, que se tornaram não desprezíveis, em função de seu volume (Tabela 7.1).

## Gráfico 7.1 Gasto com INSS (% PIB)

Fonte: Ministério do Planejamento (antigo) e Secretaria do Tesouro Nacional. Para 2020/2021, projeção do autor.

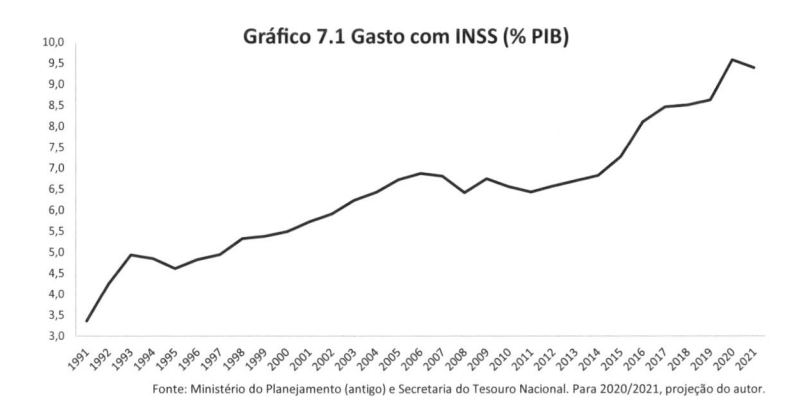

### Tabela 7.1 Gasto com INSS (% PIB)

| Composição | 2002 | 2010 | 2018 | 2019 | 2020 | 2021 |
|---|---|---|---|---|---|---|
| Sentenças judiciais | 0,0 | 0,19 | 0,22 | 0,25 | 0,26 | 0,26 |
| Gastos regulares | 5,91 | 6,37 | 8,29 | 8,38 | 9,32 | 9,13 |
| Total | 5,91 | 6,56 | 8,51 | 8,63 | 9,58 | 9,39 |

Fonte: Secretaria do Tesouro Nacional. Para 2020/2021, projeção do autor.

A Tabela 7.2 mostra que, em todos os períodos de governo considerados, o crescimento da despesa do INSS excedeu a expansão da economia, sendo que na média dos 30 anos considerados a taxa foi de mais de 2,5 vezes a taxa de crescimento do PIB. A média do período como um todo é parcialmente influenciada pelo número particularmente forte do começo dos anos 1990, afetado por um pagamento de atrasados definido na época e que se mostrou muito relevante no período. Entretanto, mesmo excluindo esses três anos iniciais, a taxa média de crescimento real da despesa do INSS entre 1994 e 2021 seria de 4,6% a.a., mais que o dobro da taxa média de crescimento do PIB nesses 27 anos, de 2,1% a.a. As razões estão ligadas aos fatores que serão expostos a seguir: i) as aposentadorias por tempo de contribuição; ii) o impacto do salário mínimo; iii) o diferencial de gênero em favor das mulheres; e iv) os benefícios rurais.

Tabela 7.2 Crescimento real de gasto com INSS por período de Governo (% a.a.)

| Variável | 1991/94 | 1994/02 | 2002/10 | 2010/18 | 2018/21 | 1991/21 |
|---|---|---|---|---|---|---|
| Gasto INSS | 16,5 | 4,9 | 5,4 | 3,9 | 3,3 | 5,7 |
| PIB | 3,4 | 2,4 | 4,0 | 0,6 | 0,0 | 2,2 |

Deflator: Deflator PIB.
Fontes: Ministério de Previdência Social (antigo) e Secretaria do Tesouro Nacional. Para 2020/2021, projeção do autor.

## AS APOSENTADORIAS POR TEMPO DE CONTRIBUIÇÃO

Entre as principais razões para o aumento da despesa do INSS ao longo do tempo nos últimos 30 anos, encontra-se a aposentadoria por tempo de contribuição (ATC). Em dezembro de 2019, as ATCs correspondiam a 22% do quantitativo de benefícios previdenciários do INSS e a 33% do valor das despesas com benefícios previdenciários do órgão, o que as torna a maior rubrica individual na composição do gasto (Tabela 7.3). E, o que é mais importante, tratam-se de benefícios que eram concedidos a idades muito precoces, comparativamente ao padrão mundial.

Essa informação deve ser completada com a da distribuição desses benefícios por faixa de valor. Ao contrário da aposentadoria por idade, concedida até a reforma da Previdência Social de 2019 aos 65 anos aos homens e aos 60 anos às mulheres — com redução de 5 anos no meio rural — e que em sua grande maioria — em torno de dois terços do quantitativo de novos benefícios — são concedidas a quem ganha salário mínimo (SM), no caso das aposentadorias por tempo de contribuição, quase 85% são para quem recebe valores acima de um SM.

**Tabela 7.3 Composição de despesa com benefícios previdenciários: dezembro 2019 (%)**

| Variável | Quantitativo | Valor |
|---|---|---|
| Aposentadorias | 70,0 | 72,2 |
| Idade | 37,0 | 28,3 |
| Tempo de contribuição | 21,6 | 33,4 |
| Invalidez | 11,4 | 10,5 |
| Pensões por morte | 26,0 | 24 |
| Auxílio-doença | 3,4 | 3,4 |
| Outros | 0,6 | 0,4 |
| **Total** | 100,0 | 100,0 |
| Urbanos | 68,3 | 78,7 |
| Rurais | 31,7 | 21,3 |

Fonte: Boletim Estatístico da Previdência Social.

## A QUESTÃO DO SALÁRIO MÍNIMO

No conjunto do total dos benefícios, 63% vão para quem ganha até um SM, o que corresponde a pouco mais de 40% do valor da despesa (Tabela 7.4).[9] Esta é uma informação importante, porque significa que 1% de aumento real do salário mínimo representa 0,41% de aumento da despesa do INSS, fato que se soma ao aumento físico dos benefícios. Isto é especialmente relevante quando se lembra a velocidade com que se aumenta o número de idosos no Brasil, o baixo crescimento da economia e o fato de que o INSS já representa um gasto de mais de 9% do PIB.

---

9. Há um pequeno contingente de benefícios inferiores a um SM, no caso das pensões de valor baixo que são compartilhadas por mais de uma pessoa.

**Tabela 7.4 Composição de despesa com benefícios do INSS por faixa de valor: dezembro 2019 (%)**

| Variável (em salários mínimos) | Quantitativo | Valor |
|---|---|---|
| Até 1 | 62,8 | 40,8 |
| +1 a 2 | 19,0 | 18,1 |
| +2 a 3 | 9,7 | 16,0 |
| + 3 a 6 | 8,5 | 25,0 |
| Acima de 6 | 0,0 | 0,1 |
| Total | 100,0 | 100,0 |

Fonte: Boletim Estatístico da Previdência Social.

Nas últimas duas décadas, aproximadamente, a variável representada pelo número de benefícios previdenciários expandiu-se a uma média de 3,1% a.a., como mostra a Tabela 7.5, acima da média de crescimento real da economia. O gasto, porém, cresceu a uma taxa consideravelmente maior, especialmente por conta dos incrementos reais do salário mínimo.

**Tabela 7.5 Taxa de variação do número de benefícios previdenciários emitidos: 2000/2019 — Posição em dezembro (% a.a.)**

| Variável | Taxa de variação anual |
|---|---|
| Aposentadorias | 3,4 |
| Idade | 3,7 |
| Tempo de contribuição | 3,6 |
| Invalidez | 2,2 |
| Pensões por morte | 2,3 |
| Auxílio-doença | 3,9 |
| Outros | 1,6 |
| Total | 3,1 |

Fonte: Boletim Estatístico da Previdência Social.

De fato, além das aposentadorias precoces associadas ao tempo de contribuição, sem exigência de idade mínima, a despesa do INSS foi muito pressionada pelo aumento real do salário mínimo ocorrido a partir de meados da década de 1990 (Gráfico 7.2).

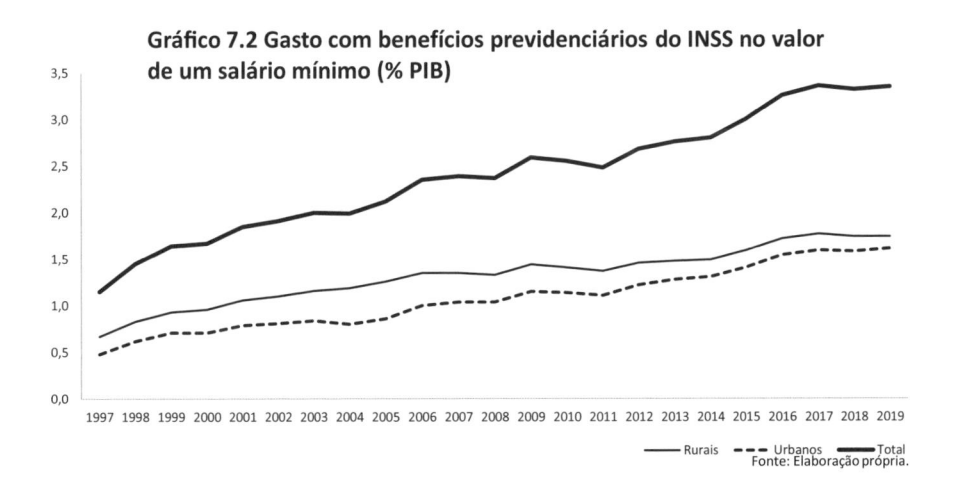

**Gráfico 7.2 Gasto com benefícios previdenciários do INSS no valor de um salário mínimo (% PIB)**

——— Rurais  --- Urbanos  ▬▬▬ Total
Fonte: Elaboração própria.

Tomando como base dezembro de 1994, o incremento real dessa variável até dezembro de 2019, utilizando como deflator o IPCA, foi de nada menos que 172%. Como esse indexador afeta dois terços dos benefícios, ele tem uma importância significativa para ditar a dinâmica da despesa. Esse aumento da variável se deu mediante o seguinte conjunto de práticas:

I) Aumento nominal da variável de R$70 para R$100 em maio de 1995 — 43% —, em uma época em que a inflação já havia diminuído muito, lembrando que a taxa de variação dos preços dos primeiros doze meses do Plano Real pelo INPC foi de 33% e que esse reajuste ocorreu em um intervalo menor, porque já havia sido concedido outro pequeno aumento nominal em setembro de 1994.[10]

---

10. Esse aumento de 1995 foi particularmente danoso para as finanças públicas por ter sido estendido para todos os benefícios, vínculo que foi rompido nos anos posteriores, quando o aumento concedido para o SM foi diferenciado em relação ao dos demais benefícios.

II) Aumentos reais menores episódicos no restante do governo FHC, em função da pressão política vigente a cada ano em favor da variável.

III) Política de aumentos reais do salário mínimo em função do crescimento do PIB defasado de dois anos, nos governos Lula e Dilma e mantida no governo Temer.[11]

Há que lembrar que o SM afeta também o Benefício de Prestação Continuada (BPC), de natureza assistencial, associado aos pagamentos da Lei Orgânica da Assistência Social (LOAS) e das Rendas Mensais Vitalícias (RMV). Essa despesa era ínfima em 1997 e tem sido da ordem de 0,8% a 0,9% do PIB nos últimos anos. Embora ela seja paga pelo Tesouro, é uma despesa que afeta o gasto público como um todo. Quando se computam os valores pagos de até um salário mínimo aos beneficiados rurais e urbanos do RGPS conjuntamente com os benefícios assistenciais do LOAS/RMV, a soma, que era de 1,4% do PIB em 1997, alcançou 4,2% do PIB em 2019, o que dá uma ideia do peso das políticas de redistribuição de renda na terceira idade. Para entender a importância relativa desses números, basta dizer que, em 2019, toda a despesa com o Bolsa Família foi de 0,5% do PIB, e todos os investimentos do Governo Federal foram de 0,8% do PIB. Ou seja, só a variação — o "delta" — de 2,8% do PIB da despesa com benefícios de até 1 SM entre 1997 e 2019 foi mais de duas vezes superior à soma daquelas duas variáveis — Bolsa Família e todo o investimento público federal — em 2019.

## O DIFERENCIAL DE GÊNERO

Conjuntamente com o efeito geral das aposentadorias por tempo de contribuição e do salário mínimo, tivemos no Brasil o impacto do diferencial por gênero (ver Gráfico 7.3). Aqui há duas questões importantes a considerar.

---

11. Neste caso, porém, isso foi irrelevante devido ao crescimento negativo do PIB em 2015 e 2016. Cabe ressaltar que a vinculação com o PIB ficou condicionada, na prática, a que este tivesse uma taxa de crescimento positiva, não havendo diminuição real do SM quando o PIB tivesse uma redução.

**Gráfico 7.3 Contingente de mulheres aposentadas por tempo de contribuição (milhares de benefícios)**

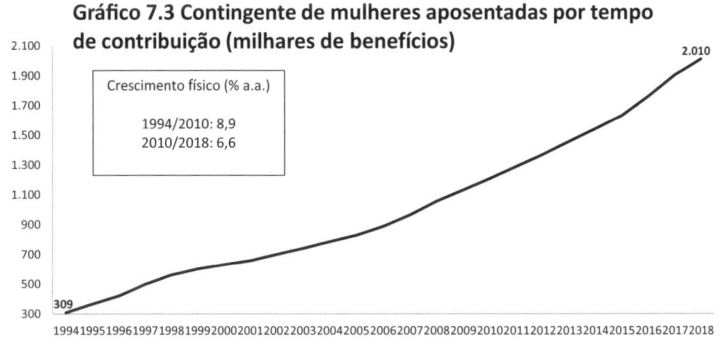

Crescimento físico (% a.a.)
1994/2010: 8,9
2010/2018: 6,6

Fonte: Anuário Estatístico da Previdência Social.

O primeiro é a especificidade brasileira. Outros países, de fato, tinham regras diferenciadas para as mulheres, ainda que em muitos casos, com o passar das décadas, estejam sendo deixadas de lado em favor de uma equiparação de regras entre gêneros. O que conferiu singularidade ao caso brasileiro foi a combinação da diferença entre gêneros com a possibilidade de aposentadoria precoce por tempo de contribuição, sem exigência de idade mínima. Ou seja, em muitos países, a regra de aposentadoria na década de 1980, por exemplo, era similar à brasileira: 65 anos para os homens e 60 anos para as mulheres, o que significa que estas se aposentavam à referida idade. No Brasil, porém, o diferencial de 5 anos a menos vale também para as aposentadorias por tempo de contribuição, regra que permitia que os próprios homens que até 2019 preenchessem os requisitos se aposentassem muito cedo. Com isso, a aposentadoria feminina por tempo de contribuição passou a se dar a idades particularmente precoces em relação ao padrão mundial.

O segundo fator a se considerar é a mudança do mercado de trabalho, este um fenômeno de alcance universal. Com a maior presença das mulheres no mercado, a proporção de idosas aposentadas em relação ao total de mulheres idosas aumentou muito, comparativamente a essa mesma proporção observada no passado. Assim, a taxa de variação das mulheres aposentadas teve um crescimento muito maior que a taxa de variação das mulheres idosas, já *per se* elevada devido à maior longevidade. O resultado foi a explosão das aposentadorias femininas, algo relativamente moderno no Brasil, historicamente falando.

O contingente de mulheres aposentadas por tempo de contribuição passou de pouco mais de 300 mil em 1994, por ocasião da estabilização, para mais de 2 milhões em 2018, última informação disponível do Anuário Estatístico da Previdência Social. A taxa de crescimento físico desse número de benefícios foi de impressionantes 8,9% a.a. entre 1994 e 2010 e, ainda, de 6,6% a.a. entre 2010 e 2018. Assumindo, por hipótese, uma expansão anual de 5% depois de 2018 e já considerando uma diminuição da velocidade de expansão recente devido à reforma da Previdência, em 2021 teremos um total de 2,3 milhões de mulheres aposentadas por tempo de contribuição — quase 8 vezes o número de 1994. Nesses 27 anos, a população brasileira total terá aumentado apenas 34%. É evidente que essa conta não pode fechar no longo prazo.

## OS BENEFÍCIOS RURAIS

Além das aposentadorias por tempo de contribuição, do efeito do salário mínimo e do diferencial de gênero, a outra grande causa de pressão sobre as despesas previdenciárias é a regra diferenciada de concessão do benefício a quem se aposenta no meio rural (Gráfico 7.4). O número de aposentadorias concedidas por tempo de contribuição nesse meio é ínfimo, de modo que as aposentadorias são praticamente todas por idade e por invalidez. Naturalmente, há outros benefícios que não as aposentadorias, com destaque para o número de pensões.

**Gráfico 7.4 Contingente de benefícios rurais (milhões)**

Fonte: Anuário Estatístico da Previdência Social.

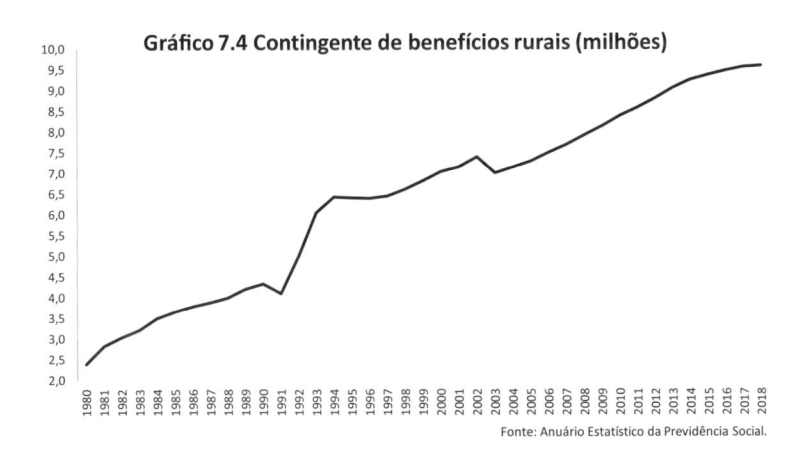

Há uma conta trivial que ajuda a entender o que aconteceu. Considere-se o número de aposentados rurais por idade, especificamente. O contingente era de 1,9 milhão de benefícios em 1991. Três anos depois, tinha passado para 3,8 milhões, com um impressionante incremento físico anual de 25,8% a.a. no triênio.[12] Ou seja, dobrou em três anos. Esse efeito se somou ao fato de que a Constituição dobrou o piso pago aos beneficiários rurais, de meio para um salário mínimo. Finalmente, a partir de 1994, em poucos anos o salário mínimo dobrou seu poder aquisitivo — que depois continuou aumentando, como já vimos.

O gasto com os benefícios rurais, por envolver um valor modesto e ser pago a um número ainda não tão elevado de pessoas até 1988, não pesava tanto em relação ao PIB. A conta é simples, porém: dobrar o valor do piso expresso em salários mínimos de uma referência — o próprio salário mínimo — que também dobrou em termos reais, para o dobro do número de beneficiários, significou multiplicar o valor real inicial dessa despesa por um fator igual a 2 elevado ao cubo, ou seja, por 8. Um número pode não ser muito relevante, mas quando é multiplicado por 8, se torna, por definição, algo mais importante a considerar…

---

12. Embora a Constituição tenha sido promulgada em 1988, a regulamentação do capítulo previdenciário só ocorreu em 1991, o que postergou o início dos maiores impactos de sua vigência em termos de gasto. O número citado do contingente de aposentados por idade é inferior ao do Gráfico 7.4 porque este inclui todos os benefícios rurais, e não apenas as aposentadorias por idade.

No debate sobre a Previdência, há quem questione a natureza desse tipo de benefício, não no sentido de propor sua extinção, e sim pelo fato de ele ser considerado previdenciário e não assistencial. Cabem aqui duas observações. A primeira é que, seja o benefício assistencial ou previdenciário, o impacto em reais é o mesmo. E a segunda é que, embora do ponto de vista econômico não restem dúvidas de que o benefício rural é basicamente assistencial — uma vez que a contribuição feita na ativa cobre apenas uma pequena parte do valor presente dos benefícios recebidos a partir da passagem para a inatividade —, o mesmo consenso não é válido do ponto de vista jurídico. Isso porque muitos consideram que, embora a contribuição seja modesta em face do benefício, ela existe, o que justificaria o caráter previdenciário da despesa, haja vista que esta se trataria de uma contrapartida das contribuições feitas. É diferente, do ponto de vista jurídico, da natureza de um benefício assistencial, que dispensa a necessidade de contribuição prévia para que seja recebido por uma pessoa.

À luz da quantidade de indivíduos que recebe esse tipo de benefício, alcançando um número da ordem de grandeza de 10 milhões de benefícios, é evidente que se trata de um dos aspectos mais importantes do sistema previdenciário do país.[13]

## O DIAGNÓSTICO

Da observação dos fatos expostos nas seções anteriores, com o passar do tempo foi decantando um diagnóstico muito claro acerca do que era necessário fazer em matéria previdenciária. Os problemas são facilmente identificados por meio de uma consulta à Tabela 7.6, com dados referentes a 2018.

---

13. O número de benefícios é maior que o número de indivíduos pelo fato de muitos destes receberem, legal e legitimamente, mais de um benefício. É o caso típico de quem, por exemplo, tem a sua própria aposentadoria e, além disso, recebe a pensão do cônjuge falecido.

## Tabela 7.6 Idade média na concessão de benefícios do RGPS (anos)

| Grupo | Urbanos | | | Rurais | | | Total | | |
|---|---|---|---|---|---|---|---|---|---|
| | Homens | Mulheres | Total | Homens | Mulheres | Total | Homens | Mulheres | Total |
| Idade | 66 | 62 | 63 | 61 | 57 | (58) | 63 | 59 | 61 |
| TC | 55 | 53 | (54) | 55 | 52 | 55 | 55 | 53 | 54 |
| Idade e TC | 59 | 58 | 59 | 61 | 57 | 58 | 60 | 58 | 59 |

TC = Tempo de contribuição.
Fonte: Boletim Estatístico da Previdência Social.

A tabela mostra claramente os problemas de nosso sistema, antes expostos:

I) A aposentadoria por tempo de contribuição, não afetada ainda pela reforma, se dava a idades muito precoces: em média, aos 54 anos.

II) As mulheres, em média, se aposentavam muito cedo, aos 58 anos na média de aposentadorias por idade e tempo de contribuição, sendo que, no caso deste regime, especificamente, isso ocorria aos 53 anos.

III) As aposentadorias rurais se davam — e isso continuará ocorrendo, porque não mudou com a reforma — aos 58 anos de idade.

## Tabela 7.7 Distribuição das novas aposentadorias por tempo de contribuição: 2019 (%)

| Idade (anos) | Homens | Mulheres | Total |
|---|---|---|---|
| Até 50 | 15,1 | 27,9 | 20,3 |
| 51 a 55 | 34,3 | 47,0 | 39,4 |
| 56 a 60 | 36,8 | 23,2 | 31,3 |
| Acima 60 | 13,8 | 1,9 | 9,0 |
| Total | 100,0 | 100,0 | 100,0 |

Fonte: Boletim Estatístico da Previdência Social.

No caso das aposentadorias por tempo de contribuição, a informação é complementada pelos dados da Tabela 7.7, que mostra que, em 2019, nada menos que quase 50% das novas aposentadorias — ou seja, o fluxo de novas concessões — dos homens ocorreram até os 55 anos de idade, e que no caso das mulheres, essa proporção alcançou nada menos que 75%, sendo em torno de 60% na média de ambos os gêneros.

A prescrição, portanto, era clara e implicava dilatar o período de permanência no mercado de trabalho de quem se aposentaria muito cedo, diminuindo, consequentemente, a duração do benefício. Foi esse o diagnóstico que levou à proposta de reforma apresentada pelo governo Temer em dezembro de 2016, que, porém, não foi adiante, devido aos problemas de sustentação política do governo em 2017 e 2018. O terreno, de qualquer forma, ficou preparado para que uma proposta de reforma finalmente vingasse em 2019, como de fato ocorreu.[14]

## A REFORMA DE 2019[15]

No começo de 2019, o presidente Jair Bolsonaro encaminhou ao Congresso um conjunto de medidas, por meio de uma Proposta de Emenda Constitucional (PEC), que alterava de forma significativa as regras de concessão de benefícios. As mudanças propostas mais importantes foram as seguintes:

- Aumento do período de contribuição de quem se aposenta por tempo de contribuição, mediante a definição, fundamentalmente, de três possibilidades de aposentadoria: uma sujeita a uma idade mínima crescente; outra a uma soma de pontos (idade + tempo de contribuição) também crescente no tempo; e uma terceira implicando adicionar 100% do tempo remanescente para a aposentadoria conforme a regra original, podendo o indivíduo escolher a que lhe resultar mais favorável.

---

14. Ver o livro que se pode denominar de "definitivo" sobre a questão previdenciária no Brasil, organizado por Tafner e Nery (2019). Ele é muito importante para entender plenamente o contexto do debate em 2017/2018 e a base da proposta de reforma que acabou sendo aprovada em 2019.
15. Esta seção transcreve parcialmente *ipsis litteris* algumas partes, com pequenos retoques, de uma seção sobre o mesmo tema, de autoria do próprio autor, em coautoria. Ver nesse sentido, o final do Capítulo 2 de Nese e Giambiagi (2019). Para uma avaliação e quantificação dos efeitos da reforma proposta, ver IFI (2019).

- Elevação em dois anos da idade exigida para a aposentadoria das mulheres, restrita ao meio urbano.
- Aumento de quinze para vinte anos do tempo mínimo de contribuição para quem se aposenta por idade, no caso dos homens.
- Limitação do valor do pagamento das pensões futuras a uma fração do benefício original, combinada com um adicional em função do número de dependentes, até o limite de 100% do benefício original.
- Limitação da acumulação de benefícios, com vedações que restringem as possibilidades de acumulação de valores de aposentadoria e de pensões.
- Redefinição das alíquotas cobradas no RGPS e no RPPS federal, com adoção de um sistema progressivo para a variável, até alíquotas marginais significativamente altas (sendo de 22% para a faixa superior) no RPPS.

É importante destacar que as medidas não valeriam para estados e municípios, que passaram a ter que aprovar seus respectivos regimes nos Legislativos das esferas subnacionais. Ademais, foi aprovada uma reforma específica para o regime dos militares.

O impacto global da reforma, resultante da comparação de quanto o governo estimava que se gastaria em um cenário sem reforma previdenciária com o que ocorreria se a reforma fosse aprovada, era da ordem de R$1,2 trilhão em valores de 2019, no acumulado de dez anos — 2020/2029 — na proposta original, caindo para valores da ordem de grandeza de R$1 trilhão na proposta final aprovada pelo Congresso.

Os ganhos fiscais principais da reforma provirão:

- Da maior permanência no mercado, como contribuintes para o sistema, daqueles que terão que trabalhar mais tempo para se aposentar no RGPS por tempo de contribuição.
- Em menor medida, da redução das futuras pensões por morte.
- Da maior exigência de idade para a aposentadoria por idade das mulheres, que passa de 60 para 62 anos no meio urbano.
- Do aumento da idade mínima para os futuros aposentados por tempo de contribuição no RPPS federal.

É importante, porém, enfatizar que alguns parâmetros muito importantes não foram alterados na reforma. Entre eles, destacam-se:

a) Para quem se aposenta no meio rural, as exigências de tempo de contribuição (15 anos) e idade (60 anos para os homens e 65 para as mulheres) não sofreram qualquer modificação.

b) Os homens que se aposentam por idade no meio urbano continuarão com a mesma regra de aposentadoria de 65 anos, ainda que aumentando a exigência de 15 para 20 anos de contribuição.

c) A ideia da proposta original de estabelecer um "gatilho" que aumentasse automaticamente as idades mínimas, em função do envelhecimento da população, acabou não sendo aprovada, o que assegura o futuro "envelhecimento" dos novos parâmetros, se a demografia continuar modificando a longevidade da sociedade.

d) No caso dos benefícios assistenciais do LOAS, eles continuarão a ser outorgados aos 65 anos de idade para ambos os sexos.

Cabe chamar a atenção, além disso, para o fato de que a regra de transição aprovada foi muito branda para aqueles que no momento da reforma estavam muito perto da aposentadoria, para os quais o *plus* do período contributivo será ainda modesto, o que explica a continuidade do crescimento real da despesa previdenciária em 2020 e 2021.

Como corolário desse conjunto de fatos, a despesa do INSS continuará aumentando, não só no atual governo, como também no restante da década de 2020, ainda que a um ritmo inferior, obviamente, em relação ao cenário que se verificaria na ausência de qualquer reforma. Isso, no contexto da vigência de um teto global para o gasto público real, encerra desafios de gestão relevantes para os administradores públicos.

A combinação de uma reforma que, embora tenha sido a mais importante aprovada para a Previdência desde a estabilização de 1994, não dará conta plenamente dos desafios fiscais de longo prazo devido às razões explicadas, com as restrições fiscais associadas à vigência de um teto para a despesa pública, tende a gerar um novo "encontro marcado" com uma nova reforma, em algum momento futuro.[16] O desgaste trazido pela discussão exaustiva do tema; a compreensível "fadiga" do público para tratar do assunto, tema dominante do debate público desde quando começou o governo Temer, durante três anos e meio; a dimensão da mudança aprovada para evitar um quadro dramático na primeira metade da década atual; e a resistência muito provável de quem estiver no comando do país em 2023 a encarar uma reforma, após o investimento de capital político incorrido pelos governos Temer — em que pese a reforma não ter sido aprovada — e Bolsonaro, permitem supor que dificilmente o tema voltará à baila antes de meados da década de 2020. É possível, porém, especular que, após alguns anos, já decantadas as emoções das discussões travadas em 2019, a ideia de uma nova reforma talvez reingresse no debate na altura de 2025/2026, com vistas a uma possível proposta apresentada pelo presidente da República a ser empossado em janeiro de 2027. Antes disso, dificilmente o tema estará na agenda dos governantes.

Quando ele voltar, os assuntos que provavelmente concentrarão as atenções na ocasião serão os seguintes:

I) A necessidade, olhando para as condições demográficas já em perspectiva para a década de 2030, de aumentar a idade de aposentadoria por idade, hoje de 65 anos para os homens.

II) Uma maior convergência das regras para a aposentadoria por gênero, uma vez que a sociedade tiver absorvido com naturalidade a aproximação para três anos entre os requisitos para homens e mulheres, que já estará em curso no contexto da reforma vigente;

III) a aproximação — talvez para algo entre dois e três anos — entre as idades exigidas para a aposentadoria no meio rural *vis-à-vis* aquelas exigidas no meio urbano; e

IV) o aumento da idade de concessão do benefício do LOAS para 67 ou 68 anos, com uma transição de quatro a cinco anos.

Aguardemos 2027, então.

---

16. Tal necessidade foi acentuada pela intensidade da crise de 2020, com seus efeitos sobre a arrecadação, aumentando o *deficit* público e desfazendo parte do ganho pretendido com a reforma previdenciária em termos da dívida pública esperada — expressa como proporção do PIB — dez ou vinte anos à frente.

CAPÍTULO 8:

# AS OUTRAS DESPESAS: O COMPORTAMENTO AGREGADO

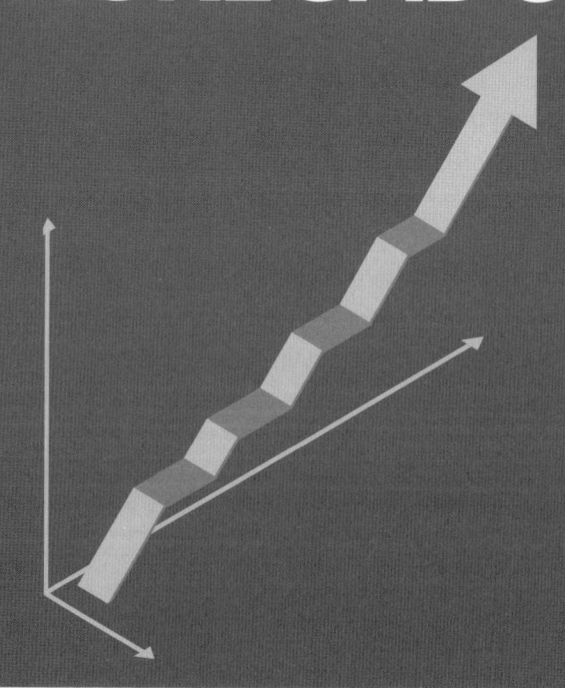

*"A política da conciliação é um relaxamento da tensão entre a vida como deve ser e a vida como ela é."*

(James David Barber, cientista político norte-americano)

**J**Á SE DISSE DE MUITAS FORMAS QUE TODOS SÃO A FAVOR de cortes de despesas no agregado, mas não de gastos que beneficiem certas categorias em particular. Governos tendem a tentar vencer eleições, em uma democracia, procurando maximizar o retorno eleitoral do gasto público. Cada país se amolda a essa realidade, em que se tentam combinar os interesses partidários em uma democracia com os *constraints* impostos pela macroeconomia das mais diversas formas.

Carlos Pagni, jornalista argentino, escreveu certa vez que "o peronismo tem sérias dificuldades para viver fora do Estado". Os mexicanos dizem que *"vivir fuera del Presupuesto es un error"* ("viver fora do Orçamento é um erro"). Aqui no Brasil, o ex-senador Ney Suassuna, opinando com graça sobre o famoso "poder da caneta", dizia que "governo é como cobra: até morta mete medo".

O fato é que o gasto público acaba funcionando como um elemento de distensão das pressões políticas, quando a realidade econômica assim o permite. Para qualquer fim, porém, seja para gastar mais ou para cortar o gasto, ter um "raio X" da situação fiscal é fundamental.

Em 1997, o *superavit* primário do Governo Central, que fora de 0,3% do PIB em 1996, se converteu em um *deficit* da mesma magnitude no ano seguinte, implicando uma piora fiscal de 0,6% do PIB, algo ruim em uma realidade fiscal que já havia deixado a desejar no ano anterior. Para isso contribuiu o aumento do gasto primário sem transferências a estados e municípios, de 13,3% do PIB em 1996 para 14% do PIB em 1997.

Quando se desagrega esse dado entre seus três grandes componentes, nota-se que o gasto com pessoal cedeu bastante naquele ano de 1997, caindo de 4,8% para 4,2% do PIB, e que a despesa do INSS aumentou, mas apenas de 4,8% para 4,9% do PIB. O grande "vilão" da história, porém, naquele ano, foi representado pelas "outras despesas de custeio e capital" (OCC), que passaram de 3,6% para 4,8% do PIB.

Aquele foi um ano complicado, nas estatísticas oficiais, porque representou a transição entre formas de classificação contábil na metodologia de apuração do resultado primário do Governo Central. Esta, até 1996, era feita na alçada da Secretaria de Política Econômica (SPE) e a partir de então foi assumida pela Secretaria do Tesouro Nacional (STN). De qualquer forma, dispondo das estatísticas que eram apuradas pela SPE desde 1991, é possível fazer um encadeamento da série da SPE 1991/1996 com a da STN de 1997 em diante, que é justamente o que é feito no presente livro. Isso gera alguns pequenos problemas comparativos de metodologia, mas uma olhada nos dados de 1996 e de 1997 das principais variáveis indica que estamos falando de universos parecidos entre si, como sugerem aqueles números antes citados referentes ao total, às despesas de pessoal e ao INSS.[1]

---

1. A queda relativa da despesa com pessoal em 1997 pode chamar a atenção, mas se explica por ter sido um ano em que o gasto nominal com pessoal não aumentou, combinado com uma inflação que, pelo deflator do PIB, chegou a quase 8% e com um crescimento do PIB de 3,4%.

No caso das despesas de OCC, porém, o "apagão" estatístico anterior a 1997 é total. A série no site da STN começa naquele ano, e antes havia apenas séries esparsas para poucos dos componentes dessa rubrica. Só com o passar dos anos sua composição se tornou mais conhecida, com critérios posteriormente mantidos ao longo do tempo.

O fato é que entre 1996 e 1997, quando se olha para esse grande agregado, a despesa real da rubrica de OCC cresceu nada menos que 37%, sem que se disponha de uma explicação clara acerca de como se deu essa decomposição.

Este capítulo começa a esmiuçar para o leitor o terceiro componente do gasto ao qual antes nos referimos: depois de ter analisado o que aconteceu ao longo do tempo com as despesas de pessoal e do INSS, agora nos deteremos nas "outras despesas" como um todo. Nos próximos capítulos, colocaremos *zooms* sucessivos sobre essa composição das outras despesas.

Aqui, por enquanto, enfatizaremos a inequívoca melhoria ocorrida na qualidade das estatísticas fiscais do país nos últimos 20 a vinte e 25 anos, exibiremos os grandes números dessa despesa, chamaremos a atenção para a excepcionalidade dos números previstos para 2020 e mostraremos a variabilidade e os grandes grupos em que se divide o conjunto de rubricas das quais trata este capítulo.

## ⊜ UMA DISTINÇÃO IMPORTANTE

É compreensível que o cidadão comum julgue que, se há denúncias de corrupção envolvendo a utilização do gasto público, este seja marcado pela opacidade. Há duas questões a destacar aqui, sem querer negar, obviamente, o mal da corrupção ou a importância de que esta seja combatida com rigor.

A primeira coisa a destacar é a dimensão relativa das questões. "Corrupção", em geral, está associada a obras públicas. Se o gasto federal é da ordem de grandeza de 20% do PIB e o investimento federal da ordem de grandeza de 1%

do PIB, mesmo que arbitrariamente supuséssemos a hipótese de que haja um sobrepreço de 25% nas obras, ou seja, que sem corrupção o investimento fosse de 0,7% a 0,8% do PIB, estaríamos falando de um desvio de recursos de 0,2% a 0,3% do PIB, ou seja, entre 1% e 2% do gasto, aproximadamente. É importante denunciar o que acontece de errado com 1% ou 2% da despesa, mas não podemos deixar de prestar atenção aos demais 98% ou 99%. Caso contrário, estaríamos fazendo como os condôminos que suspeitam que em uma conta mensal hipotética de R$2 mil a administração está onerando a conta em R$20 por mês e "botando a mão no dinheiro". Isso sem perceber que o condomínio de R$1.800 não paga as contas das demais despesas mensais — tirando os R$20 citados — de R$1.980, rateadas por cada apartamento, nas quais ninguém está prestando atenção e onde não há roubo algum, mas apenas problemas de má gestão e de receita condominial insuficiente.

O segundo ponto a destacar é que uma coisa é haver denúncias de corrupção, e outra, muito diferente, é não saber onde os recursos estão sendo gastos. A indignação com o desvio de verbas para bolsos particulares, nunca é demais enfatizar, é correta e saudável, mas ela não pode obstaculizar a compreensão de que isso não quer dizer que não se saiba qual é a alocação do gasto entre as maiores rubricas. O Brasil, infelizmente, não conseguiu, depois da redemocratização, debelar o câncer da corrupção, mas foi capaz, sim, de estabelecer um excelente conjunto de estatísticas fiscais. Não há como saber, sem uma ação precisa, coordenada e eficaz dos órgãos de controle, se uma obra que saiu por R$80 milhões poderia ter sido feita por R$72 milhões ou por R$75 milhões. É muito importante para o país, porém, ter uma ideia razoavelmente precisa de onde são alocadas, todos os anos, as despesas totais da ordem de grandeza de R$1,5 trilhão, como as atuais. E isso o país conseguiu fazer a contento.

Houve, nos últimos 20 a 25 anos, um enorme aprimoramento das estatísticas fiscais, com um conhecimento preciso cada vez mais detalhado da composição das principais rubricas de dispêndio.

O que foi dito sobre a situação vigente com as "outras despesas" em 1997 equivale a que um avião em pleno voo tenha a percepção de que há um objeto se aproximando, mas sem ter a menor ideia de se corresponde a um pássaro ou a outro avião. É como voar sem instrumentos. Hoje, a situação que o país vivia naqueles anos na década de 1990 é impossível: não há como um item de despesa aumentar acima do razoável um único mês sem que imediatamente o "painel de controle" pisque e identifique ao gestor o que está acontecendo. Se, diante disso, o governo pode, legal ou politicamente, fazer algo ou não é outra história, porque pode haver questões em jogo — a legislação, o jogo bruto partidário etc. — que dificultem sua ação, mas a causa do que estará ocorrendo terá sido percebida e notada imediatamente.

## OS GRANDES NÚMEROS

No Capítulo 5, mostramos na Tabela 5.1 a evolução das outras despesas. No capítulo atual, veremos em detalhes como elas aumentaram de 3,9% do PIB em 1991 para um pico de 8,2% do PIB em 2015, caindo posteriormente até os 6,4% do PIB previstos para 2021, com 2020 destacando-se como um "ponto fora da curva", devido à reação fiscal diante da crise do coronavírus.[2] O Gráfico 8.1 mostra como se deu essa evolução ao longo do tempo.

Nota-se, no meio de uma evidente tendência de alta até meados da década de 2010, uma clara variabilidade, com picos e vales que se sucedem. Em particular, na estatística da relação da variável com o PIB e deixando de lado pequenos movimentos, observam-se picos locais destacados em 1998, 2002 e 2015, com vales localizados expressando perdas relevantes de espaço nos anos de 1999, 2003 e depois de 2015.

---

2. O ano de 2020 será objeto de uma reflexão específica na próxima seção.

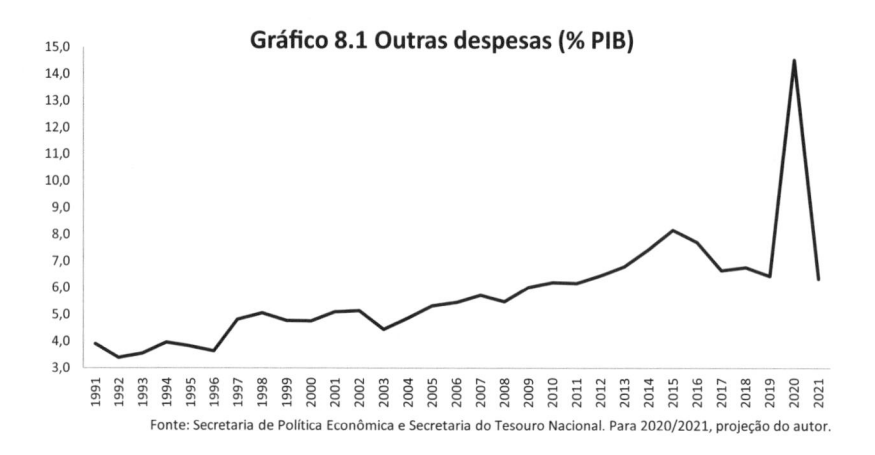

**Gráfico 8.1 Outras despesas (% PIB)**

Fonte: Secretaria de Política Econômica e Secretaria do Tesouro Nacional. Para 2020/2021, projeção do autor.

Adotando as divisões temporais dos demais capítulos, com o primeiro período indo desde o primeiro ano da estatística (1991) até o final do governo Itamar e depois tomando como referência os sucessivos períodos de oito anos de governo (FHC, Lula e Dilma/Temer) e o triênio 2019/2021, a Tabela 8.1 mostra as taxas de crescimento real médio da variável em cada uma dessas fases.

**Tabela 8.1 Crescimento real de outras despesas por período de governo (% a.a.)**

| Variável | 1991/94 | 1994/02 | 2002/10 | 2010/18 | 2018/21 | 1991/21 |
|---|---|---|---|---|---|---|
| Outras despesas | 3,7 | 5,8 | 6,5 | 1,8 | -2,2 | 3,9 |
| PIB | 3,4 | 2,4 | 4,0 | 0,6 | 0,0 | 2,2 |

Deflator: Deflator PIB.
Fontes: Secretaria de Política Econômica e Secretaria do Tesouro Nacional. Para 2020/2021, projeção do autor.

Três conclusões gerais se impõem de uma simples olhada nos dados da tabela:

- Em cada um dos quatro períodos considerados antes de 2019, a taxa de variação real média da variável superou o crescimento do PIB.

- Em que pese a mitigação de se trabalhar com médias, há uma variabilidade importante das taxas de crescimento, do máximo de 6,5% de média anual de crescimento nos 8 anos do governo Lula à taxa negativa esperada para o triênio 2019/2021.[3]
- No conjunto dos 30 anos, a taxa de crescimento real da variável foi de 1,8 vez a taxa média de crescimento da economia.

## 2020: UM PONTO FORA DA CURVA

O ocorrido em 2020 é, claramente, um ponto fora da curva na trajetória do gasto. Em economia, denomina-se de evento *"once and for all"* ("uma vez e para sempre") a situação em que há algum efeito que, tipicamente, se verifica apenas uma vez. Se ocorre um terremoto em um lugar da Itália, por exemplo, que deixa a área devastada, a prefeitura da cidade — e, provavelmente, outras alçadas de governo —, para reerguer a localidade, terá que arcar com despesas extraordinárias que não voltarão a se repetir depois na mesma intensidade. Quando o governo brasileiro vendeu a Telebras em 1998, aquele foi um evento extraordinário, que permitiu um abatimento parcial excepcional da dívida pública por ocasião do leilão, sem que isso se repetisse depois com igual magnitude. O que aconteceu no mundo inteiro com a pandemia se insere nesse tipo de situações. Em todos os países, houve uma queda *once and for all* da receita, pela redução do nível de atividade, e um aumento concomitante da despesa, pelos diversos compromissos que os governos assumiram com suas respectivas populações.

No caso brasileiro, foram quatro as modalidades de gasto mais afetadas no ano:

I) O pagamento do chamado "coronavoucher", ou seja, o auxílio de R$600 pago a dezenas de milhões de pessoas durante alguns meses — beneficiando tipicamente trabalhadores informais e aqueles mais afetados pelo

---

3. Nessa composição por períodos, o que importa é a comparação do gasto esperado para 2021 com o observado em 2018, de modo que o gasto *once and for all* excepcional de 2020 não afeta essa média do triênio.

*lockdown* das atividades — para poder enfrentar as consequências da perda temporária de renda durante o combate à pandemia.

II) As transferências excepcionais — pela natureza específica e pelo montante muito elevado — de recursos para estados e municípios, de modo a que estes pudessem ser ressarcidos parcialmente pelos efeitos da queda da arrecadação.

III) Os subsídios incorridos para a manutenção de emprego por parte das empresas e/ou para cobrir empréstimos não pagos, e, em menor medida, por se tratar de uma diferença de gasto de menor porte comparativamente aos outros.

IV) As despesas extraordinárias que o governo se viu obrigado a fazer no setor de saúde, devido à escalada das internações hospitalares, à necessidade de aquisição de novos respiradores para os pacientes com problemas pulmonares, ao aumento do número de leitos de UTIs etc.

Tudo isso fez com que o gasto de 2020 assumisse uma trajetória de elevação vertiginosa em relação a 2019, que tudo indica que deverá ser revertida em 2021. Vale ressaltar que esse tipo de despesas se enquadra nas circunstâncias em que a própria Emenda Constitucional de 2016 que estabeleceu a figura do teto do gasto público admite como exceções, sendo registradas no chamado "extrateto", ou seja, despesas que são abatidas do total para chegar ao conceito de "despesas sujeitas ao teto".

## A VARIABILIDADE DA VARIÁVEL DE AJUSTE

Quando se olham os dados mencionados na seção anterior com uma lupa, ano a ano, em cada um dos períodos, depois do Plano Real, cabe ressaltar o fato de que a despesa primária total do Governo Central caiu até agora em termos reais em apenas algumas poucas ocasiões. Isso ocorreu nos anos de ajuste de 1996, 1999, 2003, entre 2015 e 2017 e em 2019, além da queda óbvia esperada para 2021 após a explosão da variável em 2020. Em todos os casos, devido à rigidez de curto prazo das despesas de pessoal e do INSS, o ajuste se deu essencialmente no OCC.

Em 1996, a despesa excluindo transferências a estados e municípios caiu de 13,6% para 13,3% do PIB, fruto, em parte, da redução da despesa do OCC, de 3,8% para 3,6% do PIB. Três anos depois, no ajuste fiscal de 1999, quando aquela variável agregada caiu de um patamar superior, de 14,8% para 14,6% do PIB, o ajuste decorreu da queda do OCC, vindo de patamar também superior, de 5,1% para 4,8% do PIB. Em 2003, em uma fase de maior rigor fiscal, facilitado pela alta inflação daquele ano — que faculta maiores possibilidades de quedas reais das variáveis fiscais —, o gasto agregado cedeu de 15,9% para 15,1% do PIB, com grande contribuição da queda do OCC, de 5,1% em 1998 para 4,4% do PIB em 1999. Mais recentemente, em um período em que a despesa não caiu como proporção do PIB pelo fato de que o PIB encolheu, entre 2015 e 2017, o OCC sofreu uma contração de 8,2% para 6,7% do PIB. Finalmente, em 2019, quando a despesa total caiu de 19,6% para 19,4% do PIB, o item "outras despesas" cedeu de 6,8% para 6,5% do PIB. A queda esperada para 2021, como já ressaltado, estará associada a outras causas e será de outra dimensão. Entremeando essas circunstâncias, entre um e outro período, houve altas expressivas da variável objeto do atual capítulo, tanto em termos absolutos como em proporção do PIB.

Tal comportamento é típico do que os economistas chamam de "variável de ajuste", ou seja, das grandes variações que se observam naquilo que "ajusta" o gasto entre, por um lado, a fronteira de até onde é possível ir com o gasto total e, por outro, a soma das despesas de pessoal e INSS. O gasto com o INSS pode ser mais ou menos elástico no curto prazo, mas as aposentadorias, normalmente, não subirão 20% em termos reais em um ano e nem cairão 20% no outro. O mesmo ocorre com a rubrica do agregado de pessoal, em condições normais. Já com "variáveis de ajuste" podem ocorrer mudanças muito grandes entre um ano e outro. Se a situação fiscal permite, é nessa rubrica que o gasto crescerá mais, como em 1997. Já se, como se diz popularmente, "o calo aperta", é ali que incidirão os cortes nos anos de aperto fiscal, em uma proporção que é impossível fazer subitamente nos outros grandes agregados.

O resultado é uma grande irregularidade da taxa de crescimento anual dessa despesa em termos reais, o que fica claro mediante uma simples visualização do Gráfico 8.2.[4] Este mostra desde o colapso real de 13% em 1992 até a citada taxa de crescimento real de 37% em 1997. Cabe lembrar que, antes do Plano Real, de 1994, a contração real do gasto podia ser feita por meio do expediente do simples "engavetamento" das demandas por gasto para liberar o pagamento dois ou três meses depois, quando taxas de inflação de 20% ou 25% ao mês estavam na ordem do dia.

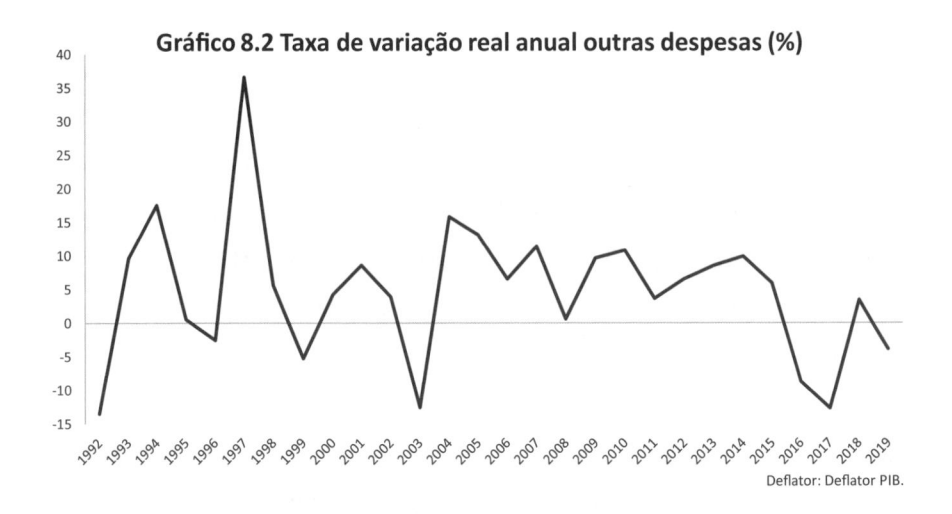

**Gráfico 8.2 Taxa de variação real anual outras despesas (%)**

Deflator: Deflator PIB.

---

4. Neste gráfico, ao contrário da maioria dos gráficos e tabelas do livro, optou-se por restringir a visualização apenas até 2019, porque o ocorrido depois distorceria a escala. Para ter uma ideia, implicaria apresentar um crescimento real positivo de 115% em 2020 e negativo em 55% em 2021. Isso tornaria irrelevantes as oscilações que o gráfico retrata e para as quais estamos querendo chamar a atenção.

## GASTOS MUITO DIFERENTES

Quem olha uma despesa agregada da ordem de 20% do PIB tende a pensar, naturalmente, que não deveria ser muito difícil fazer um ajuste fiscal de, digamos, 2% do PIB. "Afinal de contas" — deve pensar uma pessoa —, "a maioria dos indivíduos, mesmo lamentando a situação, poderia sobreviver se entre um ano e outro sua renda caísse 10%". É certamente muito difícil para quem ganha R$1.200 por mês viver com R$ 1.080 — ou seja, R$ 1.200 menos 10% de R$1.200 — um ano depois, mas quem ganha R$3.000, ainda que com muito sacrifício, provavelmente poderia sobreviver com R$2.700, e certamente quem ganha R$20 mil pode viver também com R$18 mil por mês.

Para o gasto como um todo, porém, as coisas mudam quando se leva em conta o chamado "engessamento" da despesa. Se o gasto é de 20% do PIB, mas em 6% do PIB não dá para mexer por uma razão, em 4% do PIB por outra, e assim sucessivamente, eventualmente podem "sobrar" como "gastos passíveis de compressão" apenas 3% do PIB. Ora, cortar 2% do PIB de uma despesa de 3% do PIB só pode ser algo brutal. Não há como fazer isso em um processo de *fine tuning*, cortando um pouco aqui e outro acolá. Na ponta do processo pode morrer gente, porque a despesa com segurança diminui e a violência aumenta; porque pesquisas de ciência e tecnologia serão afetadas e a cura de algumas doenças demorará mais; ou simplesmente porque faltarão itens essenciais em setores-chave para a sobrevivência humana. Como lembro ter lido em uma entrevista com um médico de um hospital público — cito mais ou menos de memória —, "quando falta verba e você tem três pacientes em situação gravíssima, o médico vira o senhor da vida e da morte: ele escolhe quem vai viver e quem vai morrer". É a dura realidade da falta de recursos em alguns casos extremos.

Há dois elementos que foram sendo verificados na composição desse grande agregado de despesas do qual estamos falando. Primeiro, ele foi incorporando novos elementos, ou seja, itens que antes não figuravam na despesa passaram a ser parte dela.[5] E segundo, alguns desses elementos se tornaram rígidos, no sentido de que vale para eles o mesmo raciocínio feito antes para as despesas com pessoal e INSS: não podem cair muito de um ano para outro.

Tome-se como exemplo o seguro-desemprego. Ele tendeu a ser de, normalmente, nos últimos anos, algo em torno de 0,8% ou 0,9% do PIB, ou um pouco acima ou abaixo disso. Pode-se trabalhar no desenho de novas regras que mudem essa realidade com o tempo, mas de um ano para outro simplesmente não há como reduzir drasticamente essa variável: quem ficar desempregado e fizer jus ao que a lei manda pagar, será pago, e ponto final. Algo parecido ocorre com o Bolsa Família. Se em 2019 ela representou uma despesa de R$33 bilhões, talvez com alguma "varredura" melhor e uma triagem mais criteriosa dos benefícios se poderia combater alguma fraude remanescente e diminuir a despesa para R$30 bilhões, digamos. Entretanto, nenhum governante será louco de reduzir essa despesa para, por exemplo, R$10 bilhões, cortando em torno de dois terços do orçamento da rubrica, porque as consequências sociais e políticas disso seriam devastadoras.

O resultado é que chega um ponto em que, depois de alguns anos de cortes, a despesa do OCC também fica rígida, que é o que o Brasil talvez esteja começando a experimentar. Por isso, é preciso entender o OCC como um agregado de uma miríade de despesas, algumas das quais são extremamente elásticas, e outras, muito pouco. Pense-se em um programa clientelístico para atender a uma base eleitoral de algum político local, que deveria ser custeado por fundos municipais, mas para o qual algum político — governador, senador ou deputado influente — consegue alguma emenda no Orçamento Federal na época de "vacas gordas". Assim, durante dois anos aprova-se uma despesa anual de R$100 mil, por exemplo, na forma de bolsas para crianças assistirem aulas de música em uma comunidade. Com esse dinheiro, o político faz uma festa em sua base eleitoral. Dois anos depois, os ventos macroeconômicos mudam e o Orçamento

---

5. Um caso, se existissem estatísticas que retroagissem décadas, seria o seguro-desemprego, que décadas atrás não existia e hoje é um item importante do gasto.

tem que sofrer cortes. O leitor não tenha a menor dúvida que entre tirar R$100 mil do Bolsa Família ou simplesmente zerar a despesa daquelas bolsas no ano seguinte, esta última será a opção escolhida, no mundo real das decisões político-orçamentárias. Quando esses cortes possíveis já foram feitos, porém, ajustar na margem se torna muito mais difícil.

É essa diversidade do OCC que explicaremos em detalhe nos próximos capítulos, abordando seus diversos componentes, diferenciando os gastos ditos "obrigatórios" — com sua respectiva decomposição — daqueles que não o são — isto é, as despesas, no jargão fiscal, "discricionárias". Trataremos desse assunto, então.

CAPÍTULO 9:

# AS GRANDES RUBRICAS DO OCC

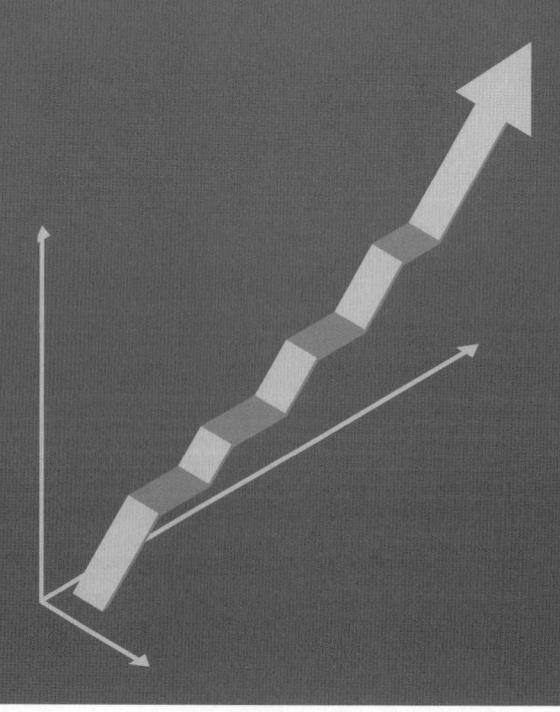

*"Quando o Direito ignora a realidade, a realidade se vinga ignorando o Direito."*

(Georges Ripert, jurista francês)

**N**O BRASIL, TEM-SE A IDEIA ANTIGA DE QUE A MELHOR forma de assegurar o bem-estar de algum grupo ou categoria é colocando algum dispositivo em favor disso na legislação. O mecanismo pode funcionar quando se trata de algo isolado. Ou seja, se em um Orçamento de um modo geral livre se acrescenta uma regra que determina que todos os anos x% da receita sejam dirigidos automaticamente para o financiamento de A ou de B, quem for favorecido não terá problemas em continuar a dispor desses recursos.

A coisa muda de figura quando o artifício se torna generalizado. Foi isso o que, com o tempo, acabou ocorrendo no Brasil e que explica o "inchaço" histórico das "outras despesas" ao longo de mais de duas décadas, bem como os problemas mais recentes observados na evolução dos gastos discricionários. Foram tantas as rubricas que "pegaram uma carona" na tese das vinculações, que o Orçamento do governo foi ficando cada vez mais "amarrado".

O resultado disso é um Estado disfuncional, em que pode chegar um momento em que as regras não poderão mais ser cumpridas. Aprova-se, por exemplo, uma norma que diz que tanto por cento a mais do PIB tem que ir para a educação, mesmo que todas as tendências demográficas apontem para a redução absoluta do número de crianças no futuro? Infelizmente, a realidade pode se encarregar de tornar a norma, na prática, uma letra morta.

O problema é que, com isso, o Orçamento deixa de ser aquilo que caberia esperar que seja em uma democracia: o principal objeto do debate público. É ali que deveria se dar o embate sobre as grandes prioridades nacionais, a ser travado todos os anos na discussão acerca da distribuição das verbas do ano seguinte.

Na prática, no Brasil, com o Orçamento engessado, com os recursos de livre disponibilidade limitados a uma fração modesta do total, devido às vinculações orçamentárias, e com "leis que não pegam", o que ocorreu em geral, tradicionalmente, sempre foi uma negociação política mesquinha, restrita às "migalhas" das emendas parlamentares.

Vimos no Capítulo 5 que as "outras despesas", além daquelas com pessoal e do INSS, passaram de 3,9% do PIB em 1991 para um pico da ordem do dobro disso em meados da década de 2010. No capítulo anterior, discutimos a dinâmica dessa despesa agregada. Neste e nos próximos dois capítulos faremos um *split*, isto é, um "corte" dessas outras despesas, mostrando como elas se decompõem em três categorias. Começaremos, no presente capítulo, pelo conjunto de algumas despesas obrigatórias mais importantes, individualizadas em seus diversos itens.

O capítulo discutirá algumas questões conceituais iniciais, para explicar, então, a ausência de dados desagregados prévios a 1997 e, depois, mergulhar no "raio X" de cada uma das principais rubricas a serem analisadas aqui, com destaque para o Fundo de Amparo ao Trabalhador (FAT), os benefícios assistenciais e os subsídios.

## UMA IDEIA EQUIVOCADA

Existe no país certa ideia difusa de que os recursos públicos são utilizados em benefício dos "poderosos" e que o cidadão comum estaria indefeso diante das grandes forças da economia mundial. Um exemplo típico dessa postura é o que escreveu Luis Fernando Verissimo anos atrás, na sua coluna regular no jornal *O Globo*, mais precisamente no dia 27 de dezembro de 2015: "Os políticos não têm nenhuma voz numa economia gerida pelo capital financeiro e pelas multinacionais — a não ser para dizer que é mais 'responsável' pagar uma dívida do que alimentar um filho."

A frase traz embutido em apenas um par de linhas todo um rosário de equívocos acerca de como pensa uma parte da sociedade sobre a destinação dos recursos. Embora algumas das questões extrapolem o tema específico deste capítulo, é útil nos determos em seu significado, dentro do espírito de que o livro seja um instrumento em favor de uma melhor compreensão acerca do funcionamento da economia.

Em primeiro lugar, os políticos têm voz, sim. Todo o complexo conjunto de circunstâncias que levam aos problemas que este livro discute resulta de leis ou emendas constitucionais que foram discutidas e aprovadas pelo Parlamento. Congressistas podem enrijecer o Orçamento ou promover um processo de desvinculação de receitas. Foi o Congresso que, por um lado, aprovou sucessivas vinculações e também, por outro lado, a PEC do teto — que será objeto de discussão no final do livro — para dar conta dos problemas que isso vinha causando. Foi o Congresso que aprovou a concessão de grandes empréstimos ao BNDES, e também foi o mesmo Congresso que, em 2017, em outro contexto, mudou as regras sob as quais o BNDES opera, ao aprovar a Taxa de Juros de Longo Prazo (TLP). Foi o Congresso que aprovou sucessivos Orçamentos que ampliaram consideravelmente os recursos alocados nas "outras despesas" de que este capítulo trata, e foi o mesmo Congresso que, depois, se curvou às evidências e nos últimos anos foi sancionando uma alocação de recursos muito mais enxuta para determinadas áreas. E o Congresso são os políticos, eleitos pela população. A ideia de que os políticos nada podem fazer não resiste à menor análise.

Em segundo lugar, a frase citada de Verissimo traduz a ideia de que o Estado brasileiro não faz nada pelo cidadão comum. Isso é a negação da realidade e não permite perceber as mudanças que houve na sociedade brasileira ao longo de décadas e que se expressam, justamente, na significativa alocação de recursos orçamentárias em favor da população e, em particular, dos setores mais excluídos. O que acontecia em um passado muito distante quando o indivíduo ficava desempregado? Nada: tinha que ser sustentado pelo resto da família. Hoje — a rigor, há muitos anos — ele recebe o seguro-desemprego pago com recursos do FAT. Por que o Brasil nas décadas de 1950 e 1960 era associado à miséria e esta era predominantemente rural, e hoje a fome deixou de aparecer como um fenômeno do país, ao contrário do que se verifica na África? Em boa parte, devido às aposentadorias rurais do INSS, para as quais quem mora no campo praticamente não contribui, comparativamente ao valor que recebe a partir dos 55 ou 60 anos de idade até o falecimento da pessoa. O que ocorria no passado com quem chegava à terceira idade no meio urbano sem ter conseguido contribuir para se aposentar? Morria à míngua, na miséria. Hoje recebe os recursos do LOAS. O que se verificava com quem tinha 20, 30 ou 40 anos e não tinha condições de sustentar os filhos por estar em situação de miséria? A família passava fome. Hoje, mal ou bem, essa pessoa está na lista de beneficiários do Bolsa Família. Isso para citar as rubricas orçamentárias mais conhecidas. A noção de que o Estado não faz nada pelos pobres — o que não significa deixar de reconhecer todos os privilégios e injustiças que existem no Brasil — não passa de uma lenda.

Finalmente, o último trecho da frase traduz o velho preconceito de uma parte significativa da esquerda brasileira que não atualizou sua visão de mundo. Ela fica presa aos cacoetes ideológicos dos anos 1950 contra o funcionamento do sistema financeiro, expresso na ideia de que "pagar dívidas" se contrapõe a "alimentar um filho". Em termos do orçamento público, a defesa de tal postura crítica leva, no limite, a que se deixe de honrar o pagamento dos títulos públicos, para poder "saciar a fome do povo". O problema é só imaginar o que pode acontecer com os bancos se os cotistas forem informados que os R$100 mil ou R$150 mil que os particulares tinham investido em fundos — lastreados em títulos públicos — perderam da noite para o dia 20% do valor para "aumentar os recursos para combater a fome do país", para entender o que isso significa. Em termos do funcionamento do mercado de crédito privado, imagine-se o que pode acontecer no dia em que for aceitável para a Justiça que o crediário da Casas Bahia ou das Lojas Americanas deixe de ser pago porque o devedor tinha que pagar a comida da filha, a escola do filho ou o remédio da mãe. Estaria implodido o sistema de crédito. E sem crédito, a recessão — o leitor pode ter certeza — seria devastadora.

Deixemos, então, a fantasia de lado e vamos aos fatos.

## UM BURACO ESTATÍSTICO

As estatísticas apresentadas no livro combinam, como já foi dito, os dados disponíveis no site da STN desde 1997 com estatísticas comparáveis que o autor tem de quando — antes da internet — esse levantamento, com metodologia apenas ligeiramente diferente, era feito pela Secretaria de Política Econômica (SPE). De qualquer modo, de forma comparável com a desagregação do OCC que passou a ser feita pela STN a partir de 1997, não há como recuar a 1991 a não ser para o agregado das outras despesas e para a informação acerca do FAT, que se manteve, *grosso modo*, relativamente constante, em torno de 0,5% do PIB, durante vários anos, até aparecer nas estatísticas da STN. Temos então uma espécie de "buraco" estatístico até 1996, para a história que se deseja contar aqui. Como em geral, em muitas tabelas do livro, estamos tomando como referência o último ano dos governos, na tabela que será mostrada na próxima seção começaremos em 1998, fazendo uma breve consideração acerca da diferença com o ano inicial da série de 1997.

Vale lembrar, porém, que foi justamente em 1997 que se deu o grande salto da despesa agregada do OCC, que pulou de 3,6% para 4,8% do PIB entre 1996 e 1997, sem que se saiba ao certo o que motivou esse incremento real tão significativo, com base nas estatísticas atuais disponíveis no site da STN e que começam exatamente em 1997.

## AS GRANDES RUBRICAS

Vamos agora analisar a composição das "outras despesas", que, para situar o leitor, lembramos que se espera que em 2021 sejam de 6,4% do PIB (Tabela 9.1).[1] Tomando como referência o último ano do primeiro governo FHC (1998), houve um aumento de certa importância em relação aos 5,1% gastos naquela ocasião, mesmo considerando a perda de peso da rubrica depois de 2015.[2]

A Tabela mostra a decomposição da despesa entre as principais rubricas, algumas das quais serão discutidas no restante do capítulo. Na comparação da evolução em 23 anos entre 1998 e a estimativa para 2021 destacam-se, além do comportamento do total:[3]

- O aumento das despesas do FAT.
- A elevação significativa das despesas com benefícios assistenciais.
- A relativa estabilidade dos subsídios entre as duas pontas da série, ainda que, como veremos depois, isso envolva grande variância ao longo do tempo.
- O crescimento dos recursos para a educação associados ao atual FUNDEB, antes inexistente.

---

1. Nesta Tabela, assim como em diversas outras tabelas e gráficos que compõem o livro, sempre que possível, assumiremos a melhor estimativa realista que parece possível, sob a ótica do autor, no momento em que o livro está sendo concluído, para as contas de 2020 e 2021.
2. É importante registrar que em 1997, primeiro ano da série da STN, o dado do total da despesa de OCC, que em 1998 foi de 5,1% do PIB, alcançou um valor algo menor, de 4,8% do PIB. Na passagem de 1997 para 1998, em que pesem as mesmas desagregações da Tabela 9.1, o fator principal da variação foi o item "demais", que em 1997 foi de 3,9% do PIB e em 1998 subiu para 4,1% do PIB.
3. O item "demais" de 2020 reflete, obviamente, o peso das despesas extraordinárias associadas ao combate aos efeitos do coronavírus sobre a economia.

- O esgotamento gradual da destinação de recursos para ressarcimento da Lei Kandir.
- O crescimento inicial das demais despesas, parcialmente revertido nos últimos anos.

Como esse último item será objeto dos próximos dois capítulos e os três primeiros serão discutidos em seções específicas a seguir, cabe fazer aqui breves comentários sobre o FUNDEB e a Lei Kandir.

No caso do FUNDEB, foi um mecanismo inteligente idealizado na época do então ministro de Educação Paulo Renato Souza, no governo FHC, para colaborar com os estados no financiamento da educação a nível subnacional, com base em uma série de indicadores. O mecanismo foi sendo sucessivamente aperfeiçoado e hoje está cristalizado como um componente tradicional de suporte do Governo Federal à educação no nível de ensino fundamental, em valores que, em termos nominais em 2021, deverão ser da ordem de grandeza de R$20 bilhões e que deverão aumentar significativamente nos próximos anos, em função de disposição constitucional a ser provavelmente aprovada em breve.[4]

Já no caso da Lei Kandir, trata-se de algo que com o tempo tornou-se uma excrescência, no sentido exposto no dicionário *Aurélio*, que explica que o termo significa "demasia, excesso, superfluidade". A rubrica surgiu no primeiro governo FHC como uma forma de compensar os estados exportadores que perderam receita devido ao fim de um mecanismo tributário que penalizava as exportações da época. A lógica da mudança tributária feita era reduzir a carga tributária implícita nas exportações e, assim, beneficiar o país. Como haveria alguns estados que perderiam mais receita que outros, o governo aceitou arcar temporariamente com uma compensação, que em 1999 chegou a representar 0,40% do PIB. É claro, porém, que não fazia o menor sentido manter

---

4. Cabe ressaltar que o aumento do FUNDEB não afetaria o cumprimento do teto do gasto público, por ser uma despesa registrada no chamado "extrateto", não computada para efeito da apuração deste. É óbvio, porém, que, tudo o mais constante, esse adicional de despesa implicará um maior *deficit* público.

esse grau de compensação muitos anos depois. Na prática, os valores nominais foram sendo contidos, e com a inflação e o crescimento da economia ao longo de mais de vinte anos, a rubrica foi perdendo peso relativo gradualmente nos últimos anos, embora os governadores pleiteassem sistematicamente a necessidade de serem "compensados" pelo Governo Federal pelas "perdas da Lei Kandir". Isso redundou em um acordo entre a União e os governadores, sacramentado em 2020, para restabelecer uma parcela desses valores a partir de 2021.

**Tabela 9.1 Gasto com outras despesas (% PIB)**

| Composição | 1998 | 2002 | 2010/a | 2018 | 2019/b | 2020 | 2021 |
|---|---|---|---|---|---|---|---|
| Despesas FAT | 0,44 | 0,48 | 0,77 | 0,78 | 0,77 | 0,89 | 0,79 |
| LOAS/RMV | 0,11 | 0,23 | 0,58 | 0,82 | 0,82 | 0,88 | 0,88 |
| Subsídios, subvenções e Proagro | 0,21 | 0,14 | 0,12 | 0,22 | 0,15 | 0,69 | 0,19 |
| FUNDEB | 0,00 | 0,03 | 0,14 | 0,20 | 0,22 | 0,23 | 0,25 |
| Lei Kandir | 0,22 | 0,27 | 0,10 | 0,03 | 0,00 | 0,00 | 0,05 |
| Demais | 4,08 | 3,99 | 4,50 | 4,73 | 4,5 | 11,85 | 4,19 |
| Total | 5,06 | 5,14 | 6,21 | 6,78 | 6,46 | 14,54 | 6,35 |

/a Exclui efeitos da capitalização da Petrobras. /b Exclui efeitos da cessão onerosa para a Petrobras.
Fonte: Secretaria do Tesouro Nacional. Para 2020/2021, projeção do autor.

Cabe ressaltar que um item importante da rubrica "demais" é o investimento do Governo Federal, que, como tantas rubricas não obrigatórias sujeitas aos humores fiscais da conjuntura, seguiu uma trajetória de altas e quedas ao longo do tempo, gerando no gráfico a forma de "montanhas" e "vales" (Gráfico 9.1).[5] Essa rubrica tinha alcançado um mínimo por ocasião do "aperto" fiscal de 2003, quando foi de apenas 0,3% do PIB, escalando nos anos de governo do PT até um pico de mais de 1,3% do PIB no governo Dilma, começando a cair ainda no final de seu governo para os valores recentes em torno, muito genericamente, de 0,5% a 1% do PIB. A sucessão de "ondas" positivas e negativas afetando o investimento, com projetos sendo iniciados e depois ficando pela metade lembra a frase irônica do economista brasileiro Daniel Lima acerca de tantas coisas não concluídas no país depois de anos de discussões — ou de obras — de que "no Brasil, há muita iniciativa e pouca acabativa".

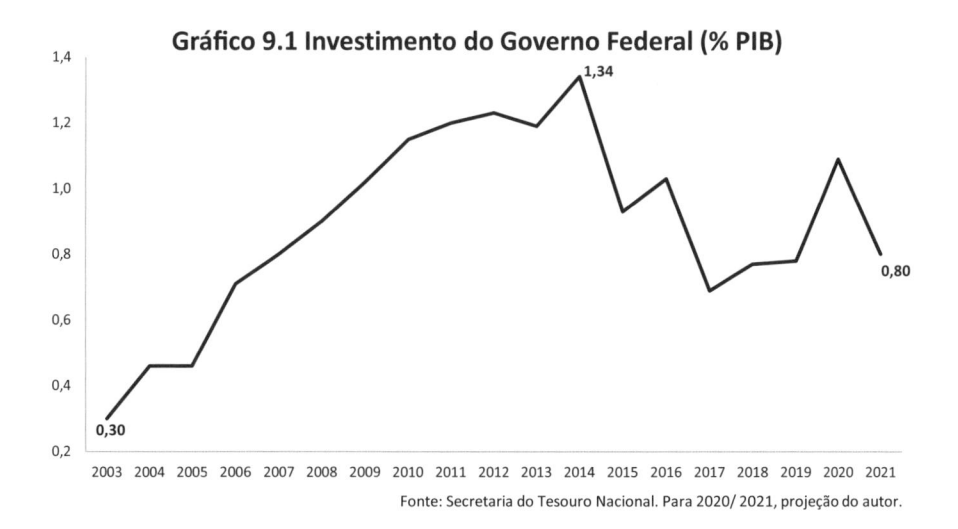

**Gráfico 9.1 Investimento do Governo Federal (% PIB)**

Fonte: Secretaria do Tesouro Nacional. Para 2020/ 2021, projeção do autor.

Antes de entrar no mérito das principais rubricas citadas na Tabela 9.1, cabe entender como se decompõe o item "demais" dessa tabela, que, para efeitos de referência, se espera que seja de 4,19% do PIB em 2021. Isso é feito na Tabela 9.2, cuja desagregação no site da STN começa em 2005. Observe-se que muitos itens, a rigor, não têm registros em 2005, o que significa que eram captados na prática

---
5. Para uma referência acerca do *gap* do investimento do país em infraestrutura e os problemas que isso causa ao país, ver Frischtak e Noronha (2017).

nas "outras despesas" da própria tabela ou, de alguma forma, afetavam a rubrica de resultado de "erros e omissões" ou "discrepância estatística", como no caso do FIES.[6] As rubricas isoladas mais importantes — acompanhadas de uma breve explicação sobre elas — são as seguintes:[7]

- Sentenças judiciais e precatórios. Gastos, com tendência crescente, decorrentes de decisões judiciais que devem ser colocados no Orçamento e diante dos quais o Tesouro nada pode fazer.
- LEJU/MPU/DPU. Gastos diversos, sem ser com o item de pessoal, do Legislativo, do Judiciário, do Ministério Público da União e da Defensoria Pública da União.
- Créditos extraordinários. Despesas inicialmente não orçadas e que foi preciso aprovar para atender a emergências, o que sempre ocorre vez por outra ao longo do ano, em qualquer país. Ressalte-se que foi nessa rubrica que foram abrigadas boa parte das despesas extraordinárias de 2020, citadas anteriormente no livro.
- Compensações RGPS. Trata-se de uma invenção brasileira *sui generis*, por meio da qual o Tesouro compensa o INSS pelas desonerações tributárias incidentes sobre a arrecadação em cima da folha de pessoal.[8] São recursos que saem da conta do Tesouro e automaticamente ingressam na receita do INSS, ou seja, um evento puramente contábil, sem efeitos reais, mas que evita que o *deficit* previdenciário seja maior. É, a rigor, uma "despesa de vento", que cedo ou tarde deveria acabar.

---

6. A discrepância estatística é uma conta residual que ajusta o resultado da STN ao da estatística primária do Governo Central apurada pelo Banco Central pela mudança do endividamento líquido dos agentes. Fazendo um paralelo com um indivíduo, este pode não ter uma contabilidade de quanto ganha e gasta, mas a variação do saldo das suas contas no final do mês dirá inequivocamente se gastou mais ou menos do que recebeu. A STN apura toda a diversidade de receitas e despesas que compõem sua contabilidade, mas mesmo assim seu resultado não "bate" exatamente com o calculado pelo Banco Central, que é o dado oficial. Daí a necessidade da conta de ajuste para equalizar ambas estatísticas por meio do valor, positivo ou negativo, da discrepância estatística. À medida que a STN foi apurando seus controles, passou cada vez mais a aproximar seus dados da realidade, e essa discrepância perdeu força ao longo do tempo.
7. Como são muitas, optamos por explicar apenas aquelas com valores, em 2019, iguais ou superiores a 0,05% do PIB.
8. Repare o leitor que essa aberração, sem efeitos reais concretos, incha, simultânea e artificialmente, tanto a relação Receita/PIB como o coeficiente Gasto público/PIB.

- Complementação FGTS. É uma despesa de natureza similar à anterior, correspondente a um adicional arrecadado do empregador em caso de demissão, arrecadado e depois transferido ao FGTS, sem ser, na prática, utilizado como despesa efetiva. É algo que se espera que tenha acabado em 2020.
- Apoio financeiro a estados e municípios. Rubrica que captura efeitos *"once and for all"* decorrentes de negociações políticas, como verbas extras para, no passado, apoiar a realização das Olimpíadas do Rio ou o ressarcimento às unidades subnacionais para compensá-las pela perda excepcional de receita em 2020.

Os destaques, na comparação de 2005 com o que cabe esperar para 2021 e observando a série como um todo, cabem aos seguintes pontos:

I) Clara tendência ao aumento das despesas com sentenças judiciais, reflexo da crescente "judicialização" da economia.
II) Estabilidade das despesas com os Poderes autônomos.
III) Aparecimento das compensações ao RGPS, antes inexistentes, criadas no governo Dilma, com redução depois de 2018.
IV) Aparecimento da despesa do FGTS, com a transferência desses recursos para o governo não ser acusada formalmente como apropriação indébita, ainda que com queda posterior.
V) Aumento e posterior declínio das "outras despesas" da tabela.
VI) Presença, em alguns anos, de elementos excepcionais em algumas rubricas.

Nesse sentido, não há como deixar de mencionar o forte peso dos créditos extraordinários para o pagamento dos auxílios a mais de 60 milhões de pessoas durante vários meses e das despesas extras com o apoio financeiro a estados e municípios — além das transferências regulares — em 2020.

### Tabela 9.2 Gasto com outras despesas (% PIB)

| Composição | 2005 | 2010 | 2018 | 2019 | 2020 | 2021 |
|---|---|---|---|---|---|---|
| Sentenças judiciais e precatórios | 0,03 | 0,05 | 0,20 | 0,21 | 0,32 | 0,28 |
| LEJU/ MPU/ DPU | 0,18 | 0,18 | 0,19 | 0,17 | 0,17 | 0,17 |
| Créditos extraordinários | 0,10 | 0,22 | 0,08 | 0,05 | 6,85 | 0,05 |
| Compensação RGPS | 0,00 | 0,00 | 0,20 | 0,14 | 0,13 | 0,05 |
| Fundo Constitucional DF | 0,02 | 0,01 | 0,02 | 0,02 | 0,03 | 0,03 |
| Complementação FGTS | 0,00 | 0,00 | 0,07 | 0,07 | 0,00 | 0,00 |
| Fabricação cédulas e moedas | 0,02 | 0,02 | 0,01 | 0,01 | 0,01 | 0,01 |
| Apoio financeiro E&M | 0,00 | 0,03 | 0,00 | 0,00 | 0,85 | 0,00 |
| FIES | 0,00 | 0,02 | 0,04 | 0,03 | 0,00 | 0,00 |
| Financiamento campanhas eleitorais | 0,00 | 0,00 | 0,03 | 0,00 | 0,03 | 0,00 |
| Demais | 0,00 | 0,06 | 0,03 | 0,03 | 0,03 | 0,03 |
| Outras despesas | 3,34 | 3,91 | 3,86 | 3,77 | 3,43 | 3,57 |
| **Total** | **3,69** | **4,50** | **4,73** | **4,50** | **11,85** | **4,19** |

Fonte: Secretaria do Tesouro Nacional. Para 2020/2021, projeção do autor.

As "outras despesas", que se espera que sejam de 3,57% do PIB em 2021, se decompõem em demais despesas entendidas como "obrigatórias" e naquelas chamadas de "discricionárias". Elas serão o assunto dos próximos dois capítulos. Antes disso, porém, vamos entender melhor a dinâmica das despesas às quais nos referimos antes: o FAT, os benefícios assistenciais e os subsídios.

# O FUNDO DE AMPARO AO TRABALHADOR

O FAT representa o resultado da arrecadação do PIS-PASEP, que, pelo art. 239 da Constituição, é utilizado, em parte, para financiar as atividades de desenvolvimento econômico a cargo do BNDES e, em parte, para o financiamento do seguro-desemprego. Há dados disponíveis sobre o total dessa rubrica desde a primeira metade dos anos 1990, ficando durante aproximadamente 10 anos oscilando no intervalo de 0,4% a 0,6% do PIB. Curiosamente, foi em um período de queda do desemprego que essa despesa aumentou muito em termos relativos, de 0,5% do PIB por volta de 2003/2005 até um pico de 0,9% do PIB em 2014. Em 2021, deverá alcançar 0,8% do PIB.

O aumento dessa despesa em uma fase de menor desemprego se explica pelas seguintes razões:

I) A maior formalização da economia na primeira década do atual século.
II) Os gastos do chamado "seguro defeso", para pescadores avulsos.
III) O maior valor real do salário mínimo, que é o piso de pagamento e cujo poder aquisitivo aumentou muito nos governos Lula e Dilma.

Existem dados mais desagregados disponíveis desde 2009, sem modificações transcendentais desde então, como mostrado na Tabela 9.3. Além do seguro defeso e do seguro-desemprego tradicional, a rubrica restante da despesa do FAT é o abono salarial, pago uma vez por ano aos trabalhadores de menor renda do mercado formal, o que, na prática, corresponde a uma espécie de "décimo quarto salário" para esses empregados no mercado formal que fazem jus ao benefício.

### Tabela 9.3 Despesas FAT (% PIB)

| Composição | 2010 | 2018 | 2019 | 2020 | 2021 |
|---|---|---|---|---|---|
| Abono salarial | 0,23 | 0,25 | 0,24 | 0,25 | 0,24 |
| Seguro defeso | 0,03 | 0,04 | 0,04 | 0,04 | 0,03 |
| Seguro-desemprego: outros | 0,51 | 0,49 | 0,49 | 0,60 | 0,52 |
| Total | 0,77 | 0,78 | 0,77 | 0,89 | 0,79 |

Fonte: Secretaria do Tesouro Nacional. Para 2020/2021, projeção do autor.

Com o maior desemprego atual, pode haver uma pressão relevante sobre essa despesa, evitando que ela caia, o que só deverá ocorrer em escala maior se a economia brasileira se recuperar em bases sustentáveis.

## OS BENEFÍCIOS ASSISTENCIAIS (BPC)

Os benefícios assistenciais aos idosos são parte do contrato social em uma sociedade civilizada. Está dito no Capítulo 1 de qualquer manual de finanças públicas: "É dever do Estado zelar por…", e entre as atribuições, estará a de "preservar as condições dignas da população desamparada, com especial atenção aos idosos".

O Brasil tem, desde os anos 1970, as Rendas Mensais Vitalícias (RMV), pagas a quem não contribuiu o tempo necessário para receber aposentadoria do INSS. Há muitos anos, porém, que este é um benefício em extinção, pois não há novas concessões, de modo que, no futuro, em algum momento, a despesa com eles será nula.

Por outro lado, as RMVs, na prática, estão sendo substituídas na estatística fiscal pelas despesas do LOAS, pagas pelo Tesouro Nacional — e não pelo INSS, erro de interpretação no qual muitas vezes incorrem algumas pessoas — e que têm crescido muito. O conjunto de ambos itens constitui a despesa do benefício de prestação continuada (BPC), alcançando atualmente 5 milhões de pessoas todos os meses, que recebem um salário mínimo de benefício assistencial a partir dos 65 anos de idade, com uma dinâmica de expansão mostrada no Gráfico 9.2.[9] Essa dinâmica afetou também o comportamento do gasto, que combinou esse incremento físico com o efeito do aumento real do salário mínimo ao longo do tempo.[10]

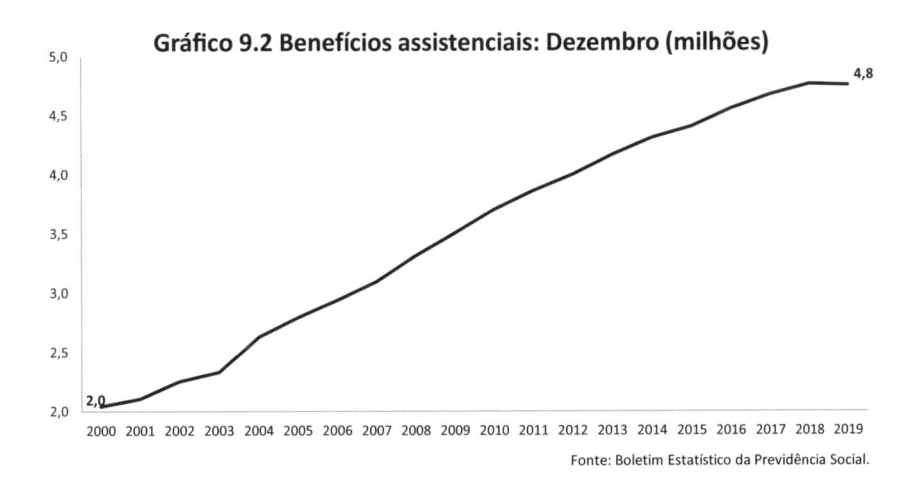

**Gráfico 9.2 Benefícios assistenciais: Dezembro (milhões)**

Fonte: Boletim Estatístico da Previdência Social.

A evolução retratada no gráfico resultou também de uma modificação fundamental que ocorreu nas condições de acesso ao benefício ao longo do tempo. O marco legal inicial do LOAS foi a Lei 8742, aprovada no ano de 1993, cujo art. 20 dispunha que "o benefício de prestação continuada é a garantia de um salário mínimo mensal à pessoa portadora de deficiência e ao idoso com 70 anos ou mais e que comprovem não possuir meios de prover a própria manutenção e nem de tê-la provida por sua família". Cinco anos depois, a Lei 9720, de 1998, definiu, em seu art. 38, que a idade mínima de concessão do LOAS seria reduzida para 67 anos. Finalmente, o Estatuto do Idoso, aprovado em 2003 mediante a Lei 10741, em seu art. 34, promoveu nova redução da idade de acesso ao benefício, agora para 65 anos.

---

9. O benefício é concedido também a pessoas de baixa renda por alguma razão incapacitadas para o trabalho e que não são elegíveis para receber a aposentadoria por invalidez por não serem contribuintes do INSS.
10. Para uma discussão da relação entre este benefício e o combate à pobreza, analisando especificamente o papel do salário mínimo e relativizando algumas questões, ver Giambiagi et al. (2011).

Sem deixar de reconhecer a importância do benefício, mas apenas enfatizando questões que precisam ser discutidas, cabe ressaltar que essas mudanças acabaram gerando dois tipos de situações relativamente inusitadas.

Em primeiro lugar, a idade de concessão do benefício assistencial passou a ser igual à de aposentadoria masculina pelo critério de idade, ou seja, 65 anos. A pergunta que cabe fazer então é: qual é a razão para que um indivíduo com remuneração informal na vizinhança de um salário mínimo contribua para o sistema durante 15 ou 20 anos se, na hipótese de nunca contribuir, receberá aos 65 anos, à mesma idade, o mesmo valor de quem nunca contribuiu para o INSS? A resposta é óbvia e explica por que quem ganha em torno de um salário mínimo tem níveis de contribuição para o INSS muito menores do que quem tem remunerações maiores e para os quais o LOAS não é um substituto à aposentadoria.

Em segundo lugar, a sucessão de mudanças adotadas quanto à idade de elegibilidade foi na contramão das tendências demográficas. Isso porque, em 1993, quando o LOAS foi aprovado, a expectativa de vida na média de ambos os sexos de quem tinha 65 anos de idade era chegar aos 79 anos, ao passo que atualmente ela passou para 84 anos. Ou seja, quando o benefício foi concebido, imaginava-se que ele seria outorgado aos 70 anos para durar em torno de 11 anos, em média, aproximadamente.[11] Hoje, ele é concedido aos 65 anos para quem tem a expectativa de viver mais 19 anos. Em outras palavras, uma despesa feita por 8 anos a mais que a imaginada originalmente. O custo disso, portanto, é muito maior que o do desenho inicial do instrumento. É essa a razão pela qual houve um crescimento praticamente contínuo da relação entre a despesa com BPC e o PIB ao longo de mais de 20 anos, dos 0,1% do PIB em 1997 até quase 1% do PIB atualmente.

---

11. A expectativa de vida naquela época para quem chegava vivo aos 70 anos, na média de ambos os sexos, era de 81 anos.

# OS SUBSÍDIOS

Cabe agora colocar uma lupa na trajetória do item "subsídios, subvenção e Proagro". Até 2014, expresso como proporção do produto, ele oscilou entre um mínimo de 0,1% do PIB, justamente em 2014, e o máximo de 0,5% do PIB em 2005. No mandato de Dilma, porém, o governo começou a incorrer em atrasos sistemáticos de alguns pagamentos que se comprometera a fazer por conta de despesas de equalização de juros em subsídios concedidos e que não estavam sendo feitos.

Foi então, em meados da década passada, que se começou a mencionar o termo "pedaladas fiscais", representando despesas que deixavam de ser registradas em um ano para serem computadas nas contas dos anos seguintes. Assim, face às primeiras decisões do Tribunal de Contas da União (TCU) sobre o assunto, em 2015 todos os atrasados foram "zerados", pagando-se ao mesmo tempo, na íntegra, todas as equalizações até então devidas — ou seja, as "pedaladas" anteriores. Naquele ano, a despesa do item alcançou um valor *once and for all*, não repetível, de 0,9% do PIB, retornando posteriormente a um patamar menor — ressalvado o aumento temporário em 2020 por conta de subsídios específicos associados ao combate aos efeitos da pandemia —, como se observa no Gráfico 9.3.

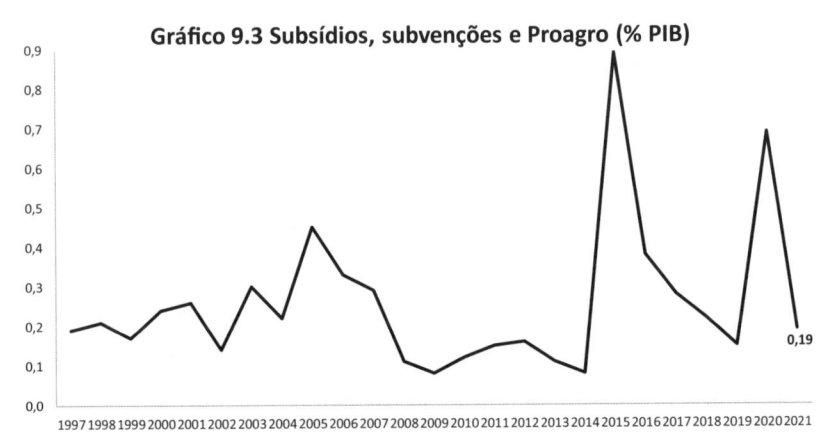

Gráfico 9.3 Subsídios, subvenções e Proagro (% PIB)

Fonte: Secretaria do Tesouro Nacional. Para 2020/2021, projeção do autor.

Nos últimos anos, a despesa foi afetada por dois condicionantes importantes, que explicam seu declínio até 2019, a ser provavelmente retomado em 2021, depois do aumento em 2020:

- A vigência do teto de gastos, que obriga a ser particularmente cuidadoso com toda despesa passível de sofrer redução, para acomodar o aumento inevitável de outras rubricas.
- A redução dos juros, que diminuiu muito o subsídio representado pelo diferencial na comparação entre os indicadores de mercado e o custo predefinido para o tomador de uma série de créditos outorgados pelo Governo, créditos esses concedidos no passado a taxas baixas, quando as taxas de mercado eram muito maiores.

Ao mesmo tempo, essa realidade torna mais difícil a possibilidade de obter novas quedas significativas da rubrica, já bastante reduzida. Esta, depois de ter sido de, como foi registrado, 0,9% do PIB em 2015, caiu para 0,4% do PIB em 2016, 0,3% do PIB em 2017, e 0,2% do PIB em 2018 e 2019, devendo ficar entre 0,2% e 0,3% do PIB em 2021. Quando essa despesa é elevada, é relativamente fácil identificar um item específico mais representativo e adotar uma medida drástica com ele. Já quando se tende a gastar apenas 0,1% ou 0,2% do PIB com 10 itens, sendo que cada um implica um dispêndio de 0,01% a 0,02% do PIB e cada uma dessas linhas de subsídio envolve um *lobby* específico de 20 ou 30 parlamentares, a tarefa de promover cortes adicionais se torna bem mais difícil.

A Tabela 9.4 mostra a decomposição recente dessa fonte de gasto.[12] O Programa de Sustentação do Investimento (PSI) respondeu por 0,04% do PIB de despesa em 2019 — sendo o item individualmente mais importante da tabela, na média dos dois anos —, após ter sido de 0,51% do PIB em 2015, com queda posterior, esperando-se que continue diminuindo depois de 2019. Tratava-se de um programa do BNDES de apoio ao investimento, definido pelo Governo Federal nos anos de governo do PT e muito questionado pelo seu custo fiscal.

---

12. Aqui optou-se por limitar os dados a 2019, por não haver ainda muita precisão acerca da alocação do total de subsídios de 2020.

Sem nos aprofundarmos no mérito da questão, o fato é que, não havendo há algum tempo novos desembolsos por conta dele, a tendência é a de que o estoque de créditos associado ao programa definhe e, no limite, daqui a alguns anos o subsídio associado a ele seja estritamente eliminado. Os demais itens da tabela envolvem, de um modo geral, subsídios agrícolas com muito apoio parlamentar e algumas operações associadas a decisões antigas, mas que não tiveram sequência e também deverão gerar a extinção da rubrica em algum momento.[13] A tendência é a de que a rubrica do total da tabela como um todo se situe no intervalo entre 0% e 0,1% do PIB daqui a um par de anos, durante o período que vigorar uma restrição fiscal mais severa, na década de 2020, na vigência da regra do teto do gasto público e supondo que não se criem novas fontes de subsídio.

Tabela 9.4 Subsídios, subvenções e Proagro: 2018/2019 (% PIB)

| Composição | 2018 | 2019 |
|---|---|---|
| Programa de Sustentação de Investimentos (PSI) | 0,07 | 0,04 |
| PRONAF | 0,04 | 0,04 |
| Programa Especial de Sanemaneto de Ativos | 0,03 | 0,01 |
| Equalização custeio agropecuário | 0,02 | 0,02 |
| Equalização investimento rural e agroindustrial | 0,02 | 0,02 |
| Política de preços agrícolas | 0,01 | 0,00 |
| PROEX | 0,01 | 0,00 |
| Fundos da Terra (INCRA) | 0,01 | 0,00 |
| Outros | 0,01 | 0,02 |
| **Total** | **0,22** | **0,15** |

Fonte: Secretaria do Tesouro Nacional.

---

13. Isso é da natureza desse gasto, em que alguns subsídios são criados por alguma razão específica do momento, duram alguns anos e depois desaparecem após certo período.

CAPÍTULO 10:

# AS DEMAIS DESPESAS OBRIGATÓRIAS

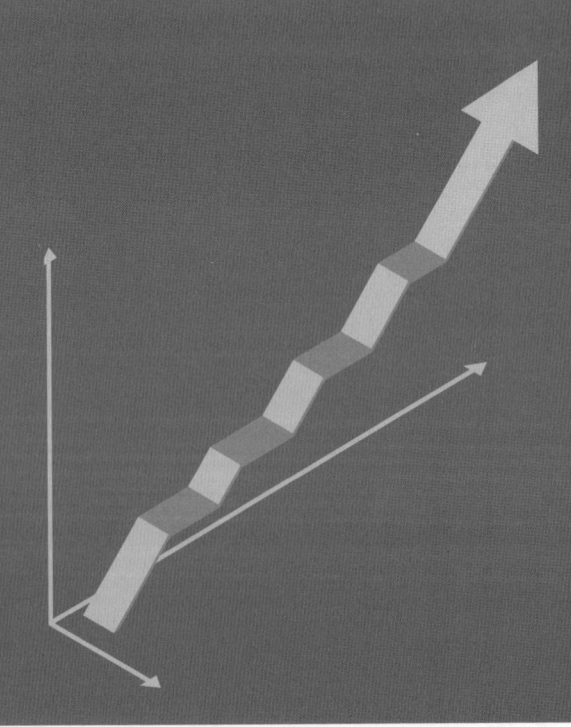

*"A sociedade brasileira se preocupa demais em expandir seu pedaço de bolo e de menos em aumentá-lo."*

(Armando Castelar Pinheiro, economista)

O BRASIL TEM CERTA PROPENSÃO A IMAGINAR QUE, colocando algo na letra fria da lei, isso estará garantido. Temos uma tendência a procurar mais o modo de conseguir algum tipo de benefício mediante a garantia de colocá-lo na forma escrita do que a pensar formas para que o bem-estar social de fato melhore e o país progrida. É o que alguém definiu como uma preocupação muito maior com os *inputs* que com os *outputs*. A luta histórica por mais verbas para a educação se inseriu nesse contexto cultural: todo o esforço é para conseguir mais verbas, sem muita reflexão acerca de como os recursos podem ser gastos em favor das melhoras da educação e do país.

Roberto Campos mostrou que, não por acaso, a palavra "direitos" aparece em número muito maior de vezes na nossa Constituição que a palavra "deveres". As vinculações, legais ou constitucionais, surgem desse ambiente, no qual, em vez de o país concentrar esforços na tentativa de superar os gargalos para o crescimento, a força dos *lobbies* setoriais tendeu a se concentrar na tentativa de obter uma fração maior dos recursos do Orçamento.

No Capítulo 5, como já foi salientado, mostrou-se que as "outras despesas" em 2021 deverão ser de 6,4% do PIB. Depois, no Capítulo 9 abriu-se esse dado em uma série de rubricas, sendo que depois da abertura em diversos itens, restava um subitem "demais", de 4,2% do PIB, sempre referente à previsão para 2021. Esse mesmo dado, por sua vez, foi objeto de nova abertura, no mesmo Capítulo 9, em novos itens, restando outro agregado menor de "outras despesas", de 3,6% do PIB. É este item que abriremos no presente capítulo.

Inicialmente, discutiremos a origem das vinculações, para depois mostrar os grandes números da questão, desagregando os dados sempre que possível e mostrando os efeitos disso para o conjunto da sociedade.

## A GÊNESE DAS VINCULAÇÕES

É tentador, para quem não é versado em temas de finanças públicas, acreditar que as vinculações sejam a solução para algumas das grandes questões orçamentárias. Sendo o cuidado com a saúde uma preocupação central de qualquer ser humano, é natural que se pense que definir que "no mínimo x%" da receita será destinada a esse setor evitaria que este tenha que "disputar" verbas com outras rubricas sujeitas ao jogo político.

Gastos com saúde são muito importantes, evidentemente — e a crise da pandemia tornou isso patente e particularmente dramático para, literalmente, o mundo inteiro — mas mesmo eles estão sujeitos a flutuações. Pode haver um ano em que os gastos com vacinas tenham sido excepcionalmente altos, sem que isso necessariamente tenha que ser repetido nos anos seguintes. Novamente olhando para o que aconteceu recentemente, é evidente que todos esperam que os leitos de UTI sejam utilizados em número muito menor no país em 2021 que em 2020, uma vez ultrapassada a crise do coronavírus.

Além da saúde, a outra área tradicionalmente sujeita a vinculações é a da educação, algo que, compreensivelmente, concentra grande simpatia da população, por razões óbvias. Ocorre que o número de crianças e adolescentes de 0 a

14 anos no Brasil deverá cair, em termos absolutos, de 44 milhões de pessoas em 2020 para 39 milhões 20 anos depois. Faz sentido ter um alto grau de vinculação diante dessa perspectiva? Ou será que, em vez de dizer que "no mínimo X" terá que ser gasto com saúde e "no mínimo Y" com educação, pode fazer mais sentido ter uma visão integrada do conjunto?

"Nada é mais perigoso para um país pobre que uma chuva de dinheiro", disse Celso Furtado sobre a Venezuela e a "maldição do petróleo", em 1957. A frase se revelaria premonitória, à luz dos males que o "ouro negro" causou ao país vizinho. Quase sessenta anos depois de ela ter sido manifestada, em 2015, Alexis Tsipras, primeiro-ministro da Grécia, em discurso aos membros de seu partido, foi didático acerca do que havia acontecido com o país, quando disse, em alto e bom som, a frase lapidária de que "a festa acabou".

Em épocas de "vacas gordas", criam-se benesses, e depois, quando as vacas "emagrecem", a forma de evitar que certas rubricas sofram mais que outras é tentar ficar sob a guarida de alguma vinculação. Surgem assim *links* entre categorias de despesa e a receita ou o PIB: saúde, educação, cultura, defesa, segurança etc. É preciso "garantir x% do PIB para a educação", mas também "no mínimo y% do PIB para a cultura", o que tende a animar as Forças Armadas a divulgarem um documento mostrando por A mais B por que o país deveria investir "pelo menos z% do PIB" na defesa. E no Congresso, sensível a esses pleitos, evidentemente a maioria dirá, ao mesmo tempo, que "a carga tributária não pode aumentar em hipótese alguma". E (quase) todos reconhecerão que "é preciso diminuir o *deficit* público". O leitor já deve ter notado que, como se diz popularmente, "a conta não fecha". No fim, a realidade em casos de crise é sempre a mesma: o cobertor é curto, e quando os recursos se tornam escassos, há setores que sempre sofrerão grandes perdas.

No fundo, o fato é que, com ou sem vinculações, nenhum governante em sã consciência cortará despesas de forma draconiana no segmento da saúde se a receita cair, havendo outros itens que se prestam a sofrer a incidência maior de cortes, por terem uma variabilidade maior.

No caso do Brasil, mais do que as vinculações formais, o que acabou se verificando com o passar das décadas foi o surgimento ou fortalecimento de dotações orçamentárias que, para além da formalidade legal, tornou-se difícil enxugar muito.[1] É isso que foi tornando o gasto cada vez mais rígido, no sentido de ter barreiras que limitam a flexibilidade orçamentária em situações de crise. É o que veremos neste capítulo e no próximo.

## OS GRANDES NÚMEROS

Citou-se, alguns parágrafos atrás, um "resíduo" de gastos previstos para 2021 de 3,6% do PIB, que é o montante ao qual se chega deduzindo-se do gasto total as despesas com pessoal e os benefícios do INSS, bem com uma série de itens de gastos definidos como "obrigatórios". Este agregado de uma espécie de "suboutros" recebe, na terminologia da STN, o nome de "despesas do Poder Executivo sujeitas à programação financeira". Note o leitor, a propósito, o paralelo entre essa variável, retratada no Gráfico 10.1, e a trajetória do investimento federal, já exposta no Gráfico 9.1.

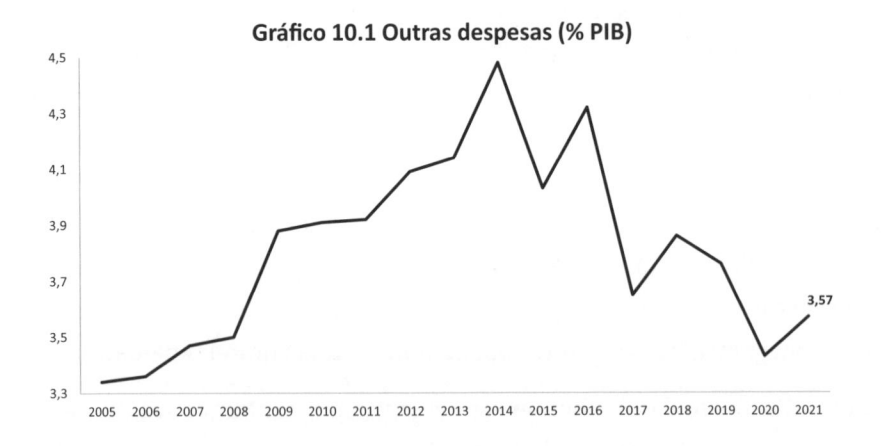

**Gráfico 10.1 Outras despesas (% PIB)**

As tais despesas do Poder Executivo, por sua vez, se dividem em dois grandes grupos, mostrados na Tabela 10.1 e cujos dados aparecem desagregados nas

---

[1]. No caso da saúde, em particular, a restrição a cortes maiores é uma simples questão de bom senso: tenha ou não vinculações, o setor precisa atender às necessidades da sociedade. No limite, se o "calo aperta", governos cortam mais na cultura, por exemplo, mas pouco na saúde — vista como atividade essencial.

estatísticas da STN a partir de 2010. São eles as "despesas obrigatórias com controle de fluxo", por um lado, e as "despesas discricionárias", por outro. No restante deste capítulo, focaremos o primeiro item, e no próximo capítulo, o segundo.

### Tabela 10.1 Outras despesas (% PIB)

| Composição | 2010 | 2014 | 2018 | 2019 | 2020 | 2021 |
|---|---|---|---|---|---|---|
| Despesas obrigatórias com controle de fluxo | 1,70 | 1,97 | 1,99 | 1,98 | 1,74 | 2,07 |
| Despesas discricionárias | 2,21 | 2,51 | 1,87 | 1,79 | 1,69 | 1,50 |
| Total | 3,91 | 4,48 | 3,86 | 3,77 | 3,43 | 3,57 |

Fonte: Secretaria do Tesouro Nacional. Para 2020/2021, projeção do autor.

O Gráfico 10.2 mostra certa tendência à expansão da rubrica das despesas obrigatórias com controle de fluxo em relação a 2010, quando foram de 1,7% do PIB em 2010, tendo oscilado em torno de 2% do PIB nos últimos anos. Isso é indicativo de certa rigidez, mesmo em um cenário de obediência ao teto de gasto e de maior rigor fiscal como o enfrentado na situação adversa dos últimos anos.[2]

### Gráfico 10.2 Despesas obrigatórias com controle de fluxo

Fonte: Secretaria do Tesouro Nacional. Para 2020/2021, projeção do autor.

---

2. Repare o leitor, contudo, que se o PIB estiver crescendo — mesmo que pouco —, o fato de a rubrica se conservar estável como proporção do PIB significa que, alcançado o teto, outras despesas teriam que cair em termos absolutos. Isso porque a estabilidade como fração do PIB, em relação a um PIB crescente, significa que essa despesa específica está aumentando. Isso obrigaria outras despesas a cair em termos reais, para poder obedecer à restrição imposta pelo teto.

## ⊜ UM POUCO DE DESAGREGAÇÃO

Nesta seção, analisaremos como se deu a evolução da variável "despesas obrigatórias com controle de fluxo" da Tabela 10.1 entre seus diversos componentes, lembrando que em 2021 espera-se que a variável corresponda a uma despesa de 2,1% do PIB. Essa desagregação é mostrada na Tabela 10.2. Em 2019, três rubricas — Bolsa Família, saúde e educação — responderam por 87% do total do gasto nesse quesito. A STN só divulga a desagregação dessas rubricas somente a partir de 2010.[3]

Tabela 10.2 Despesas obrigatórias com controle de fluxo (% PIB)

| Composição | 2010 | 2014 | 2018 | 2019 | 2020 | 2021 |
|---|---|---|---|---|---|---|
| Bolsa Família | 0,35 | 0,46 | 0,44 | 0,45 | 0,14 | 0,47 |
| Saúde | 1,09 | 1,18 | 1,19 | 1,19 | 1,26 | 1,27 |
| Educação | 0,11 | 0,11 | 0,09 | 0,08 | 0,08 | 0,08 |
| Demais despesas obrigatórias | 0,15 | 0,22 | 0,27 | 0,26 | 0,26 | 0,25 |
| **Total** | **1,70** | **1,97** | **1,99** | **1,98** | **1,74** | **2,07** |

Fonte: Secretaria do Tesouro Nacional. Para 2020, previsão do autor.

O Programa Bolsa Família alcançou a maturidade na década de 2010, após o crescimento do número de beneficiários desde seu surgimento. A partir de então, a dinâmica da relação entre a despesa e o PIB passou a variar muito tenuemente, em função basicamente de duas coisas: i) a ocorrência ou não de indexação dos pagamentos feitos ao longo do ano, ora corrigidos, ora congelados, dependendo da situação fiscal conjuntural; e b) o desempenho da economia, que afeta a relação entre essa despesa e o PIB. A queda de 2020, especificamente, se explica muito facilmente: como os beneficiários tradicionais optaram, a partir do mês de abril, por receber o "coronavoucher", pago pelo Governo Federal para combater

---

3. Cabe esclarecer que, para efeito das tabelas e gráficos mostrados neste livro, optou-se por retirar o efeito artificial da capitalização da Petrobras tanto na receita como na despesa, no ano de 2010, um típico caso de "contabilidade criativa" que distorceu os dados naquele ano. O mesmo procedimento foi adotado em relação à cessão onerosa de 2019.

os efeitos da pandemia sobre a economia, eles deixaram temporariamente de receber o Bolsa Família por vários meses desde aquele mês. A situação, porém, deverá ser normalizada em 2021.

A saúde é a principal rubrica obrigatória do item do qual trata o presente capítulo, como caberia esperar. Sua tendência ao crescimento espelha a maior pressão de gasto em uma sociedade que vai progressivamente envelhecendo e em que a demanda por saúde sofre o incremento gradual em decorrência da maior demanda pelo serviço, em função da composição etária da população.[4] Isso porque se sabe que a população idosa tende a exigir, em média, um maior número de dias de internação por ano e o acesso a um maior número de exames, muitos deles bastante caros. Ressalte-se que a proporção de idosos com 65 anos ou mais de idade no Brasil era de 7,3% da população total do país em 2010 e aumentou para 9,8% do total em 2020.

A educação sofreu uma redução relativa, mas cabe lembrar que a variável é muito menos importante na composição do total do item do que a parcela correspondente à saúde.

## UM RESULTADO RUIM

Marcos Troyjo, ocupante de uma das Secretarias Especiais do Ministério de Economia no começo do atual governo, tem uma boa frase para explicar alguns de nossos vícios. Ele diz que "no Brasil, há muito sofrimento e pouco sacrifício". Quanto ao sofrimento, não há dúvidas. Economia com desempenho muito fraco há anos, desemprego muito elevado e nível de renda baixo para a grande maioria da população compõem um mosaico de indicadores que não permite tergiversar acerca de como a população tem passado por anos muito difíceis ultimamente.

Por outro lado, não existe na sociedade a ideia de que, se houver um sacrifício durante algum tempo, ele será premiado no futuro com uma melhora da

---

4. A preços constantes, utilizando o deflator do PIB, conclui-se que, a partir de um índice inicial real de 100 em 2010, o item "saúde" das despesas obrigatórias cresceu fortemente até 2016, quando alcançou um índice de 119, caindo depois em 2019 — último ano com dados observados até dezembro — para um índice real de 115.

economia e das condições de bem-estar. O comportamento imediatista prevalece, em geral, nas mais diversas esferas: no cálculo estratégico dos políticos, nas empresas e nas decisões individuais.

O excesso de vinculações é uma dessas situações em que lógicas de ação individual acabam gerando um resultado coletivo que deixa muito a desejar. A proliferação de mecanismos de vinculação reduz a margem de manobra orçamentária do governo, e isso acaba pressionando no sentido de uma redução de itens da despesa que são muito importantes para a capacidade de crescimento da economia no longo prazo — com destaque para categorias como o investimento público ou o gasto em ciência e tecnologia.

Por isso, o tema da desvinculação geral das despesas ressurge recorrentemente no debate, como forma de dar às autoridades maior flexibilidade na decisão orçamentária acerca de como distribuir os recursos. Isso, porém, envolve certo *trade off* (dilema) de avaliação política a cargo dos *policy makers*. Isso porque, se a vinculação que se pretende eliminar for de itens que, na prática, terão que continuar a representar gastos expressivos, o governo terá investido uma dose importante de capital político para mudar as regras, sem que isso redunde em maior capacidade de gasto naquilo que lhe interessa poder utilizar a mais. Cabe avaliar caso a caso que desvinculação se pretende derrubar, quão essencial é essa despesa e o que de fato se ganha em termos de maior disponibilidade de recursos para outras áreas.

## ALÉM DAS VINCULAÇÕES

O problema, em última instância, não é representado apenas pelas vinculações, nos casos em que, se elas não existissem, seria necessário gastar os recursos praticamente da mesma forma. Considerem-se os dados da Tabela 10.2. A despesa obrigatória com saúde em 2021 deverá ser de 1,3% do PIB. A pergunta é: quanto dessa despesa deixaria de ser feita se o gasto não fosse obrigatório? Realisticamente, talvez muito pouco.

Se as despesas discricionárias, que discutiremos em maiores detalhes no próximo capítulo, subiram na composição da despesa total até 2014, quando foram 14% destas — 2,5% em relação a 18,1% do PIB —, caindo no desempenho que se espera em 2021 para apenas 7% do total, não terá sido apenas pelo maior peso das vinculações formais, e sim porque as duas grandes despesas do governo — pessoal e INSS —, que em 2014 eram de 59% do total, 7 anos depois terão passado a representar 69% da despesa líquida de transferências a estados e municípios.

As despesas formalmente obrigatórias resultantes das vinculações apenas evitam que os cortes que tiverem que ocorrer incidam sobre elas, reduzindo a parcela do Orçamento na qual é possível cortar, mas não são elas — em si — as grandes rubricas que têm achatado nos últimos anos o valor real que "sobra" para as "outras das outras" despesas, depois de arcar com todos os compromissos do Estado brasileiro em nível federal. A causa desse fenômeno, como deve ter ficado claro, foi o aumento significativo das despesas com os outros grandes agregados na segunda metade da década de 2010 — pessoal e INSS.

O que sobra, então? É o que veremos no próximo capítulo.

CAPÍTULO 11:

# AS DESPESAS DISCRICIONÁRIAS

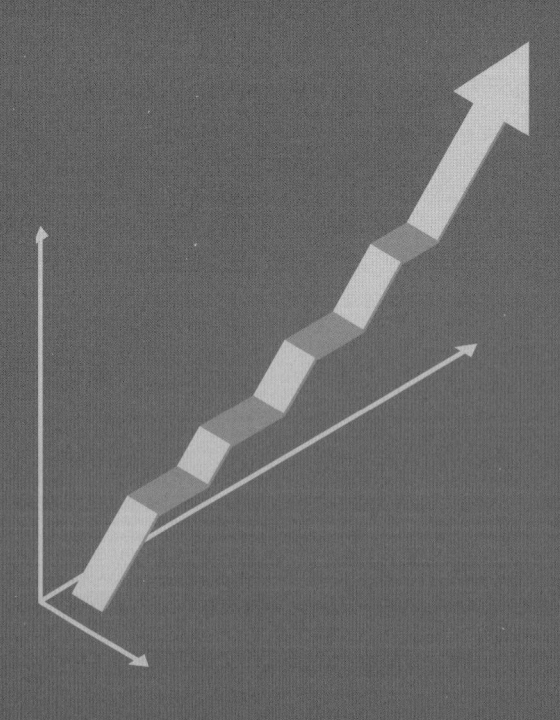

*"Aumentar um pouquinho a dívida não tem problema, não. Não pode mais ficar esse casulo de segurar, segurar. Já segurou demais."*

(José Guimarães, líder do Governo na Câmara de Deputados em 2015, depois de, entre 2004 e 2014, o gasto real do governo ter aumentado 63%, ou seja, 5% a.a. durante 10 anos)

JÁ SE DISSE MUITAS VEZES QUE "O BRASIL NÃO PERDE oportunidade de perder oportunidades". Na raiz desses erros cometidos está a falta de entendimento de uma parte importante da população, da opinião pública e das lideranças políticas em geral acerca dos processos econômicos que afetam a vida do país.

O que está acontecendo com a despesa cuja análise será objeto deste capítulo é a expressão desses equívocos. Antes recapitularemos os grandes números. Novamente retomando o Capítulo 5, lá tomamos como referência um valor das "outras despesas" de 6,4% do PIB previstas para 2021. No Capítulo 9, desagregamos essa despesa entre diversas rubricas e chegamos a um item "demais" de 4,2% do PIB, sempre em 2021. Logo a seguir, abrimos esse item e definimos o foco de um subitem "outras despesas", que é parte desse "demais" e que em 2021 deverá ser de 3,6%

do PIB, que no Capítulo 10 foi denominado de "despesas do Poder Executivo sujeitas a programação financeira", sendo que, nelas, 2,1% do PIB foram as chamadas "despesas obrigatórias com controle de fluxo". O atual capítulo é sobre "o que sobra", ou seja, as despesas discricionárias, que deverão somar 1,5% do PIB em 2021. Como nos demais capítulos, aqui adotaremos hipóteses que hoje parecem realistas acerca do que se pode esperar para o comportamento dessas rubricas em 2020 e 2021.

As "outras despesas" daquele primeiro agregado de 6,4% do PIB, que, com pessoal e INSS, compõem a despesa total, foram de 4,4% do PIB no ano de 2003. Escalaram depois até nada menos que 8,2% do PIB em 2015. Mesmo assim, em que pese esse verdadeiro frenesi de gastos, a cegueira ideológica levava aqueles que se opunham a mecanismos de controle básicos da despesa a tratar do assunto como se o país estivesse fazendo corte atrás de corte no gasto público. A ausência de um maior discernimento na gestão da despesa na época das "vacas gordas" levou a que o país não estivesse preparado para enfrentar tempos difíceis quando a situação se revertesse. E foi exatamente o que aconteceu quando o país teve que começar a se ajustar e essa rubrica agregada caiu, até agora, na intensidade mencionada.

As despesas discricionárias são uma típica variável de ajuste, que cresce em fases de exuberância fiscal, quando os recursos abundam, e sofre particularmente a maior incidência de cortes quando os tempos são difíceis.

Neste capítulo completaremos o "raio X" do conjunto de itens analisados, tratando desse tipo de despesas, mostrando a importância de explicar em detalhes o que acontece com cada rubrica, expondo os dados das diversas linhas que compõem o subtotal em questão e destacando as enormes variações reais que o item teve ao longo dos diversos anos na década de 2010.

## ALGO A MAIS ENTRE O CÉU E A TERRA

No debate sobre política fiscal, é importante distinguir entre o comportamento agregado da despesa e o que pode estar acontecendo com algumas rubricas específicas. Muitas vezes, nas análises na imprensa, toma-se um certo dado e, a partir disso, se fazem inferências indevidas sobre o conjunto.

O comentário aplica-se ao que está acontecendo justamente com as despesas discricionárias. Estas, de fato, como veremos, estão caindo muito em termos reais. Quem é contra uma condução fiscal ortodoxa, então, usa e abusa de expressões como a de que estaria havendo um "austericídio", associando o que está ocorrendo com a variável à política fiscal como um todo, como se toda a despesa pública estivesse colapsando.

A rigor, o que ocorre é que o país é vítima de suas escolhas de política. Ou seja, se há vigente um regime de restrição fiscal baseado na contenção da despesa — tema de nosso próximo capítulo — e, ao mesmo tempo, as duas principais rubricas de gasto — pessoal e INSS — se expandem, matematicamente o resultado só pode ser um: a queda das demais despesas — e é exatamente isso que ocorreu nos últimos anos.

Quando, além disso, por restrições institucionais que tornam algumas rubricas mais protegidas do que outras, os cortes compensatórios acabam incidindo não sobre a parcela de "outros" de 7% ou 8% do PIB, e sim sobre um subitem menor desse agregado, da ordem de 2% a 3% do PIB, então o efeito da contenção sobre essa variável, especificamente, é muito forte. É justamente isso que está ocorrendo. A "culpa", porém, não é da restrição fiscal em si, mas do fato de que essa rubrica foi sendo "achatada" pela pressão, nos últimos anos, das despesas com funcionalismo e, há décadas, do gasto previdenciário. É essa a realidade indigesta que cabe encarar.

## AS "OUTRAS" DAS "OUTRAS DESPESAS"

Um elemento importante a ressaltar é o que acontece com as despesas com saúde e educação. Essas são, tipicamente, rubricas nas quais ao longo dos anos os legisladores brasileiros foram estabelecendo mecanismos de vinculação para proteger de cortes esses setores, entendidos como mais importantes ou essenciais do que outros. Tais vinculações, porém, correspondem a valores mínimos de despesa, o que não quer dizer que o que é gasto em tais itens tenha que ficar restrito a esse mínimo.

O esclarecimento é válido porque, se na composição da despesa obrigatória as vinculações são importantes, a saúde e a educação são também uma fonte de gastos fundamental na composição da despesa discricionária. Ou seja, esses são setores nos quais se gasta um valor X por conta das vinculações, e, além disso, as exigências da vida real levam o governo a praticar outras despesas em valores que vão além dos associados ao mínimo exigido pela lei ou pela Constituição.

Esse é realmente um *constraint*, portanto, para as demais despesas que não saúde e educação. Recapitulemos o drama: há vigente um teto que proíbe o gasto de aumentar. Porém, duas rubricas — por acaso, as maiores — continuam crescendo. É necessário então cortar no resto. Ocorre que, no resto, há uma parcela relevante em que, na prática, não dá para mexer. Sobram as tais despesas que mostramos, que se denominam de "despesas do Poder Executivo sujeitas a programação financeira", sendo que nelas, por sua vez, por volta da metade é de despesas obrigatórias, portanto, rígidas. Sobram então, no fim, as despesas discricionárias.

Ocorre que, mesmo nas despesas discricionárias, há uma certa "hierarquia", porque cabe esperar que as pastas de saúde e educação terão (quase) sempre no comando ministros com maior poder de barganha junto ao presidente da República para escapar, pelo menos em parte, da "tesoura" mais do que outros. O que acontece se cortarem em 20% a verba de um ministério visto como não essencial? Nada muito sério, provavelmente. Já se cortarem R$500 milhões do orçamento do Ministério da Saúde, isso dá manchete de jornal, quase na certa.

Sobram então, para cortar, as "outras das outras despesas". E nesse caso, tem-se quinze ou vinte ministros se engalfinhando pelo que sobra de recursos, governador querendo fazer convênios para tentar que o que ele não pode gastar no estado seja "bancado" com recursos federais etc. Paulo Francis dizia, com sarcasmo, que "ainda se pode viver sem o Governo Federal em São Paulo. Este é seu segredo". O fato, porém, é que isso não vale para o resto da Federação, onde a dependência em relação a Brasília é sempre muito grande.

Imagine-se por exemplo o seguinte quadro: um governador negociou com o presidente da República para abrigar um presídio de segurança máxima longe do Rio e de São Paulo, em troca de obras no entorno do local da prisão. Com esta semipronta, o noticiário local, os programas de rádio e o jornal da região começam a falar da "chegada dos bandidos de alta periculosidade", infernizando a vida do governador. A defesa deste diante das críticas é a de que, em troca de o estado aceitar esses presos, o Governo Federal construiria 3 mil casas populares e asfaltaria uma estrada, que era uma antiga reivindicação da comunidade próxima. Só que, na hora de fazer as obras no entorno, Brasília manda contingenciar os recursos, e as obras do entorno são suspensas. Para o governador, o acontecimento vira então um inferno.

Esse é um pequeno exemplo de como nas rubricas envolvidas nas "outras despesas das outras despesas" repousam as esperanças de todo tipo de agentes. Prefeitos das capitais do Nordeste que aguardam pelas obras federais de estímulo ao turismo do programa "Orla Feliz"; governadores do Norte que pressionam pela construção de presídios para aliviar o problema explosivo da superpopulação carcerária; habitantes de Minas Gerais aguardando a nova fase do programa Minha Casa Minha Vida etc. São todos casos que, na prática, implicam demandas por recursos que incidem justamente nas rubricas sujeitas a cortes. E é ali que se verificam os efeitos de muitas das famosas "emendas parlamentares", que por vezes representam certo desperdício de recursos, mas em muitas ocasiões são o mecanismo para executar pequenas obras que são benéficas e fazem sentido para a população de um determinado lugar.

## OS GRANDES NÚMEROS

Podemos agora olhar em detalhes os processos aos quais nos referimos. O comportamento das despesas discricionárias aparece exposto no Gráfico 11.1. Note-se que, como com outras variáveis, também aqui se observa um aumento, na fase de relaxamento fiscal baseado no aumento do gasto público como um todo, seguido de uma queda, quando as condições de financiamento do gasto público se deterioraram a partir de meados da década de 2010. Expressas como proporção do PIB, essas despesas crescem até o pico de 2,5% do PIB em 2014 — eram de 2,2% do PIB em 2010, primeiro ano da desagregação — e cedem depois, devendo cair até 1,5% do PIB em 2021 (ver também Tabela 11.1).

**Gráfico 11.1 Despesas discricionárias (% PIB)**

Fonte: Secretaria do Tesouro Nacional. Para 2020/2021, projeção do autor.

A Tabela 11.1 expõe o que foi dito antes acerca da importância das despesas com saúde e educação na composição do total das despesas discricionárias, mesmo não sendo obrigatórias.[1] A rigor, em fases de dificuldades orçamentárias, as despesas discricionárias com esses setores podem cumprir, potencialmente, uma função compensatória. Isso se explica pelo fato de que, como o componente obrigatório em geral é enunciado na vinculação como uma proporção mínima da receita, quando esta cai, o montante absoluto obrigatório também diminui. Assim, se o setor de saúde precisa evitar uma queda do conjunto dos recursos com os quais lida, o jeito acaba sendo apelar para um maior recebimento de recursos da parcela discricionária do gasto.

---

1. No caso desta Tabela, optou-se por limitá-la a 2020 pelo fato de ainda haver diversas incertezas acerca da alocação do total entre todos os itens da tabela para 2021. Para o total, porém, espera-se que a despesa de 2021 seja dos já citados 1,5% do PIB.

## Tabela 11.1 Despesas discricionárias (% PIB)

| Composição | 2010 | 2014 | 2018 | 2019 | 2020 |
|---|---|---|---|---|---|
| Saúde | 0,22 | 0,28 | 0,43 | 0,40 | 0,45 |
| Educação | 0,35 | 0,53 | 0,36 | 0,30 | 0,28 |
| Demais despesas discricionárias | 1,64 | 1,70 | 1,08 | 1,09 | 0,96 |
| Defesa | 0,27 | 0,28 | 0,22 | 0,27 | 0,29 |
| Transporte | 0,36 | 0,25 | 0,16 | 0,13 | 0,12 |
| Ciência e tecnologia | 0,11 | 0,10 | 0,06 | 0,05 | 0,04 |
| Segurança pública | 0,06 | 0,04 | 0,05 | 0,05 | 0,04 |
| Assistência social | 0,08 | 0,08 | 0,05 | 0,05 | 0,03 |
| Outras | 0,76 | 0,95 | 0,54 | 0,54 | 0,44 |
| Total | 2,21 | 2,51 | 1,87 | 1,79 | 1,69 |

Fonte: Secretaria do Tesouro Nacional. Para 2020, projeção do autor.

## OS ALTOS E BAIXOS

Como se pode observar na Tabela 11.1, se das despesas discricionárias for retirado o componente que vai conjuntamente para os setores de saúde e educação, tem-se um agregado que, em 2010, era de 1,6% do PIB, aumentou ligeiramente para 1,7% do PIB quatro anos depois e, em 2020, deverá encolher até apenas 1% do PIB, prevendo-se que encolha mais ainda em 2021. Com exceção do setor de Defesa — onde cabe especular que a origem do atual presidente da República exerce influência na decisão alocativa do Orçamento aprovado pelo Congresso —, em geral, todos os setores perderam espaço no Orçamento a partir de meados da década passada, levando em todos os casos a uma menor relação Gasto setorial/PIB que em 2010.

O corolário do que foi dito é que os cortes de gasto acabam incidindo sobre uma parcela ainda menor da composição das despesas discricionárias. Observe-se que, na comparação entre 2014 e 2020 da Tabela 11.1, saúde e educação juntas responderam por despesas da ordem de 0,7% a 0,8% do PIB tanto em 2014 como em 2020. Já as demais despesas discricionárias tiveram uma queda significativa, conforme já apontado (Gráfico 11.2).[2] Essa é uma redução que, em muitos casos, acaba representando até mesmo o cancelamento de certos programas.

**Gráfico 11.2 Despesas discricionárias, exceto saúde e educação (% PIB)**

Fonte: Secretaria do Tesouro Nacional. Para 2020/2021, projeção do autor.

Aos efeitos da existência de uma barreira representada pelo teto de gastos somou-se, na prática, como elemento de contenção das despesas discricionárias, a consequência do baixo ritmo de crescimento observado na economia brasileira depois de 2016, quando a recuperação se deu a um ritmo muito lento. Para isso, criou-se aqui um exemplo, com os números expostos a seguir, de modo a explicar melhor a questão para o leitor. Como o exemplo é fictício, não importa a unidade de referência dos valores.

| Teto de gastos | 100 (Orçamento) |
|---|---|
| Pessoal | 30 |
| INSS | 40 |
| Outras despesas | 30 |

Admite-se que, nesse item "Outras despesas", as despesas obrigatórias sejam de 20, e as discricionárias, de 10 unidades.

Ao mesmo tempo, porém, existe um teto de *deficit* primário que o Governo Central tem que respeitar, e ele depende da receita. Suponha-se que, por exemplo, o Orçamento seja baseado nas seguintes hipóteses, em que o conceito de *"deficit"* abaixo se refere ao resultado primário, sem considerar os juros da dívida pública:

| Receita | 80 |
| --- | --- |
| Despesa | 100 |
| *Deficit* | 20 |

Admita-se, porém, que devido ao fato de a receita ter um desempenho pior que o esperado, no exercício bimestral de estimativa da variável, o governo reduza a previsão de arrecadação de 80 para 75 unidades. Ora, se o teto de *deficit* primário tem que ser obedecido, isso implica que o gasto terá que ser ajustado para 95. Ou seja, mesmo que a regra do teto de gasto permita gastar 100, o gasto efetivo será de 95. Assumindo que nas rubricas de pessoal, INSS e despesas obrigatórias não seja possível mexer, a composição do gasto seria então a seguinte:

| **Total de gasto** | **95** |
| --- | --- |
| Pessoal | 30 |
| INSS | 40 |
| Obrigatórias | 20 |
| Discricionárias | 5 |

Nesse caso, mesmo podendo ser de 10 unidades se a restrição relevante for o teto de gasto, as despesas discricionárias serão de apenas 5 — com um corte de 50% — se, na prática, o que estiver restringindo a despesa for a combinação de teto de *deficit* com o comportamento da receita. É exatamente isso que aconteceu no Brasil recentemente, quando, além das restrições fiscais resultantes da regra do teto, as despesas discricionárias tiveram que se ajustar em face do baixo nível da arrecadação, em um contexto de crescimento fraco da economia.

O que nos leva a um tema essencial: o teto de gastos. Trataremos disso a seguir.

CAPÍTULO 12:

# TETO DE GASTOS: O QUE ACONTECEU?

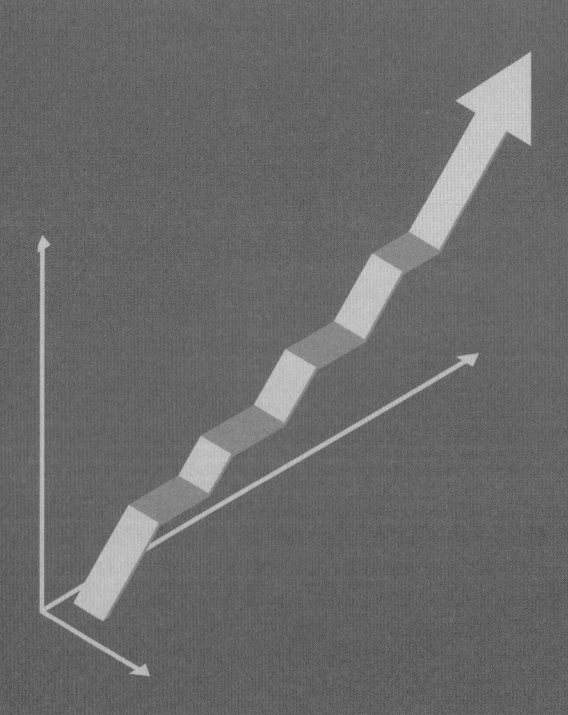

*"O grande problema da sociedade brasileira é a sua indisposição com as restrições impostas pelo mundo físico em que vive. Não aceita que seja impossível violar as identidades das Contas Nacionais."*

(Antonio Delfim Netto, economista, professor e político)

ENTRE 1991 E 2016, UTILIZANDO COMO DEFLATOR O DEFLAtor do PIB, o gasto primário real do Governo Central líquido das transferências a estados e municípios cresceu a uma taxa média anual de 5%. Nesse processo, a variável passou de 11,1% para 19,9% do PIB. Em 2016, foi adotada a regra do teto do gasto público, e a expansão anual do gasto caiu para 0,3% no triênio posterior, antes dos eventos excepcionais de 2020, com suas repercussões fiscais.[1]

Dependendo do que ocorrer no futuro próximo, o ano de 2016 pode vir a ser um divisor de águas para o desempenho da economia brasileira — ou não. A expansão do gasto naquele período de duas décadas

---

1. Foi possível ocorrer um pequeno crescimento real do gasto depois de 2016, até 2019, em que pese a vigência do teto, pelo fato de o indexador da despesa nominal ter tido pequenas diferenças em relação ao deflator do PIB utilizado na conta feita acima.

e meia teve como contrapartida, basicamente, dois mecanismos. O primeiro foi uma expressiva elevação da carga tributária do Governo Federal, que em termos brutos se elevou de 14,6% do PIB em 1991 para 21% do PIB, 25 anos depois, tendo alcançado, inclusive, níveis superiores a este em alguns anos prévios. O segundo foi uma piora do resultado primário do Governo Central, que havia sido superavitário em 1% do PIB em 1991 e, em 2016, convertera-se em um *deficit* de 2,5% do PIB, gerando, nos últimos anos, uma forte pressão sobre o endividamento público. Resumidamente, se considerarmos também a expansão das transferências para os governos subnacionais, o gasto nesse período de um quarto de século cresceu quase 10 pontos do PIB, tendo como contrapartida um incremento da receita da ordem de 6,5 pontos do PIB e uma piora de resultado primário — isto é, sem contar os juros da dívida — de 3,5% do PIB. Em resumidas contas, um descalabro. O financiamento dessa expansão do gasto se deu inicialmente via inflação elevada, durante alguns anos por meio da venda de ativos — privatização — e, intermitentemente, por meio da elevação da dívida pública. Era o roteiro para o desastre.

As contas do Governo Central são essenciais para a situação fiscal porque são elas que ditam a dinâmica do que acontece com o setor público do país, dado que as empresas estatais hoje são pouco representativas para o resultado fiscal e, no âmbito dos estados e municípios, não dá para aspirar a ter grandes esforços de poupança fiscal.

O percurso antes citado foi praticamente contínuo em termos de expansão do gasto, mas não de seu financiamento. Embora o aumento da despesa tenha sido praticamente uma constante, houve, pelo lado da receita, um esforço de ajuste importante em diversos anos do período, acarretando uma geração expressiva de *superavit* primários durante um bom período. Com efeito, a partir do ajuste fiscal de 1999 — inclusive —, o Governo Central foi capaz de gerar, durante um período de 15 anos consecutivos, um *superavit* primário médio de 2% do PIB. Em 2014, porém, o sinal se inverteu e, na média dos seis anos 2014/2019, exibiu *deficit* primários de 1,6% do PIB, novamente, antes do ano atípico de 2020. Uma piora fiscal de 3,6% do PIB entre as respectivas médias.

Não há como negligenciar a importância do problema. Expressas como proporção do PIB, a dívida líquida do setor público e a dívida bruta do governo cresceram de forma praticamente contínua desde 2013. Para 2020, a previsão é a de que a primeira e a segunda se situem perto de 70% e de 95% do PIB, respectivamente. Para 2021, projeta-se um *deficit* público da ordem de 7% do PIB, composto por um *deficit* primário de 3% do PIB, combinado com uma despesa de juros de 4% do PIB. Mesmo considerando a natureza excepcional dos dados de 2020, devido aos efeitos da pandemia, a realidade fiscal de 2021, embora seja melhor que a esperada para 2020 em termos da dimensão do desequilíbrio, ainda inspirará enormes cuidados. O país se vê às voltas com uma diferença entre despesas e receitas de uma magnitude que precisa ser combatida, visando alcançar daqui a alguns anos uma situação fiscal mais confortável, com um *deficit* público que se limite no futuro a algo em torno de 2% do PIB. Assumindo que a carga de juros se mantenha como proporção do PIB, o país terá que alcançar um *superavit* primário, em algum momento ainda que distante, em torno de 2% do PIB, o que implica fazer um ajustamento de uns 5% do PIB em relação aos números esperados para 2021. O presente livro é parte do esforço de convencimento que terá que ser empreendido para que esse ajuste seja viabilizado.[2]

Este capítulo trata do teto do gasto público aprovado em 2016 e seus efeitos. Após sintetizar o que diz a literatura acadêmica sobre regras fiscais, será destacada a importância da mudança institucional ocorrida naquele ano, para então explicar em que consiste o teto, como entender a despesa extra de 2020 à luz de sua vigência, o que aconteceu após sua adoção e esclarecer alguns equívocos presentes no debate sobre o tema.

---

2. O alvo de um *superavit* primário de 2% do PIB está ligado ao que se poderia denominar de "matemática da dívida", para gerar uma trajetória declinante, a partir de algum momento, da relação Dívida/PIB. Hipóteses mais otimistas acerca da possibilidade de alcançar uma dívida maior e de ter taxas de juros — que afetam a carga de juros — menores ou taxas de crescimento — que afetam a relação Dívida/PIB — maiores, podem gerar como resultado uma necessidade de *superavit* primário um pouco menor. O risco é que essas hipóteses não se confirmem e o país acabe flertando com a perspectiva de um "calote" da dívida pública.

## REGRAS FISCAIS: UMA SÍNTESE[3]

Regras fiscais são definidas como um mecanismo que introduz, às vezes por um certo período de tempo, limites quantitativos para alguma das principais variáveis fiscais de um país. As regras foram criadas, dentre outras razões, como forma de conter o viés deficitário do setor público. A existência desse viés tem diferentes explicações na literatura. A primeira decorre da informação limitada dos agentes econômicos: como muitos destes não enxergam perfeitamente a restrição orçamentária do governo, tendem a superestimar os benefícios dos gastos correntes e a subestimar os custos fiscais a ele associados, situação conhecida como "ilusão fiscal". Uma segunda explicação associa o viés deficitário com ambientes de acirrada competição política. Nesses casos, a dívida pública é utilizada estrategicamente por cada governante para influenciar a escolha de seu sucessor. Outra explicação para o viés deficitário é relacionada aos grupos de pressão. Supondo uma sociedade com diferentes grupos que se beneficiam de determinados tipos de gasto, o governo pode ser influenciado pelo *lobby* desses grupos, levando a um nível de orçamento maior do que o desejado.

As primeiras regras fiscais tiveram origem nos anos 1970 e 1980, como consequência do contexto macroeconômico da época em muitos países, caracterizado pelo aumento da dívida pública e dos *deficit* orçamentários em diversas economias. Foi somente nos anos 1990, contudo, que houve uma maior difusão das experiências. A segunda onda se deu ao longo dos anos 2000, com a característica de ter sido uma aplicação mais voltada para os mercados emergentes. Por fim, a terceira onda aconteceu após a crise internacional de 2008, no contexto de nova aceleração do endividamento dos países avançados. Além da adoção de regras em maior número de países, aquelas já existentes também foram reformadas, com o objetivo de sinalizar uma maior responsabilidade fiscal, principalmente no médio e longo prazo.

---

3. Esta seção segue, em forma em boa parte literal, a seção sobre o mesmo assunto escrita pelo autor em outro texto, este em coautoria (Giambiagi e Tinoco, 2019).

Hoje em dia, mais de noventa países utilizam alguma regra fiscal.[4] Além das regras nacionais e subnacionais, existem também as supranacionais, cujo exemplo maior é o da União Europeia.[5] Como principais características, as regras fiscais são especificadas em torno da base legal (Constituição ou Lei), cobertura (esfera governamental), abrangência (por tipo de gasto), mecanismos de *enforcement*, monitoramento e formas de punição, entre outras. Normativamente, elas devem ser, segundo a literatura: (i) bem definidas, (ii) transparentes, (iii) simples, (iv) adequadas a determinados objetivos, (v) consistentes com outras políticas macroeconômicas, (vi) suficientemente flexíveis para acomodar choques exógenos, (vii) críveis e (viii) apoiadas por políticas que garantam sua sustentação no médio e no longo prazo.

Em termos práticos, a questão-chave para a implementação da regra fiscal reside na escolha da variável a ser limitada, entre as quais se destacam: a) a dívida, b) a despesa ou c) o resultado (primário ou nominal, contábil ou estrutural). É possível definir três fatores que devem orientar a decisão: (i) a ligação direta com o objetivo principal da regra (por exemplo, a razão dívida/PIB), (ii) a capacidade de dar um direcionamento operacional claro para a política fiscal e (iii) a transparência e facilidade de monitoramento.

As regras para a dívida têm como principal vantagem o fato de que atuam sobre a principal variável para avaliar a sustentabilidade fiscal. Além disso, chamam a atenção pela simplicidade e transparência. Como desvantagem, destaca-se que diversos fatores fora do controle da autoridade fiscal, tais como os juros e o câmbio, podem impactar a trajetória da dívida.

As regras para a despesa têm como grande vantagem fornecer uma direção de curto prazo para a política fiscal, já que o governo tem controle sobre a variável em questão. Além disso, é algo simples, transparente e que favorece as políticas de estabilização. Como desvantagem, a literatura destaca o fato de que a regra tem menor ligação com o objetivo da sustentabilidade fiscal, pois ela controla a despesa, mas não leva em conta a receita — embora, no longo prazo, cabe

---

4. Ver Eyraud *et al.* (2018).
5. Para um detalhamento sobre a evolução das regras fiscais na União Europeia, ver Gobetti (2014).

esperar que esta tenda a aumentar em termos absolutos. Outra desvantagem é que ela pode afetar negativamente a qualidade do gasto.

Já as regras para o resultado das contas públicas têm como principal vantagem fornecer uma direção de curto prazo para a política fiscal, além de ter um alto grau de ligação com a dívida e estar associadas à facilidade de monitoramento. Para os casos nos quais a meta é construída levando em conta o resultado nominal — em vez do primário —, essa ligação é ainda maior. Por outro lado, nesses casos específicos, o alcance das metas passa a depender de variáveis que estão fora do controle da autoridade fiscal, como a taxa de juros.

Vários países combinam duas ou mais regras fiscais. O caso mais frequente é o de regras para a dívida, combinadas com regras para o resultado fiscal, as últimas ajudando a guiar os *policy makers* no manejo da política de curto prazo. Outro exemplo clássico é o da União Europeia, onde, além da regra supranacional, alguns países têm suas próprias regras em nível nacional.

A vigência de regras fiscais parece estar, ao menos na Europa, associada a um melhor desempenho fiscal. Elas também estão relacionadas a um maior crescimento econômico. Apesar dos resultados positivos, a literatura também documenta efeitos negativos, como: (i) a indução de um comportamento pró-cíclico, (ii) o estímulo à adoção de contabilidade criativa e operações fora do balanço e (iii) a redução na qualidade do gasto, com perda de foco em relação a outras prioridades.

Quanto aos princípios para a formulação de novas regras, baseado nessas experiências, as lições que surgem da análise sobre as melhores práticas no tema são três. A primeira é observar a consistência entre diferentes regras e assegurar que o conjunto garanta a sustentabilidade da dívida. A segunda é criar incentivos para o cumprimento das metas, definindo benefícios em caso de sucesso e aumento dos custos em caso de insucesso. Finalmente, a terceira é permitir certa flexibilidade, sem que se prejudique a simplicidade. Nesse caso, as regras para despesa seriam recomendadas, pois parecem oferecer um balanço mais adequado entre flexibilidade e simplicidade.

Há autores que defendem que as regras para a despesa têm vantagens que as tornam particularmente atrativas em relação às outras regras.[6] A justificativa se baseia em cinco pontos: (i) a despesa é o agregado com maior controle direto do governo, (ii) as regras para a despesa são as que mais atacam o viés deficitário, (iii) elas são fáceis de monitorar e de comunicar ao público e aos políticos, (iv) tais dispositivos raramente impedem o funcionamento dos estabilizadores automáticos, e (v) a norma pode ser instrumento de melhora na composição dos gastos públicos, se o limite for especificado por categorias de gastos.

Desta seção, podem ser tiradas duas conclusões principais, para efeito do que nos interessa destacar neste livro. A primeira é que a recomendação mais atual na literatura recente é a de que as regras combinem simplicidade e flexibilidade e tenham mecanismos de incentivos bem formulados. E a segunda é que as regras com foco na despesa parecem ser preferíveis, por conta desse balanço favorável entre as diferentes características. No que diz respeito às ilações que, à luz dessas considerações, é possível fazer para o caso brasileiro, os ensinamentos do que foi exposto sugerem que a ideia de ter uma regra de teto de gastos está bem apoiada na literatura econômica especializada.

## O FIM DE UM CICLO

Jan Martins Ahrens, correspondente do jornal *El País* em Manágua, ao comentar as eleições presidenciais de 2016 naquele país, declarou que "a Nicarágua atual tem um pé no delírio". O Brasil em meados da década de 2010 não tinha chegado aos graus de loucura da Nicarágua, mas estava chegando ao fim, sim, um ciclo de trinta anos marcado por certo irrealismo fiscal. Ele se inaugurou após a redemocratização de 1985, no pressuposto de que a "vontade política" seria a chave para, como se dizia na época, "colocar comida na boca do povo".

Nesse processo, se juntaram diversos elementos. O mais importante deles é o sentimento, profundamente enraizado na época, acerca do papel do Estado

---

6. Ayuso-i-Casals (2012).

na economia. Poucas frases descrevem melhor isso do que a explicação que Fernando Henrique Cardoso deu a Armínio Fraga quando o estava preparando para a sabatina no Senado no começo de 1999, para assumir a presidência do Banco Central. A frase foi reproduzida pelo próprio FHC em mais de um de seus livros. Disse Fernando Henrique, na ocasião: "O Brasil não gosta do capitalismo. Os congressistas não gostam do capitalismo, os jornalistas não gostam do capitalismo, os universitários não gostam do capitalismo... O ideal, o pressuposto que está por trás das cabeças, é um regime não capitalista, com Estado forte e bem-estar social amplo". Esse foi o espírito que prevaleceu na sociedade brasileira e no meio político do Brasil durante décadas — e está presente até hoje.

O resultado foi uma expansão do gasto público praticamente sistemática. A já citada Tabela 5.1, em que, no final de cada gestão, o presidente que sai deixa como legado ao sucessor um governo de tamanho maior que o que encontrou ao assumir, é a melhor representação desse fato.

E, cabe destacar, isso se deu sob governos de diferentes matizes, até a adoção do teto em 2016. José Sarney, com sua ambição de legitimidade dado o contexto em que ascendeu à presidência, foi incapaz de conter as pressões por mais gasto em seu governo. A dupla Fernando Collor/Itamar Franco acelerou o processo, em que pese o declarado liberalismo do primeiro. E ele se consolidou nos governos FHC e do PT, que, com alguma licença poética pelo fato de serem agrupados em conjunto, poderiam ser qualificados genericamente de socialdemocratas.

Trinta anos depois da redemocratização, em meados da década de 2010, o Brasil tinha, então, um Estado muito mais presente do que antes — mas exaurido. Com políticas para o desemprego, para o combate à pobreza, para os aposentados —, mas com serviços de baixa qualidade, educação precária, saúde como fonte de muitas queixas e um passivo dramático na área de segurança pública, com o quadro da ordem de 60 mil homicídios por ano. Um ciclo parecia chegar ao fim.

## ≡ UM MARCO

"O argentino é um indivíduo, não um cidadão", dizia Jorge Luis Borges, fazendo menção ao individualismo da alma nacional do país vizinho. Com as devidas ressalvas quanto às diferenças, também no Brasil pareceu não haver, durante anos, capacidade de pensar nos interesses do conjunto. A lógica de obter mais recursos do Estado foi se cristalizando cada vez mais nos diferentes atores em torno dos quais se estabelece a disputa por parcelas do Orçamento.

Além da dificuldade de encontrar soluções conjuntas, em um contexto em que cada grupo social procurava aquinhoar uma parcela maior dos recursos fiscais, foi se consolidando também a tendência de que tudo no Brasil tinha que estar consagrado na Constituição. Certo tipo de parâmetros referentes à aposentadoria, como o tempo necessário para poder requerer o benefício, que na década de 1960 estavam na lei, foram inseridos na própria Constituição, em 1988. O governo planejava um ajuste fiscal para viabilizar o Plano Real? Aprovou-se então o Fundo de Estabilização Fiscal de 1994 — inserido na Constituição. Os setores ligados à saúde queriam reforçar a vinculação de recursos? E tome então a "PEC da Saúde", no governo FHC, estabelecendo uma "supervinculação", amarrando o gasto com saúde ao próprio PIB. O país, em 2016, no governo Temer, pretendia mudar as regras de aposentadoria? Havia que tentar reescrever então o capítulo previdenciário, mediante nova redação da própria Constituição. No mesmo governo, queria-se redobrar a aposta no ajuste fiscal? Enviou-se então ao Congresso o teto do gasto público na forma de... uma Proposta de Emenda Constitucional (PEC). Constituição: é para ela que tudo converge, com suas mais de 100 emendas e seus 250 artigos, além dos mais de 100 artigos das disposições transitórias, que, no conjunto, tratam de quase tudo, desde o Colégio Pedro II até a remuneração da hora extra.

Porém, como dizia Nelson Rodrigues, "nada é mais brutal do que o fato". E o fato é que a situação à qual se chegou no Brasil em matéria fiscal em torno de 2015/2016 parecia ser simplesmente insustentável. Com a dívida pública crescendo como proporção do PIB mês após mês, ameaçando trazer de volta antigos fantasmas associados ao risco de *default* da dívida pública, o ajuste fiscal converteu-se na época em uma imposição das circunstâncias.

Na trajetória das contas públicas brasileiras nos últimos 35 anos, portanto, podemos definir três marcos importantes de avanços. O primeiro foi o ano de 1994, quando a estabilização passou a permitir uma visão fidedigna da situação fiscal, ao contrário da opacidade gerada pela alta inflação. Com os preços contidos, deixou de ser possível contornar os problemas fiscais simplesmente adiando a liberação da despesa, para o governo se beneficiar dos efeitos de uma inflação mensal de 20% ou 30%. O segundo foi o ano de 1999, quando o setor público experimentou um ajustamento primário de quase 3% do PIB. O terceiro, após 5 anos consecutivos de deterioração do resultado primário, foi a aprovação da "regra do teto" no final de 2016, baseada na filosofia referente às regras fiscais citada na primeira seção do capítulo.

A ideia era a de que o teto teria que receber a ajuda da aprovação posterior de outras medidas complementares, com destaque para a reforma da Previdência. Esta não foi aprovada em 2017, como inicialmente se imaginava, mas criou-se um ambiente favorável à medida, que explica a aprovação da proposta em 2019.

## O TETO

Em que consistiu o teto? Essencialmente, ele representou a aprovação do congelamento de um valor real para o limite superior do gasto público, correspondente ao nível de 2016, por um período de dez anos, entre 2017 e 2026.[7] Há dois detalhes práticos que é importante considerar para o pleno entendimento do que aconteceu nos anos posteriores à aprovação.

O primeiro detalhe relevante é que o teto, formalmente, não se aplica a todo o universo da despesa líquida de transferências a estados e municípios de 2016, e sim a algo em torno de 97% dela, porque exclui gastos sujeitos a grandes

---

7. Formalmente, o teto vale por vinte anos, mas existe a possibilidade de aprovação de mudança dele por lei a partir do décimo primeiro ano. Para todos os efeitos, todos os analistas consideraram que, na prática, em função disso, ele valeria, de fato, no máximo por dez anos, e não por vinte.

flutuações ou imprevisíveis — por exemplo, créditos extraordinários — que se considerou não ser adequado restringir. Imagine-se, por exemplo, que em outubro há uma enchente em um determinado estado, com uma situação de calamidade pública afetando centenas de milhares de pessoas e que seja necessário aprovar uma verba emergencial de R$1 bilhão para o atendimento imediato do contingente de pessoas afetadas. Não faria sentido nem deixar de fazer isso por falta de recursos — seria desumano, podendo fazê-lo — e nem fazer cortes compensatórios no final do ano para acomodar essa despesa. Por isso, a referência de teto não foi a despesa total de 2016, e sim um universo um pouco mais restrito dela. Voltaremos a este ponto ao tratar do que aconteceu em 2020.

O segundo detalhe importante é que o *modus operandi* definido na própria "PEC do teto" para conservar o valor real da despesa foi o de indexar a despesa original de 2016 e, a partir daí, dos anos subsequentes, à inflação em doze meses observada até junho do ano anterior a cada exercício fiscal. Para fazer isso com a despesa de 2016 com vistas à definição do teto de 2017, porém, como no momento da elaboração da proposta não se sabia a inflação de 2016, adotou-se um indexador que, em face da queda drástica da inflação em 2017, se revelou muito maior que a inflação de fato observada neste último ano. O resultado disso foi que, embora a filosofia do teto tenha sido a de congelar o valor da despesa, na prática, em termos reais, houve uma "superindexação" do teto no ano inicial, de modo que "o teto subiu", no primeiro ano, por assim dizer.

A Tabela 12.1 mostra o valor da despesa — líquida das transferências a estados e municípios — de 2016 indexada e qual o valor observado nos anos posteriores. Constata-se que se criou uma pequena folga inicial, utilizada nos anos seguintes, quando a despesa observada foi se aproximando do teto.[8] A linha apresentada como "despesa observada" corresponde ao que de fato ocorreu com o gasto entre 2016 e 2019.

---

8. Na tabela, toma-se como referência, para facilitar, a despesa líquida das transferências a estados e municípios, para evitar entrar nos detalhes numéricos acerca de tecnicalidades desnecessárias, relacionadas com o fato de que, formalmente, como foi explicado, o teto se refere a um universo menor das despesas.

**Tabela 12.1 Despesas 2016 indexadas vs. Despesa observada (R$ bilhões)**

| Variável | 2016 | 2017 | 2018 | 2019 |
|---|---|---|---|---|
| Despesa 2016 indexada /a (A) | 1.249,4 | 1.339,3 | 1.379,5 | 1.440,1 |
| Despesa observada (B) | 1.249,4 | 1.279,0 | 1.351,8 | 1.407,4 |
| B/A (%) | 100,0 | 95,5 | 98,0 | 97,7 |

/a De acordo com o indexador do teto.
Fonte: Elaboração própria.

O efeito inicial do primeiro indexador do teto para 2017 ter sido de 7,2%, que excedeu em muito a inflação registrada naquele ano, e pequenas diferenças depois disso, entre a inflação acumulada em doze meses do IPCA até junho do ano anterior — que é o indexador do teto a cada ano —, e a variação média dos preços a cada ano expressa no deflator do PIB explicam o fato de o valor indexado da despesa de 2016 em 2020, em termos reais, ter se revelado quase 5% superior ao valor real original da variável em 2016 (Gráfico 12.1).[9]

**Gráfico 12.1 Teto anual, a preços de 2020 (R$ bilhões) /a**

| Ano | Valor |
|---|---|
| 2016 | 1.420,8 |
| 2017 | 1.469,6 |
| 2018 | 1.465,7 |
| 2019 | 1.469,0 |
| 2020 | 1.488,6 |

/a Deflator: Deflator PIB. Para 2020, hipótese de inflação de 2%.
Fonte: Elaboração própria.

No Gráfico 12.1, o valor de R$ 1,421 bilhão em 2016 a preços de 2020 nada mais é do que a despesa nominal de R$1,249 bilhão verificada em 2016, inflacionada

---

9. Aqui também, igualmente, para facilitar, estamos tomando como referência as despesas líquidas das transferências a estados e municípios de 2016, e não o subuniverso específico sobre o qual incide a restrição do teto, que exclui algumas rubricas de despesa.

pela inflação de 13,7% acumulada em quatro anos do deflator implícito do PIB. A partir daí, a cada ano indexou-se o valor indexado pelo indexador do teto de cada ano, até o ano respectivo, pela inflação entre esse ano e 2020.

Feitas essas considerações, o que aconteceu com a despesa depois de 2016? É o que veremos a seguir.

## O CASO DAS CONTAS DE 2020: UMA EXPLICAÇÃO CONCEITUAL

Antes de entrar na análise detalhada do que aconteceu depois de 2016, é preciso explicar o ocorrido em 2020. Como é que se chega ao teto? Não é difícil de entender. Considere-se a conta:[10]

| Despesa total, incluindo transferências a estados e municípios | − | Despesas excluídas do teto (transferências a estados e municípios e outras) | = | Despesas sujeitas ao teto |

Das despesas totais, excluem-se itens como transferências a estados e municípios, algumas despesas associadas à Justiça Eleitoral e determinadas despesas extraordinárias, no sentido de que não são despesas que se verifiquem todos os anos. No ano de 2016, por definição, as "despesas sujeitas ao teto" foram idênticas às geradas pela conta mostrada antes. Nos demais anos, essas "despesas sujeitas ao teto" de 2016 foram, na prática, indexadas a cada ano em função do indexador do teto, ficando as "despesas sujeitas ao teto" observadas nos anos posteriores sempre abaixo do valor do mesmo decorrente da indexação do dado de 2016.

Em 2020, houve um volume colossal de despesas extraordinárias, para o pagamento do "coronavoucher", transferências também extraordinárias a estados e municípios etc. Consequentemente, a despesa aumentou muito, mas como esse adicional recebeu o tratamento de "despesas excluídas do teto", na prática isso

---

10. Repare-se que a despesa total aqui difere do conceito utilizado em boa parte do livro, que exclui as transferências a estados e municípios.

engordou tanto o total como as exclusões, de modo que as "despesas sujeitas ao teto" seguiram sua trajetória normal, sem grandes sobressaltos. É essa lógica que explica por que o gasto total terá aumentado tanto em 2020, sem que isso tenha implicado necessariamente uma burla ao teto.

## O QUE ACONTECEU DEPOIS DE 2016?

A Tabela 12.2 dá uma ideia do que ocorreu de fato com a evolução do gasto público após a aprovação do teto, válido a partir de 2017. Considerando os anos com resultado completo, nos três anos de 2017 a 2019, combinado com a projeção para 2021, a taxa de variação real média anual das grandes rubricas terá sido a seguinte, entre 2016 e 2021:[11]

| | |
|---|---|
| Total | 0,8% a.a. |
| Pessoal | 2,3% a.a. |
| INSS | 3,5% a.a. |
| Outras | - 3,3% a.a. (Taxa negativa, ou seja, redução real) |

Quando se põe a lupa no que aconteceu com as rubricas que compõem esse agregado dos "outros", por sua vez, chega-se às seguintes taxas médias de variação real anual no quinquênio, entre a base do ano de 2016 e 2021:

| | |
|---|---|
| FAT | - 2% a.a. |
| LOAS/RMV | 2,9% a.a. |
| Subsídios | - 12,4% a.a. |
| FUNDEB | 3,6% a.a. |
| Lei Kandir | - 10,1% a.a. |
| Demais despesas obrigatórias | - 9,2% a.a. |
| Despesas obrigatórias com controle de fluxo | 0,5% a.a. |
| Despesas discricionárias | - 7,5% a.a. |

---

11. O fato de o total de gastos ter aumentado, em que pese a vigência do teto, se explica pelo "deslocamento do teto" pelas razões antes esmiuçadas.

## Tabela 12.2 Despesa do Governo Central, a preços de 2021 (R$ bilhões)

| Composição | 2016 | 2017 | 2018 | 2019 | 2020 | 2021 |
|---|---|---|---|---|---|---|
| Pessoal | 300 | 320 | 324 | 328 | 333 | 337 |
| INSS | 592 | 627 | 639 | 655 | 694 | 704 |
| Outras | 564 | 492 | 509 | 489 | 1.053 | 476 |
| Despesas FAT | 65 | 61 | 58 | 58 | 65 | 59 |
| LOAS/RMV | 57 | 60 | 61 | 62 | 63 | 66 |
| Subsídios, subvenções e Proagro | 27 | 21 | 17 | 11 | 50 | 14 |
| FUNDEB | 16 | 15 | 15 | 16 | 16 | 19 |
| Lei Kandir | 7 | 4 | 2 | 0 | 0 | 4 |
| Demais despesas obrigatórias | 76 | 60 | 66 | 56 | 610 | 47 |
| Despesas obrigatórias com controle fluxo | 151 | 140 | 150 | 150 | 126 | 155 |
| Despesas discricionárias | 165 | 131 | 140 | 136 | 123 | 112 |
| Total | 1.456 | 1.439 | 1.472 | 1.472 | 2.080 | 1.517 |
| Memo: Investimento | 76 | 51 | 58 | 59 | 79 | 60 |

Deflator: Deflator PIB. Para 2020 e 2021, adotou-se uma inflação de 2% e 2,5%, respectivamente.
Fonte: Secretaria do Tesouro Nacional. Para 2020/2021, estimativa do autor.

A evolução da despesa discricionária foi afetada em diversos anos pela trajetória da receita líquida, que, em termos reais, sempre usando o deflator do PIB, teve uma expansão real líquida de 2,7% a.a. na média do triênio entre 2016 e 2019, o que funcionou como um limitador do gasto, dado o teto de *deficit* primário assumido na votação do Orçamento, que tinha sido baseado na premissa de um comportamento mais favorável do nível de atividade e da receita.

A avaliação a ser feita da experiência de três anos da vigência do teto do gasto até 2019 poderia ser resumida nos seguintes pontos, em linhas gerais válidos quando se estende o raciocínio para fazer a comparação entre 2016 e 2021:

I) O teto foi fundamental para sair da situação crítica da economia em 2016, tendo sido um elemento-chave que gerou a estabilização do câmbio e a consequente queda das taxas de juros e a redução da inflação, até 2019.

II) O ano de 2016 marca um divisor de águas na trajetória do gasto, separando o período de forte expansão observado até então do controle maior da despesa observado depois de 2016, até 2019, antes da pandemia.

III) Como o teto aumentou em 2017 pelas razões antes explicadas, criou-se uma certa margem de expansão real do gasto, sem que isso afetasse a obediência ao teto.

IV) Houve disparidades enormes na evolução das rubricas de despesa no triênio, que em termos acumulados vão desde o crescimento real de 11% do gasto com benefícios do INSS até a queda real de 58% dos subsídios e de 18% das despesas discricionárias.

V) A intensidade da redução destas últimas torna muito difícil que o teto possa sobreviver intacto até a data prevista de 2026.

Essas informações são complementadas pelo Gráfico 12.2, que indica a variação real acumulada da soma de despesas obrigatórias e discricionárias nas rubricas de saúde e de educação e também as despesas com Bolsa Família. Observa-se que há vigente uma restrição fiscal clara, mas com tensões que tendem a se acumular no interior do conjunto, com setores perdendo recursos e outros recebendo mais."[12]

A avaliação realista da continuidade dessas tendências até o final do atual governo sugere que a revisão do teto estará cada vez mais na ordem do dia à medida que se avançar no tempo em 2021 e 2022.

---

12. Dada a importância, nesse caso, do argumento, optamos, no caso deste gráfico, por colocar os dados apenas até 2019, dadas as incertezas vigentes acerca de 2020 e 2021.

Políticos são sensíveis às pressões sociais, portanto, é possível que em algum momento do tempo ocorra uma revisão da regra do teto, antecipando para antes de 2027 a possibilidade de este voltar a se deslocar para cima.

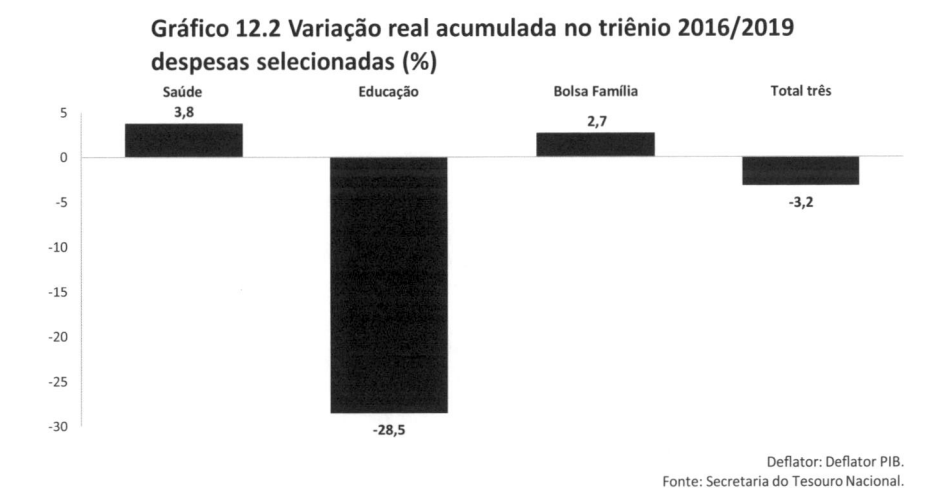

**Gráfico 12.2 Variação real acumulada no triênio 2016/2019 despesas selecionadas (%)**

| Saúde | Educação | Bolsa Família | Total três |
|---|---|---|---|
| 3,8 | -28,5 | 2,7 | -3,2 |

Deflator: Deflator PIB.
Fonte: Secretaria do Tesouro Nacional.

Se e quando isso ocorrer, porém, será muito importante que o espírito da proposta original seja preservado e que, mesmo que o instrumento seja flexibilizado, a ideia de uma limitação para a despesa seja mantida por mais dez a quinze anos, até o endividamento público exibir uma clara trajetória de queda durante alguns anos. Nesse sentido, e com o fim de permitir uma redução da relação Gasto/PIB, seria importante que o aumento real anual do gasto, se autorizado, seja limitado a alguma coisa entre 1% e 2%, e não mais do que isso.[13] Ou seja, no futuro, deveríamos ter presente que a eventual modificação da regra do teto não significa a abolição da ideia de ter um teto em si, mas apenas que este, ao invés de ser fixo e estável ao longo do tempo, poderia aumentar gradualmente. É importante que a noção de que o gasto deve estar limitado a certo valor a cada ano seja preservada

---

13. Esse número parte do suposto de que é muito difícil, nas atuais condições estruturais da economia brasileira e com as tendências demográficas em curso, que o crescimento sustentável do PIB volte a se dar a uma taxa média anual de 3% ou mais por um período prolongado de tempo. Isso significa que, devido às restrições para que a economia cresça mais fortemente, aumentos mais generosos no numerador na relação Gasto/PIB acabariam acarretando uma pressão fiscal ainda maior que a registrada até agora, com riscos de, na década de 2020, o país conservar a trajetória ascendente observada nessa relação até a aprovação do teto em 2016 — deixando de lado 2020, pelas razões já comentadas.

durante muito tempo, para permitir que o país seja "colocado nos trilhos" em matéria de equilíbrio fiscal.

## ALGUNS EQUÍVOCOS: SEPARANDO O JOIO DO TRIGO

No pandemônio que se seguiu em 2020 ao aparecimento do fenômeno do coronavírus no Brasil, surgiram diversas interpretações no debate sobre a política fiscal que seria necessária para combater os efeitos econômicos derivados desse drama, acerca das quais é necessário aqui fazer alguns esclarecimentos. Eles são importantes para que o debate crucial sobre o tema do teto não seja distorcido por alguns equívocos. Vamos aqui procurar contra-argumentar em relação a três afirmações muito citadas naqueles dias.

### i) "O teto causou uma redução dos gastos com saúde."

Isso foi dito, em alto e bom som, como forma de criticar a política econômica implementada depois de 2016. Até 2019, porém, isso não havia sido verdade. Como vimos, a despesa com saúde — além do gasto com os profissionais da área — se divide no componente obrigatório e o discricionário. A preços constantes de 2019 — utilizando o deflator do PIB para inflacionar os dados de anos anteriores —, de fato a despesa obrigatória em saúde cedeu, de R$88,8 bilhões para R$86,1 bilhões entre 2016 e 2019. Porém, há que considerar que, primeiro, isso resulta da aplicação do mínimo obrigatório resultante da regra constitucional, que nunca foi descumprida. E segundo, que nesses mesmos três anos, a parcela discricionária da despesa em saúde aumentou de R$22,3 bilhões para R$29,2 bilhões. Isso significa que o total gasto em saúde se elevou de R$111,1 bilhões para R$115,3 bilhões, sempre a preços reais de 2019.

## ii) "A crise requer o uso de investimento como fator de políticas anticíclicas."

Aqui há que separar com especial cuidado o joio do trigo. Neste livro, em mais de uma oportunidade, ficou e ficará mais claro ainda, pela leitura dos próximos capítulos, que o país terá que rever a regra do teto, muito provavelmente antes de 2026, entre outras coisas, devido à deterioração que isso acarreta para o nível de investimento público. Imaginar, porém, que este poderia reagir rapidamente diante de uma contração da demanda como a observada em 2020 é um equívoco. Entre a decisão de gastar, nesse caso, e sua implantação, precisa ser cumprido todo o ritual de a obra ter projeto, ser aprovada pelos órgãos competentes, ter os recursos empenhados etc. Na prática, isso toma muitos e muitos meses, sendo incompatível com o tipo de reação imediata da política econômica que os críticos da austeridade advogavam na época.

## iii) "A regra do teto é incompatível com o apoio que a saúde precisa ter em circunstâncias críticas como a de 2020."

Isso não é correto. A regra do teto, inscrita na Constituição, diz explicitamente que não se incluem, em sua base de cálculo, certas transferências constitucionais aos entes subnacionais, as despesas não recorrentes da Justiça Eleitoral com a realização de eleições e créditos extraordinários relacionados a despesas imprevisíveis e urgentes, como as decorrentes de comoção interna ou calamidade pública. Como sempre há alguma calamidade ocorrendo em algum lugar do país, na média de 2017/2019 essas exceções ao teto alcançaram um valor de R$3 bilhões/ano. Nada impede que o mesmo critério seja adotado em casos como a necessidade óbvia, flagrante, incontestável, de ampliar excepcionalmente as despesas em circunstâncias como as que o Brasil viveu em 2020 diante da referida pandemia. E foi, aliás, exatamente o que aconteceu com as verbas extras disponibilizadas na ocasião.

Portanto, é válido reconhecer que a regra do teto, da forma como foi estabelecida na PEC aprovada em 2016, provavelmente não sobreviverá com essa rigidez até 2026. Porém, seria importante que a ideia central de contenção do gasto, que é a essência dessa tentativa de controle, se mantenha em caso de revisão, evitando — para usar uma velha imagem — "jogar fora o bebê junto com a água do banho". Voltaremos a este tema antes do fim do livro.

## UM TETO *FAKE*?

Uma tentação que o país deveria evitar, em uma eventual revisão da figura do teto criada pela Emenda Constitucional de 2016, seria a de ter um teto que, na prática, deixasse de ser tal. Uma coisa é ter um teto razoavelmente rígido, do qual são excluídos alguns itens, como explicado anteriormente. Outra, muito diferente, é usar o tradicional "jeitinho brasileiro" para acomodar as tensões fiscais — que ocorrem em qualquer democracia acerca de disputas orçamentárias — na figura de um "extrateto", que iria engordando com cada vez mais itens. A propensão de áreas do poder político — não raras vezes, em conluio com setores do Executivo — a procurar essa (falsa) solução é enorme. Dada a cumplicidade das áreas gastadoras do próprio governo, isso lembra a sábia advertência de Winston Churchill ao responsável pela chave do cofre: "*Don't fear the oposition: fear your colleagues in the Cabinet*" ("Não tema a oposição; tema seus colegas de Gabinete").

Nos últimos meses, várias iniciativas começaram a alçar voo nessa direção, seguindo o *modus operandi* tipicamente brasiliense: aparecem notinhas de jornal acerca da ideia, imediatamente desmentidas, mas que são "balões de ensaio" para testar a receptividade da tese. Se a reação é muito forte, a ideia morre ou ressurge só muito tempo depois. Se a reação é morna ou inexistente, a timidez da posição contrária estimula as teses em favor da mudança.

A regra vigente, face à escalada de certos gastos, limita os investimentos? Ora, a "solução" parece simples: excluam-se os investimentos do teto! Os estados reclamam mais recursos? Fácil: aprova-se a concessão de mais verbas para eles, excluídas do teto. É importante aumentar o gasto social, com as vulnerabilidades que o país tem? É o caso de que um novo programa seja incluído no rol dos itens excluídos da despesa total para chegar ao conceito das "despesas sujeitas ao teto".

Pretende-se gastar mais com educação? Nesse caso, nem é preciso esforço, pois as despesas do FUNDEB já são excluídas do teto.

Ora, quem conhece as finanças públicas sabe perfeitamente que a desmoralização da Lei de Responsabilidade Fiscal começou exatamente assim. Havia um teto para as despesas com pessoal? Pois o estado se acertava com o Tribunal de Contas desse estado para que as despesas com servidores públicos inativos fossem excluídas do total. O resultado foi que esse dispositivo da lei, na prática, virou letra morta em muitos estados, algo que esteve por trás do *boom* das despesas com pessoal em muitas unidades da Federação. O final da história é conhecido: caos fiscal, inadimplência... e pedido de ajuda ao Governo Federal!

Anos atrás, um conhecido me mostrou sua tese de mestrado, que tratava das n mudanças das regras de correção monetária, quando o que fora estabelecido pelas autoridades em um determinado momento se virava contra o interesse da política econômica tempos depois. O título acabava com a menção ao Brasil e tinha o subtítulo de "Onde a regra é mudar a regra". Parece ser um traço da nossa idiossincrasia a dificuldade de conviver com a noção de limites, o que nos remete às palavras do ex-ministro Delfim Netto que abrem o presente capítulo.

Por isso, seria importante evitar que a noção de teto seja deturpada pela incorporação de uma série de exceções que distorceriam completamente o espírito da regra original. Nesse caso, além de o país já ter que lidar com o problema das *fake news*, teríamos um *fake cap*: um teto *fake*.

# CAPÍTULO 13: OS ESTADOS E MUNICÍPIOS

*Autoria de Guilherme Tinoco*

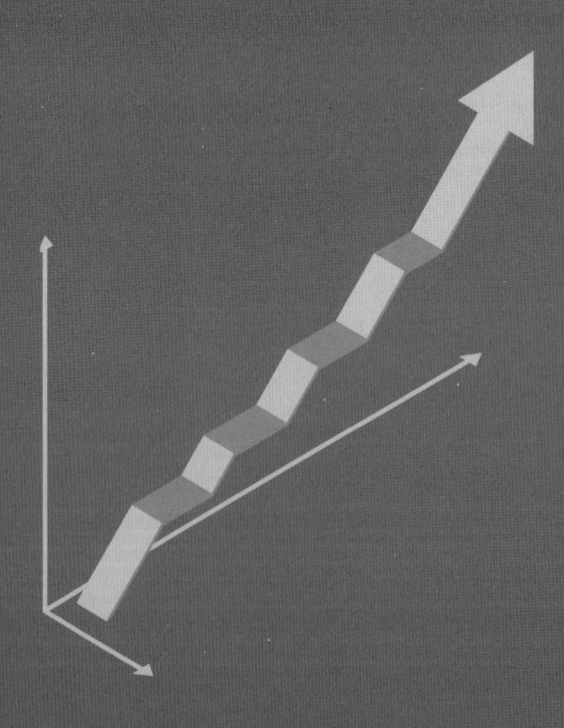

*"Há sociedades que parecem abrigar a vocação do crescimento, mas sem a vocação da espera."*
(Eduardo Gianetti)

**O VAZAMENTO EXPOSTO NAS PÁGINAS DO JORNAL** *O Globo* em novembro de 2016 se referia a um diálogo ocorrido anos antes entre um importante governador de estado e uma autoridade federal, em que esta, respondendo ao pedido do citado político para ter uma audiência, indaga a ele acerca de se o tema a ser tratado seria institucional. A resposta não deixa margem para dúvidas: "A conversa não é institucional, não." É evidente que o sentido de "conversas não institucionais" naqueles anos conturbados da vida do país fica muito claro para o leitor. Diante de tantos descalabros ocorridos com recursos públicos na época, é inescapável lembrar a famosa frase de Mário Henrique Simonsen, de que "às vezes, é preferível pagar os 10% de comissão e esquecer a obra".

A vida política nos estados no Brasil tem se caracterizado ao longo dos mais de 130 anos de nossa história republicana por três fatos. O primeiro é a presença de um forte componente de irregularidades administrativas e empreguismo, proporcionalmente muito maiores em nível local que em nível nacional. Isso se deve, em parte, ao maior profissionalismo que, na média, existe na máquina pública federal comparativamente às estaduais e municipais; e, em parte, também ao maior controle que os governadores e prefeitos exercem sobre a sociedade nos âmbitos políticos mais restritos — particularmente sobre a imprensa.

O segundo fato que caracteriza a política nos estados — assim como nos municípios — é a relação mais direta que se verifica entre os governantes e os governados. O habitante de um município do interior do país dificilmente terá oportunidade em sua vida a oportunidade de estar ao lado de um presidente da República, mas ele poderá com mais facilidade comparecer a um evento com a presença do governador do estado e, muito possivelmente, pelo menos alguma vez na vida terá estado perto do prefeito. As questões que dizem respeito à saúde, à educação e à segurança pública "caem no colo" do governador, muito mais que no do presidente. "Toda política é local" é uma antiga frase atribuída a mais de uma autoridade.

O terceiro fato é a forte relação que se estabelece entre o governador e os prefeitos do estado, simbolizada na frase jocosa de Flávio Dino, governador do Maranhão e conhecido militante do PCdoB, que, após as eleições municipais de 2016, declarou que "só a China tem mais cidades comunistas que o Maranhão". Com sua capacidade de articulação federal para canalizar os recursos públicos para os municípios A, B ou C, todo governador tende a dominar de forma hegemônica a política local, pelo menos durante parte do ciclo político entre uma eleição e outra. Esse poder se torna menor se tem a perspectiva de não mais se eleger na eleição seguinte, por não ter mais reeleição ou por ter escassa popularidade.

Por essas questões, em um país com as dimensões do Brasil e com as características de nossa Federação, não há como tratar da questão fiscal sem dedicar atenção especial às relações do Poder Central com os governos subnacionais. É isso que trataremos nas próximas páginas.

Este capítulo abordará então a temática fiscal, colocando a lupa nos estados e nos municípios. Após uma breve ideia de retrospecto histórico, será colocada a devida ênfase na deterioração fiscal observada nessas esferas na década de 2010 e nas ações em curso para tratar do tema nos últimos quatro ou cinco anos, a partir da mudança de governo de 2016. Depois disso, serão discutidos os problemas do relacionamento entre o Poder Central e as esferas de governo das quais trata o capítulo, incluindo as questões relacionadas ao risco moral; explicadas as fontes da piora fiscal — pessoal ativo e despesas previdenciárias — ocorrida ao longo do tempo; feita a distinção entre estados que tiveram melhor desempenho e os que tiveram um pior desempenho; exposta a situação dos municípios; e apresentados os grandes desafios envolvidos. No final, há uma seção com um conjunto de propostas para endereçar os problemas expostos.

## UMAS PINCELADAS DE PASSADO

Em uma federação, a organização das finanças públicas é uma questão fundamental. A partir de um bom desenho, é possível combinar centralização e descentralização de maneira a promover uma maior eficiência no uso dos recursos públicos. Especialmente em países grandes e com grandes disparidades regionais, como o Brasil, a descentralização pode ser importante em diversas ocasiões, pois os governos locais tendem a entender melhor as necessidades de sua população. Nas palavras pertinentes do ministro Luís Alberto Barroso, juiz do STF, "Brasília fica longe do Brasil".

Enquanto os governantes locais mantêm sua atenção fundamentalmente em suas regiões, inclusive sofrendo mais com a pressão do eleitorado local, o Poder Central, por sua vez, precisa responder pelo equilíbrio macroeconômico do país. Nesse sentido, podemos dizer que a função das autoridades nacionais é diferente daquela que orienta o comportamento das autoridades subnacionais, pois a estabilização econômica não é percebida como uma meta própria por parte desses governos. Vale ressaltar que não há nada de errado com isso: é apenas uma questão inerente à função que cada um ocupa como governante.

De qualquer forma, portanto, é possível perceber a existência de um conflito latente entre o governo central e os governos locais dentro de uma federação, explicitado tanto pela literatura econômica quanto pela experiência internacional. Cabe aos países estabelecer um desenho institucional que reduza o atrito e ponha em vigor uma espécie de cooperação entre eles.

No Brasil, o histórico das relações entre o Poder Central e os estados não tem se caracterizado por cooperação e harmonia, desde a proclamação da República. Pelo contrário, tais relações têm sido marcadas por conflito e descoordenação, com graves consequências para as contas públicas, como veremos a seguir.

Após um período de maior centralização de poder e recursos no âmbito do Governo Federal, nos anos de governo militar pós-1964, tal panorama começou a mudar em favor da descentralização no fim do regime. Esse processo, iniciado nos anos 1980, teve basicamente uma motivação política, cujo objetivo era o fortalecimento financeiro e político dos governos locais, visto como essencial ao movimento de redemocratização posterior a 1985. Esse movimento não aconteceu de forma ordenada, com a condução do governo central, mas partiu, em grande parte, dos estados, dos municípios e de seus representantes no legislativo federal.

Desta maneira, sem um planejamento adequado, o processo foi marcado por descontrole e distorções. Com isso, o resultado, em termos fiscais, foi contraproducente. Para além da descentralização de recursos, a falta de regras e limites induziu uma certa indisciplina generalizada, o que acabou fazendo com que, do início dos anos 1980 até a segunda metade dos anos 1990, a situação das finanças públicas estaduais tenha sido caracterizada por um desequilíbrio crônico e pela ocorrência de crises sucessivas.

De fato, durante a maior parte da década de 1980, a União foi obrigada, em diversos momentos, a cumprir compromissos pontuais dos estados com os respectivos credores, cujo descumprimento poderia causar sérios danos à estabilidade do sistema financeiro nacional. Prática comum, a utilização de bancos estaduais para financiamento frequentemente gerava problemas no sistema financeiro, demandando socorro por parte do Banco Central. Infelizmente, a questão não parava por aí: em 1989, a União assumiu as obrigações do estado relativas à dívida externa, refinanciando a dívida por vinte anos. Poucos anos mais tarde, em

1993, assumiu também a dívida dos estados junto a instituições federais, majoritariamente com a Caixa Econômica Federal.

Ao longo desse período, vale notar, foi promulgada a Constituição Federal de 1988. Nesse contexto, "o governo central perdeu parcela substancial de sua receita tributária para estados e municípios, sem transferir para estes os programas de dispêndio correspondentes. Além disso, estados e municípios não só ajustaram rapidamente seus gastos em resposta às receitas crescentes, mas também passaram a gastar bem acima de seus meios".[1]

A década de 1990 foi marcada, portanto, por *deficit* fiscais elevados, com o crescimento explosivo das dívidas de estados e municípios. Na realidade, a dívida líquida dos governos subnacionais aumentou ininterruptamente durante muitos anos, passando de 6% do PIB em 1989 para 14% em 1999 (Gráfico 13.1). Vale dizer que esse aumento ainda continuou por algum tempo, até entrar em trajetória de queda ao longo dos anos 2000, trajetória depois parcialmente revertida nos primeiros anos da década de 2010, como será visto ao longo deste capítulo.

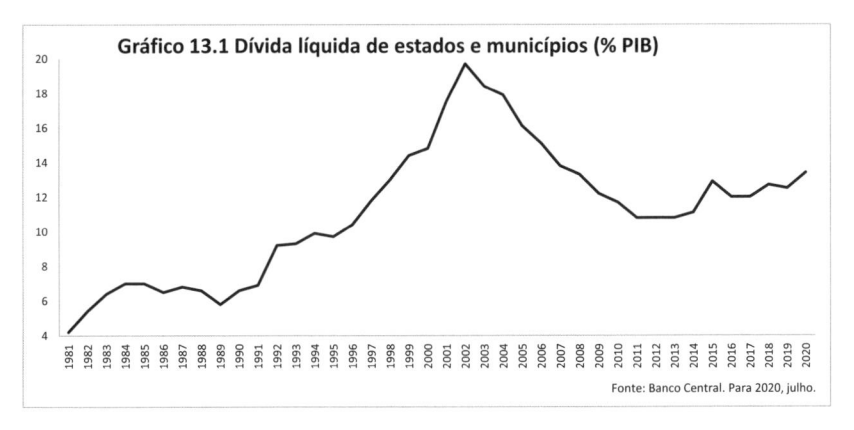

**Gráfico 13.1 Dívida líquida de estados e municípios (% PIB)**

Fonte: Banco Central. Para 2020, julho.

É importante esclarecer que, ao longo dos anos 1980 e 1990, esse cenário descrito consistia em um grande empecilho à política de estabilização no Brasil, pois os esforços de ajuste fiscal do governo central eram parcialmente cancelados pelos gastos excessivos dos governos subnacionais. No âmbito da consolidação do Plano Real e da consequente busca por um controle das contas públicas,

---

1. Rigolon e Giambiagi (1999), p. 15.

em meados da década de 1990, contudo, era fundamental corrigir tais desvios. Surgiu, portanto, a oportunidade para uma organização institucional mais sólida da relação entre a União e os governos locais.

Este é o contexto da renegociação de dívida de 1997, materializado pela Lei 9.496/97. O acordo com a União, bem abrangente, fez com que o governo federal assumisse as dívidas dos governos regionais com seus credores originais, em um arranjo que, em paralelo, fez os estados se tornarem devedores da União.[2]

Para os estados, o acordo foi bastante positivo, uma vez que eles puderam trocar sua dívida antiga, em grande parte mobiliária, contratada originalmente com altas taxas de juros e rolagem muito curta, por uma nova dívida com taxas de juros menores e um prazo bem mais dilatado, com um elevado desconto implícito. Para a União, de qualquer forma, o acordo também foi vantajoso, pois assim ela teve condições de impor aos entes um programa de ajuste fiscal, controlando seus *deficit* e ajudando na geração de *superavit* primário, além de restringir o acesso a crédito. Tratava-se, portanto, de um arranjo mutuamente interessante, com um controle mais rígido das finanças públicas dos entes subnacionais, aperfeiçoando o desenho do federalismo brasileiro.

Nos anos que se seguiram, esse ambiente institucional de maior disciplina fiscal acabou sendo complementado por outros dispositivos, dentre os quais se destaca a Lei de Responsabilidade Fiscal (LRF) e o contingenciamento de crédito ao setor público. Esse arcabouço teve um papel fundamental na relativa tranquilidade pela qual passou o país nos anos 2000, do ponto de vista fiscal, notadamente no que tange ao equilíbrio das finanças públicas das unidades subnacionais. A rigor, a década de 2000 foi marcada pela geração de *superavit* primários robustos, bem como pela queda substancial do endividamento, como mostrado no Gráfico 13.1.

A partir do final da década de 2000, entretanto, o quadro começou a piorar novamente. A crise de 2008 fez com que o governo federal aumentasse o grau de intervenção na economia. No caso dos estados, essa intervenção se deu por meio do afrouxamento institucional, com o relaxamento das restrições à contratação

---

2. Em paralelo, outras medidas foram adotadas para disciplinar as finanças subnacionais, como o saneamento dos bancos estaduais e a limitação de operações de antecipação de receita.

de crédito, criação de linhas de financiamento nos bancos federais etc. Sem controles, contudo, reapareceram os problemas descritos anteriormente. Em muitos casos, os recursos, que deveriam ser aplicados em investimentos, acabaram destinando-se ao gasto com pessoal. A história não acabou bem, com novas rodadas de pressão por socorro em Brasília que perduram até os dias de hoje, como veremos com mais detalhe ao longo do capítulo.

Do início dos anos 1980 até o final do governo Temer, já se contabilizava mais de dez episódios de federalização ou repactuação de dívida entre os entes subnacionais e a União. Essa frequência caracteriza o que Marcos Mendes chama de "federalismo ao avesso", que consiste em um desenho com incentivos mal formulados e que levam inevitavelmente a demandas sistemáticas dos governos locais por socorro financeiro por parte da União — exatamente o contrário do que se pretendia com o binômio renegociação "definitiva" de final dos anos 90/LRF.[3]

Vale notar que esses socorros não são baratos. Uma simples comparação da taxa de juros de fato observada nos anos posteriores com algumas estimativas acerca do comportamento futuro da variável situa facilmente o valor presente do diferencial de juros das operações de socorro financeiro praticadas entre o final das décadas de 1980 e 1990 em mais de 10% do PIB.

Desta seção, percebe-se, portanto, que os incentivos na relação entre o Poder Central e os governos locais são, muitas vezes, conflitantes. Para isso, é necessária uma institucionalidade forte: regras e limites, com o objetivo de possibilitar que o federalismo se beneficie de suas vantagens sem que seja minado por suas desvantagens, caindo no "federalismo ao avesso".

## O QUE DIZEM OS NÚMEROS?

Foi visto na seção anterior que, após uma série de mudanças institucionais realizadas na segunda metade dos anos 1990, as relações entre o Poder Central e os governos regionais passaram por uma época de relativa estabilidade, com

---
3. Mendes (2020).

impacto nos resultados fiscais, por meio da geração de *superavit* primários e redução da dívida líquida. Após a crise de 2008, contudo, esse panorama começou a mudar. Nos últimos dez anos, observamos uma deterioração das finanças públicas regionais, que atingiu o fundo do poço em meados da década de 2010. Desde então, novamente a União tenta retomar o controle, mas com as dificuldades inerentes a tarefas desse tipo, combinadas nos últimos dois anos pelo agravamento dos conflitos políticos entre Brasília e a maioria dos governos estaduais.

A Tabela 13.1 mostra a evolução do resultado primário dos estados desde 1995. O *superavit* primário dos estados apresentou uma média de 0,9% do PIB entre 2003 e 2010. Desde então, a deterioração dos balanços primários foi acentuada, tendo havido, inclusive, um resultado negativo em 2014. Vale ressaltar ainda que, nos últimos anos, os resultados reduzidos não refletem fielmente a situação dos estados em sua totalidade, uma vez que houve um aumento na postergação de despesas, melhorando artificialmente as estatísticas apuradas pelo Banco Central.

Tabela 13.1 Resultado fiscal, estados e municípios (% PIB)

| Composição | 1995/98 | 1999/02 | 2003/06 | 2007/10 | 2011/14 | 2015/18 |
|---|---|---|---|---|---|---|
| Resultado primário | -0,4 | 0,6 | 0,9 | 0,8 | 0,4 | 0,1 |
| Juros | 2,2 | 3,1 | 2,0 | 1,5 | 1,2 | 1,2 |
| **Deficit** | 2,6 | 2,5 | 1,1 | 0,7 | 0,8 | 1,1 |

| Composição | 2016 | 2017 | 2018 | 2019 | 2020 | 2021 |
|---|---|---|---|---|---|---|
| Resultado primário | 0,1 | 0,1 | 0,0 | 0,2 | 0,2 | 0,1 |
| Juros | 1,3 | 0,8 | 0,9 | 0,7 | 0,7 | 0,7 |
| **Deficit** | 1,2 | 0,7 | 0,9 | 0,5 | 0,5 | 0,6 |

Fonte: Banco Central. Para 2020/2021: projeção do autor.

Essa deterioração observada se explica principalmente pelo aumento das despesas, ao mesmo tempo em que a arrecadação passou a desacelerar. A deterioração das finanças estaduais entre 2008 e 2014 pode ser explicada em 28% pelo menor dinamismo da arrecadação e em 72% pelo aumento das despesas. Deste, 88% seriam explicados por gastos com pessoal, e apenas 12% pelos investimentos.[4]

De fato, grande parte do crescimento da despesa no período citado acabou sendo canalizada para o gasto com pessoal, que é mais rígido, o que amplificou o desequilíbrio fiscal quando o ciclo de crescimento chegou ao fim. Entre 2009 e 2015, o crescimento real acumulado do gasto com pessoal (ativos e inativos) ficou acima de 50% para alguns estados.[5] Nessa mesma base de comparação, a mediana do crescimento de todos os entes se situou em 40%, montante ainda bem expressivo. Essa despesa será analisada com maior detalhe em seguida.

Um dos determinantes do processo de aumento das despesas foi o relaxamento do arcabouço geral que restringia a contratação de crédito pelos estados, por meio da autorização de novos financiamentos, em um contexto no qual o governo buscava dar uma resposta anticíclica à crise internacional. O crédito aos estados era incentivado não apenas por meio de concessão de garantias pela União: ela própria criou diferentes programas de financiamento a investimentos operados pelos bancos públicos federais, com o objetivo de possibilitar amplo acesso ao crédito aos entes federativos. A média anual de empréstimos contratados por ano pelos estados saiu de R$6 bilhões em 2007 e 2008 para o valor de R$36 bilhões entre 2009 e 2012. Muitos dos tomadores não tinham nota de crédito compatível com os valores obtidos.

A elevação na contratação de novos empréstimos, sobretudo bancários e externos, possibilitou, portanto, a ampliação do espaço fiscal para que os estados aumentassem sua despesa. Como consequência, o endividamento dos entes voltou a subir. A dívida dos estados em relação ao PIB, que vinha em queda ao longo dos anos 2000 até atingir o valor mínimo em 2013 (9%), cresceu a partir de então, alcançando 11% em 2015 e chegando a 13% do PIB em 2020. Seu perfil também mudou, refletindo os novos empréstimos realizados. O percentual da dívida bancária e externa, em relação ao total da dívida líquida dos estados, partiu

---

4. Maciel (2016).
5. STN (2020).

de 75% em 2008, chegando a mais de 30% em 2015. Como reflexo disso, a dívida com a União, que representava 96% do total em 2008, estava em 71% em 2015.

Ao mesmo tempo em que as condições para a contratação de empréstimos eram relaxadas, outro problema institucional grave surgia em relação aos limites de gasto com pessoal estabelecidos pela LRF. Lembremos: a LRF estabelece um limite para o gasto com pessoal nos estados de 60% da Receita Corrente Líquida (RCL). Esse limite, contudo, não se revelou, na prática, uma restrição efetiva para o aumento do gasto. Muitos entes adotaram algum tipo de "contabilidade criativa", deixando de computar em suas despesas com pessoal determinados itens, tais como gasto com pensionistas, imposto de renda retido na fonte e contribuições patronais. Os limites, portanto, não se revelaram limites, o que nos faz lembrar da frase de Jorge Lanata, jornalista argentino: "A contabilidade criativa faz que o resultado de 2 + 2 seja 'depende', e não 4".

Seja como for, as consequências não demoraram a aparecer. A partir de 2015, os desequilíbrios se tornaram insustentáveis, e a gravidade da situação fiscal dos estados ficou evidente. Além disso, a forte recessão econômica da época, que impactou fortemente a receita, acabou intensificando os desajustes, levando muitos estados à beira da falência.

Uma primeira consequência foi a queda do investimento. Com o desequilíbrio nas contas públicas e um elevado volume de despesas obrigatórias, o ajuste possível acabou recaindo sobre a despesa com investimento público, que passou de 1% do PIB em 2014 para menos de 0,5% do PIB em 2016, 2017 e 2018, os valores mais baixos para os estados em pelo menos sete décadas.[6] Entretanto, somente o ajuste no investimento não foi suficiente: muitos estados persistiram em crise financeira, com sérias dificuldades para honrar compromissos, levando à interrupção de serviços públicos e atrasos ou parcelamento de salários e aposentadorias.

Nesse contexto, verificou-se a multiplicação de práticas controversas para amenizar os problemas de caixa, como a busca por receitas atípicas — como os depósitos judiciais — ou a incidência de atrasos.[7] Ao mesmo tempo, os estados

---

6. Dados do Observatório de Política Fiscal, do IBRE-FGV.
7. Como pode ser visto por meio do aumento de restos a pagar e das despesas de exercícios anteriores (DEA).

recorriam a Brasília, demandando mais ajuda da União e judicializando conflitos financeiros com a União no STF. Também deixaram de honrar dívidas: entre 2016 e 2019, a União precisou honrar garantias no total de R$20 bilhões.[8] O saldo do período foi, portanto, uma severa crise financeira e uma série de problemas a serem endereçados nos anos seguintes.

## AS MEDIDAS OFICIAIS NOS GOVERNOS TEMER E BOLSONARO

Desde que a crise se acentuou, em 2015, algumas medidas vêm sendo adotadas com o objetivo de atenuar a situação dos estados. Até agora, contudo, a maioria apresentou um caráter mais emergencial, e os desafios estruturais seguem presentes. No começo de 2020, o ambiente parecia propício à discussão de medidas mais estruturais, mas a pandemia do coronavírus fez com que o foco, naturalmente, se direcionasse novamente para os aspectos emergenciais e de curto prazo.

Durante o governo do presidente Michel Temer, uma das primeiras medidas tomadas em relação aos estados consistiu em uma nova renegociação da dívida, materializada por meio da Lei Complementar 156/2016. Esse acordo permitiu o alongamento da dívida da maioria dos estados com a União por vinte anos, dando também carência no pagamento de juros e principal, cujas parcelas seriam pagas com desconto por dois anos. Uma das contrapartidas era o cumprimento de um teto de gasto, similar ao aprovado para a União em 2016, nos dois anos seguintes.

Já em 2017, foi criado o Regime de Recuperação Fiscal (RRF), por meio da Lei Complementar 159/2017. Tratava-se de uma nova forma de ajuda emergencial aos estados em situação de grave desequilíbrio financeiro. O principal benefício do regime estaria na suspensão do pagamento das prestações da dívida com a União por até três anos, prorrogáveis por mais três. Por outro lado, os beneficiários deveriam cumprir uma série de outras contrapartidas, mais duras, como criação de

---

8. Fonte: Relatório Mensal de Garantias Honradas (RMGH), do Tesouro Nacional.

programas de desestatização de empresas estaduais, redução de incentivos tributários, elevação da contribuição previdenciária e suspensão de reajustes salariais.

Poderiam ingressar no regime os estados que apresentassem desequilíbrio financeiro grave, caracterizado por (i) dívida consolidada ao final do último exercício maior do que a receita corrente líquida anual do estado, (ii) somatório das despesas com pessoal, juros e amortizações acima de 70% da receita corrente líquida, e (iii) valor de obrigações (contas a pagar) superior à disponibilidade de caixa. A adesão seria feita por meio da pactuação de um Plano de Recuperação Fiscal, em que o estado apresentaria as medidas de ajuste e suas projeções, de maneira que, ao final da participação no regime, o ente voltasse a ter capacidade de arcar com suas obrigações financeiras.

Apesar de todo o esforço, as duas iniciativas descritas não foram capazes de impor um ajuste estrutural mais substancial aos estados. O alongamento da dívida representou um alívio significativo, estimado em cerca de R$50 bilhões até 2018, mas a contrapartida foi pouco eficaz. Uma delas, a do teto de gasto, por exemplo, não foi cumprida por mais da metade dos dezenove estados que tiveram a dívida alongada.

No caso do RRF, somente o Rio de Janeiro aderiu ao programa. Mesmo assim, ele vem apresentando grande dificuldade em cumprir as contrapartidas. Segundo o Tesouro Nacional, existiram falhas na implementação de medidas acordadas, tornando-se necessária a revisão do plano, que está em andamento. Outros estados buscam, até hoje, o ingresso no regime, como Minas Gerais, Rio Grande do Sul e Goiás. Contudo, ainda não conseguiram avançar no acordo com o governo federal.

Ao observar a implementação das medidas citadas, portanto, fica claro que a questão das contrapartidas é um assunto bastante delicado: na hora do aperto, os estados fazem qualquer acordo, mas, uma vez tendo obtido os benefícios, parecem se esquecer das obrigações pactuadas. Como diz Marcos Lisboa, "em matéria de ajuste fiscal, certas negociações do Governo Federal com os governadores são como a vida depois dos 50: sempre piora mais um pouco".

É importante chamar a atenção para o fato de que, em paralelo a essas duas medidas principais, algumas melhorias institucionais acabaram sendo adotadas no período. Uma delas diz respeito à reformulação da classificação de risco do Tesouro (chamado de "CAPAG — Capacidade de Pagamento"), juntamente com a redefinição do processo de concessão de garantias pela União. A criação do *Boletim de Finanças dos Entes Subnacionais*, publicação anual do Tesouro que teve início em 2016, também é um exemplo de importante inovação que ajuda bastante a fomentar a transparência e *accountability* das finanças públicas estaduais, facilitando o debate e, consequentemente, a elaboração de novos diagnósticos e soluções.

A partir de 2019, já no governo Bolsonaro, houve uma série de propostas apresentadas ao longo do tempo, mas que não chegaram a ser implementadas. A diretriz geral das propostas era a manutenção da linha anterior, isto é, o foco em (i) recuperar estados em grave situação, cobrando contrapartidas em termos de ajuste fiscal, e ao mesmo tempo (ii) aperfeiçoar o arcabouço institucional da relação entre a União e os entes subnacionais. Um avanço importante diz respeito à abordagem em relação à implementação das contrapartidas, que, nos novos desenhos propostos, deveriam ser realizadas antes da obtenção dos benefícios.[9]

No início de 2020, contudo, o surgimento da pandemia do Covid-19 impediu que a discussão sobre esses projetos avançasse no Congresso Nacional, onde o foco foi direcionado para as medidas de emergência. Sobre a agenda dos estados, foi possível aprovar um projeto que concedeu alívios temporários para ajudar aos subnacionais,[10] de certa maneira compensando as drásticas quedas na receita, com a contrapartida única de que não houvesse aumentos salariais até o final de 2021.

---

9. Este era o caso do Plano de Emergência Fiscal (PEF), conhecido como "Plano Mansueto", cuja discussão acabou ficando de lado na crise emergencial de 2020.
10. Especialmente via distribuição de recursos e suspensão temporária no pagamento do serviço da dívida com a União. A base legal do programa é a Lei Complementar 173/20.

# A QUESTÃO DO "RISCO MORAL"

Na seção inicial, vimos que existe um conflito natural entre o governo central e os governos locais dentro de uma federação. Enquanto os governantes locais têm a atenção voltada fundamentalmente para suas regiões e sofrem uma pressão mais próxima do eleitorado, o Poder Central, por sua vez, precisa zelar pelo equilíbrio macroeconômico do país. Governos locais têm, portanto, incentivo para gastar mais, e assim, muitas vezes é mais vantajoso, em vez de se preocupar com a sustentabilidade fiscal, fazer pressão por mais recursos ou judicializar as obrigações.[11] Vale lembrar, a propósito, o desabafo do então presidente Fernando Henrique Cardoso, manifestado nos anos 1990, diante desse tipo de pressões: "Com aliados como os que eu tenho, é quase um milagre a gente conseguir fazer o Brasil avançar."

Se existem meios de tentar e conseguir auxílios financeiros às custas da União, é difícil vislumbrar razões para que o governante adote uma postura mais responsável em termos fiscais: trata-se de um exemplo de livro-texto sobre risco moral.

Vejamos o caso das garantias. No fim de 2019, o valor das garantias da União concedidas para estados e municípios em operações de crédito somava R$220 bilhões. Usualmente, nessas operações, a União recebe contragarantias dos tomadores, baseadas nas transferências constitucionais. Há alguns anos, contudo, quando algum ente se torna inadimplente, a União não tem conseguido acessar as contragarantias, por conta de liminares do STF a favor dos devedores. Assim, há não só um incentivo à inadimplência, mas também, em um segundo momento, um incentivo ao fim do sistema de garantias. Todos os lados, no final das contas, saem perdendo.

A rigor, não precisamos ir tão longe. O histórico de renegociação de dívida dos entes subnacionais com a União, mostrado ao longo do capítulo, sugere que sempre pode existir uma possibilidade de repactuação no horizonte. O desincentivo à responsabilidade fiscal se torna ainda mais forte se estados perdulários

---

11. Em um linguajar mais técnico, podemos dizer que o viés deficitário de governos, conceito clássico da economia política, talvez seja mais forte em administrações locais, que não precisam se preocupar tanto com o equilíbrio macroeconômico do país.

sempre são socorridos, não havendo qualquer tipo de prêmio, ou reconhecimento, para aqueles que se caracterizam pela responsabilidade fiscal.

Suponhamos agora que, apesar de todo esse cenário descrito, o governante ainda tenha o objetivo de fazer uma administração mais austera. O quão difícil seria essa tarefa? A julgar por pressões que ele pode vir a sofrer, oriunda dos mais diversos atores, a resposta é que ele não teria muitas facilidades.

Um primeiro exemplo diz respeito aos demais poderes. No âmbito estadual, o Judiciário, o Legislativo, o Ministério Público, o Tribunal de Contas e a Defensoria Pública obtiveram, ao longo do tempo, uma elevada força institucional, conseguindo, como resultado, consolidar ampla autonomia orçamentária em relação ao Poder Executivo. Em realidade, eles têm direito a uma parcela fixa do orçamento[12] e não estão sujeitos ao contingenciamento quando há necessidade, deixando toda a responsabilidade pelo ajuste para o Poder Executivo. É diferente do que ocorre no caso da União, onde todos os poderes são afetados proporcionalmente quando se torna necessário contingenciar despesas para cumprir determinada meta fiscal. Não é por acaso que, mesmo em estados com situação fiscal mais difícil, tais instituições tenham uma situação financeira confortável.

O segundo exemplo trata de grupos de pressão em geral. Não é incomum que grupos de interesse diversos consigam se organizar e influenciar legisladores federais a aprovar medidas que lhes interessem ou lhes tragam benefícios. O problema é que, muitas vezes, não há nem uma avaliação apropriada de custos e benefícios, nem uma previsão dos recursos necessários para o cumprimento das novas medidas. É o que se chama, no jargão, de *unfunded mandates* ("obrigações sem suporte financeiro"). Quando medidas são aprovadas, há uma pressão adicional sobre o orçamento dos entes, e os governantes muitas vezes acabam como reféns. Um exemplo é o piso nacional do magistério: as regras que estipulam o salário mínimo dos professores não levam em conta a capacidade de pagamento de quem pagará a fatura!

---

12. O que também faz com que eles sejam estimulados a pressionar por uma estimação mais elevada da arrecadação no orçamento.

Neste sentido, é importante falar sobre as vinculações, que muitas vezes são frutos de legislação criada a partir das motivações descritas. Legítimas ou não, o fato é que o excesso de regras e vinculações torna o orçamento bastante rígido, o que dificulta o controle do gasto público. Também pode desestimular a busca por receita: a cada real arrecadado pelos estados, por exemplo, R$0,37 viram despesa automaticamente, uma vez que, da receita, 25% deve ser destinado à educação, e 12%, à saúde.

Assim, deve-se entender que, além do viés natural de governantes por maiores gastos, há também pressões diversas, criando um ambiente propício para a elevação das despesas públicas. Para que crise fiscal do país seja superada, é importante corrigir os problemas apontados nesta seção.

Por fim, vale destacar que um grande obstáculo institucional para a resolução do problema fiscal dos estados vem sendo oferecido pelo Judiciário, que tem dado ganho de causa, não só na questão das garantias, para os entes que judicializam seus conflitos financeiros com a União.[13] O alívio temporário no fluxo de caixa resultante desses ganhos reduz o incentivo ao ajuste de outros governos estaduais e prejudica o encaminhamento de soluções de longo prazo. Da mesma forma, tais decisões prejudicam a eficácia de planos de ajuda da União, em que as contrapartidas são a parte mais importante do processo. Não por acaso, há quem afirme que as relações federativas passam por seu pior momento dos últimos 25 anos.[14]

## PESSOAL, PESSOAL, PESSOAL

O Brasil tem cerca de 11,4 milhões de funcionários públicos, mas somente 1,2 milhão (pouco mais de 10%) está vinculado à União.[15] Isso significa que quase 90%, correspondendo a 10,2 milhões de pessoas, se refere a funcionários públicos

---

13. Echeverria e Ribeiro (2018) mostram que o STF foi acionado 472 vezes pelos estados contra a União entre 1988 e 2017, dando ganho de causa aos estados em 93% das vezes.
14. Maciel (2020).
15. Fonte: Atlas do Estado Brasileiro-IPEA.

de estados e municípios distribuídos pelo país. Vale, a propósito, a descrição de um experiente jornalista latino-americano acerca da vida política no "país profundo" e que se aplica ao Brasil, à Argentina, ao México e a outros países da região: "O emprego público, no interior do país, funciona há décadas como um seguro-desemprego encoberto. Isso torna o funcionário público, em muitos desses lugares do interior, uma espécie de *homo sovieticus*, que finge trabalhar."

Esses números não deveriam estranhar. Governos locais são grandes prestadores de serviços essenciais à população, como educação, segurança pública e saúde. Tais serviços se caracterizam por serem intensivos em trabalho, o que justifica, portanto, que estados e municípios empreguem um grande número de professores, policiais, bombeiros e médicos, dentre outros, gastando com pessoal parcela elevada de seu orçamento.

Entre as três esferas de governo, os estados são os que mais gastam com pessoal em termos absolutos. Segundo números do Tesouro Nacional, esse valor alcançou R$443 bilhões em 2019 (6,1% do PIB), o que representou 53% da despesa primária total dos estados no agregado, mesmo percentual do ano anterior.[16] Para efeito de comparação, vale destacar que a despesa com pessoal da União em 2019, de R$313 bilhões, representou 22% de sua despesa primária total em 2019 (mesmo percentual de 2018). Diante desse quadro, é fácil perceber que, para entender melhor a despesa dos estados, o foco precisa se direcionar para o gasto com pessoal.

Foi visto anteriormente que uma das razões para a deterioração fiscal dos estados na última década foi o gasto com pessoal. Os números deixam isso bem claro: o crescimento real dessa despesa foi, em média, de 4,5% ao ano entre 2006 e 2016, acima do crescimento médio anual da receita (3,5%) e também do PIB (2,1%). Dentro dessa despesa, enquanto o gasto com ativos subiu 4,2%, o gasto com inativos cresceu 5,2% ao ano.[17]

---

16. Secretaria do Tesouro Nacional (2020).
17. Números de Santos, Pessoa e Mendonça (2017).

Essa dinâmica observada no gasto com pessoal refletiu diferentes fatores, tais como (i) o aumento no número de funcionários ativos, (ii) os aumentos salariais concedidos e (iii) a maior quantidade de aposentadorias.

No caso dos funcionários ativos, em muitos casos, há um excesso de promoções e reajustes automáticos,[18] que contribuem para aumentar a folha de maneira descontrolada. Também existem artifícios criados para "driblar" o teto de remuneração do setor público, como auxílios e verbas indenizatórias, que beneficiam funcionários no topo de cada um dos poderes. Como já dito anteriormente, há uma fonte de pressão constante por vantagens salariais, oriunda de corporações de servidores públicos, que se organizam de maneira eficiente e utilizam a possibilidade da realização de greves com baixo risco para pressionar os governantes, muitas vezes envolvendo serviços essenciais, como a segurança pública.

Como consequência da elevação dessa despesa, o gasto com pessoal nos estados atingiu proporções muito elevadas. Embora a LRF estabeleça o limite de 60% para a despesa com pessoal nos estados, no momento de sua publicação, não havia um padrão único estabelecido para apuração desses limites, que ficou a cargo dos Tribunais de Conta locais. Sem uma diretriz central, portanto, o resultado foi que muitos estados deixaram de computar em suas despesas com pessoal alguns itens tais como gasto com pensionistas, imposto de renda retido na fonte e contribuições patronais. Segundo a apuração do Tesouro Nacional, que leva em conta esses fatores, nove estados estariam acima dos limites da LRF em 2019 (eram onze em 2018 e catorze em 2017), como mostra o Gráfico 13.2. Nos últimos anos, em alguns casos mais extremos, essa relação chegou próxima a 80% em algumas unidades da Federação. Nessas condições, a função do estado se reduz praticamente apenas ao pagamento da folha do funcionalismo, restando poucos recursos disponíveis para todas as outras rubricas do gasto público.

---

18. Um exemplo de reajuste automático diz respeito à categoria dos professores, no contexto do piso salarial nacional para os profissionais do magistério público da educação básica. Embora a valorização da categoria seja importante e os níveis de partida em 2008 tenham sido muito baixos, o aumento nominal acumulado entre 2009 e 2020 ficou em 204%, bem acima do INPC (62%), tornando-se uma fonte de pressão no gasto dos governos subnacionais.

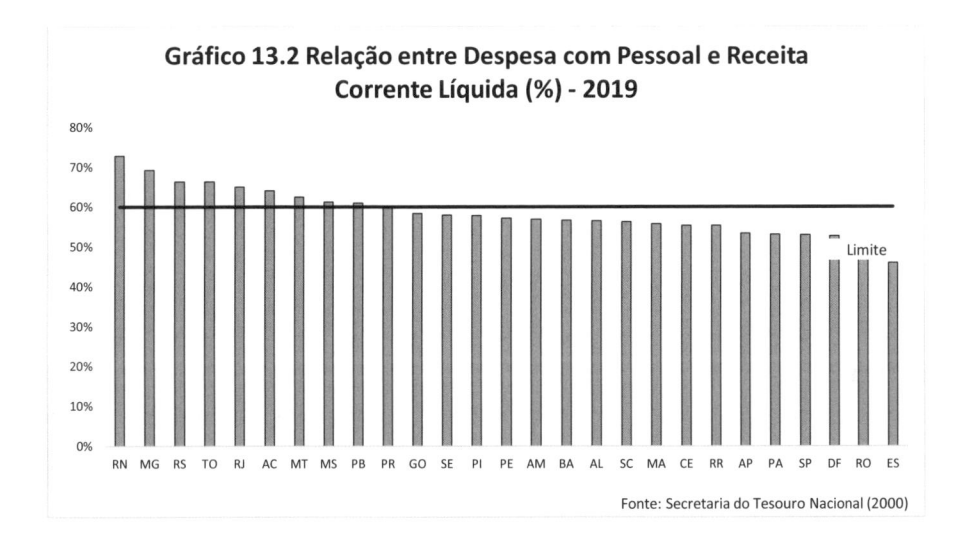

**Gráfico 13.2 Relação entre Despesa com Pessoal e Receita Corrente Líquida (%) - 2019**

Fonte: Secretaria do Tesouro Nacional (2000)

## ⊜ A QUESTÃO PREVIDENCIÁRIA EM NÍVEL LOCAL

Nos últimos anos, além do gasto com ativos, a despesa com inativos vem se tornando um grave problema para a grande maioria dos governos estaduais. Isso é explicado não só pelo fato de os estados serem intensivos em trabalho. Grande parte de seus funcionários tem direito a aposentadorias especiais, isto é, a regras mais benevolentes que as aplicadas a outras categorias. É o caso de professores e policiais, por exemplo, que se aposentam mais cedo do que os demais servidores.

Essas características, combinadas com o pano de fundo de envelhecimento populacional em curso no país, têm colocado pressão redobrada sobre a despesa com inativos. Uma maneira de visualizar esse fenômeno é olhar para o *deficit* da previdência nos estados: ele girava em torno de 0,4% do PIB entre 2007 e 2010, mas alcançou 1,4% do PIB em 2017 e 2018, segundo dados oficiais do Anuário Estatístico da Previdência Social (AEPS).

A causa da elevação do *deficit* previdenciário dos estados até meados da década de 2010 deve ser atribuída a duas razões fundamentais. A primeira se refere ao significativo aumento da quantidade de servidores inativos, ao mesmo tempo em que o número de servidores ativos, que contribuem para o regime, ficou praticamente estagnado, com ligeira queda de 4% entre 2009 e 2015. A segunda razão diz respeito ao forte crescimento da remuneração média real dos servidores ativos, em torno de 50% entre 2006 e 2015, que foram repassados, de acordo com a legislação, em grande medida para os servidores inativos.

No futuro, o *deficit* previdenciário dos estados deverá seguir crescendo, uma vez que o número de inativos e, consequentemente, o volume de despesa com benefícios, deve continuar crescendo mais rapidamente do que o número de ativos e das respectivas contribuições. No caso dos inativos, há também a expectativa de um elevado número de novas aposentadorias nos próximos anos, por conta do elevado peso dos servidores acima de 50 anos no quadro de ativos (cerca de um terço, na média, podendo chegar próximo à metade nos casos mais extremos).

Vale notar que, hoje em dia, alguns estados já têm um quadro de funcionários inativos maior que o de ativos. Esses números preocupam, não só por indicar um gasto crescente com inativos, mas também por conta da redução no número de ativos, cuja reposição será desafiadora no atual contexto fiscal.

Nesse sentido, a reforma da Previdência é condição fundamental para reduzir o desequilíbrio fiscal dos estados.[19] Em 2019, a reforma aprovada pelo Congresso Nacional não contemplou os regimes próprios estaduais. Na proposta original, as medidas voltadas para a previdência dos estados, como adoção da idade mínima, aumento da alíquota de contribuição e obrigação de instituição de previdência complementar, trariam uma economia estimada de R$350 bilhões em dez anos, mas infelizmente as negociações políticas não avançaram em torno dessa agenda. Sobrou, portanto, para cada um dos entes a tarefa de realizar a reforma de seu regime próprio. Felizmente, aproximadamente metade dos estados já começou essa tarefa e implementou alguma reforma.[20]

---

19. O cálculo do *deficit* atuarial dos Regimes Próprios dos estados é difícil e sujeito a diferentes hipóteses, mas estimativas existentes mostram valores exorbitantes, como em Caetano (2016), que o calculou em R$2,4 trilhões.
20. Até o início de julho de 2020, treze estados haviam endurecido os critérios de aposentadoria de seus servidores. São eles: Acre, Pará, Piauí, Ceará, Bahia, Alagoas, Sergipe, Goiás, Mato Grosso do Sul, São Paulo, Espírito Santo, Paraná e Rio Grande do Sul. Todos esses e alguns outros também haviam elevado a alíquota de contribuição dos servidores

## MOCINHOS E VILÕES

Até agora falou-se da situação fiscal dos estados no agregado. Contudo, há diversas diferenças importantes entre cada um deles. Uma primeira delas tem a ver com o tamanho: no caso da receita primária total, por exemplo, os quatro maiores (São Paulo, Minas Gerais, Rio de Janeiro e Rio Grande do Sul) têm metade da receita agregada do conjunto dos estados. No caso da dívida, esses mesmos quatro entes detêm 84% da dívida líquida total dos estados (ou 77% da dívida líquida do conjunto de estados e municípios, como mostra a Tabela 13.2).

Tabela 13.2 Dívida líquida, estados e municípios: dezembro 2019 (% PIB)

| Composição | % PIB | Composição (%) |
|---|---|---|
| Estados: quatro grandes | 9,6 | 77 |
| SP | 4,2 | 33 |
| RJ | 2,4 | 19 |
| MG | 1,8 | 14 |
| RS | 1,3 | 10 |
| Demais estados | 1,9 | 15 |
| **Total estados** | **11,4** | **91** |
| Municípios: Rio e São Paulo | 0,7 | 5 |
| Rio de Janeiro | 0,2 | 2 |
| São Paulo | 0,5 | 4 |
| Demais municípios | 0,4 | 3 |
| **Total municípios** | **1,1** | **9** |
| **Total** | **12,5** | **100** |

Fonte: Banco Central.

Uma segunda diferença importante tem a ver com a própria situação fiscal. Uma das melhores métricas para realizar essa avaliação é o CAPAG (Capacidade

---

ativos, como determinado pela legislação federal.

de Pagamento), calculado pela Secretaria do Tesouro Nacional, que funciona como uma classificação de risco para estados e municípios e cuja metodologia passou por aprimoramentos importantes nos últimos anos. A metodologia mais recente, de 2017, é baseada em três pilares: endividamento, poupança corrente e índice de liquidez. Avalia-se, portanto, individualmente o grau de solvência, a relação entre receitas e despesa correntes e a situação de caixa, chegando a uma nota final. Entes com as melhores classificações, A e B, podem receber garantia da União, ao contrário dos entes C e D, que ficam proibidos de receber tais garantias.

A classificação mais atual, de 2020, ajuda a mostrar a disparidade da situação fiscal entre os estados: apenas dez estados tinham a classificação de risco A ou B (sendo somente dois classificados como A). Em relação ao ano anterior, o número de entes com nota A ou B caiu uma unidade, uma vez que Piauí passou de B para C (Tabela 13.3).

### Tabela 13.3 Classificação do CAPAG

| UF | 2018 | 2019 | 2020 | UF | 2018 | 2019 | 2020 |
|---|---|---|---|---|---|---|---|
| AC | B | B | B | PB | B | B | B |
| AL | B | B | B | PE | C | C | C |
| AM | B | B | B | PI | C | B | C |
| AP | B | C | Suspensa | PR | B | B | B |
| BA | C | C | C | RJ | D | D | D |
| CE | B | B | B | RN | C | C | C |
| DF | C | C | C | RO | B | B | A |
| ES | A | A | A | RR | C | C | C |
| GO | C | C | C | RS | D | D | D |
| MA | C | C | C | SC | C | C | C |
| MG | n.d. | D | D | SE | C | C | C |
| MS | C | C | C | SP | B | B | B |
| MT | C | C | C | TO | C | C | C |
| PA | B | B | B | | | | |

Fonte: Secretaria do Tesouro Nacional (2000).

Pelo lado positivo, o principal destaque é o Espírito Santo, que novamente obteve a classificação A. Depois de ter sido o único estado do país a obter a classificação máxima por dois anos consecutivos (2018 e 2019), em 2020 dividiu o topo com Rondônia, que passou de B para A. Embora a situação fiscal do Espírito Santo seja fruto de um trabalho de longo prazo, é importante chamar a atenção para o ajuste fiscal realizado nos anos de 2015 e 2016 — em claro contraste com o que a maioria dos estados estava fazendo naqueles dois anos —, quando as despesas reais foram cortadas de maneira drástica, possibilitando que as contas permanecessem razoavelmente equilibradas.

Pelo lado negativo, os maiores destaques são três dos quatro maiores estados da federação: Minas Gerais, Rio de Janeiro e Rio Grande do Sul, todos com nota D. São estados altamente endividados, com a Dívida Consolidada (% RCL) acima de 200%, com problemas orçamentários (despesa corrente acima da receita corrente) e graves problemas de liquidez. Não por acaso, são estados onde a crise fiscal se tornou mais grave, chegando a incorrer em atrasos de salários e pagamentos.

Em relação ao gasto com pessoal, principal rubrica da despesa dos estados, o Gráfico 13.3 mostra também sua evolução, em termos reais, entre 2011 e 2019. Novamente é possível perceber elevada disparidade no comportamento: alguns com aumento expressivo, como o caso de Rio de Janeiro, Maranhão e Roraima, enquanto outros com queda real na rubrica: São Paulo, Distrito Federal, Pernambuco, Espírito Santo e Rondônia.

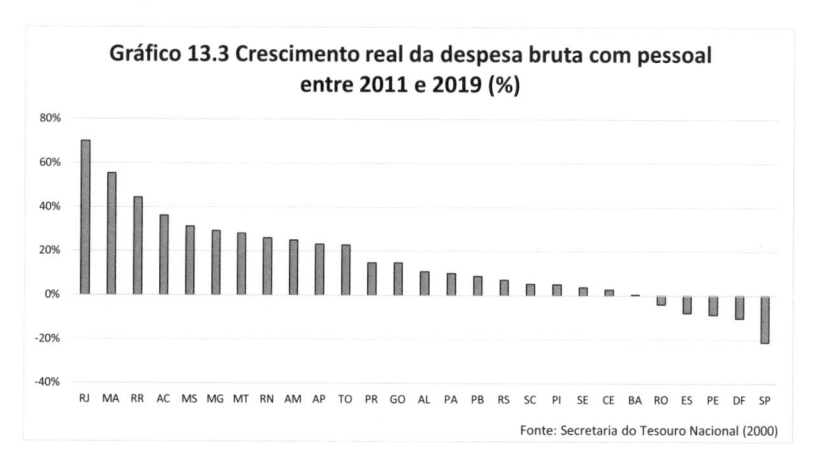

**Gráfico 13.3 Crescimento real da despesa bruta com pessoal entre 2011 e 2019 (%)**

Fonte: Secretaria do Tesouro Nacional (2000)

Como pode ser visto, portanto, a situação fiscal dos estados é bem diferente entre si, configurando um mosaico bastante heterogêneo de situações. Alguns souberam conduzir suas contas públicas com maior rigor e responsabilidade, enquanto outros se comportaram de maneira menos responsável. Vale notar que, desde 2019, alguns estados com situação muito difícil vêm se mostrando dispostos a iniciar ajustes importantes, como é o caso do Rio Grande do Sul. Por fim, é importante reforçar um ponto já destacado anteriormente: não faz sentido premiar aqueles que não fizeram o "dever de casa", em detrimento dos entes que foram responsáveis e que cumprem suas regras fiscais e acordos pactuados. Um comportamento desse tipo aumentaria o risco moral, isto é, o incentivo ao mau comportamento futuro.

## OS MUNICÍPIOS

Atualmente o Brasil tem 5.570 municípios. Esse número evoluiu bastante nas últimas décadas, especialmente a partir dos anos 1980, período marcado pela criação de novas cidades. Para se ter uma ideia, nos anos 1970, o país tinha pouco menos de 4 mil municípios, tendo ganhado mais de 1.500 novos desde então.

A Constituição Federal de 1988 foi uma das grandes impulsoras desse movimento, que pode ser chamado de tendência municipalista, ao reconhecer municípios como membros da federação e colocá-los em condição de igualdade com os estados. Além disso, a Carta estabeleceu um sistema de transferências de recursos que acabou estimulando a proliferação de municípios, muitos sem escala suficiente para provisão de serviços, levando a uma desnecessária multiplicação de estruturas administrativas.

Esse movimento também gerou um novo polo de poder. Muitos prefeitos conseguem ter grande influência sobre a política local, muitas vezes contribuindo para a eleição de parlamentares para o Congresso Nacional. O conjunto de prefeitos se organiza por meio de organizações fortes, como a Confederação Nacional de Municípios ou a Frente Nacional dos Prefeitos, para lutar por pautas de seu interesse.

Em termos fiscais, de maneira geral, as contas públicas dos municípios brasileiros guardam algumas semelhanças com as contas dos estados. Pelo lado do gasto, há um grande peso da despesa com pessoal, o que faz sentido, uma vez que municípios também são grandes prestadores de serviços públicos (saúde, educação etc.). Segundo dados do Tesouro Nacional, em termos agregados, os municípios gastaram 56% das despesas correntes com pessoal em 2019.

Pelo lado da arrecadação, assim como os estados, os municípios também têm duas fontes principais de receita: arrecadação tributária e transferências constitucionais. Enquanto as receitas tributárias mais significativas, no caso dos estados, são o ICMS e o IPVA, as fontes mais relevantes para os municípios são o ISS e o IPTU. Já no caso das transferências, elas são provenientes da União, no caso dos estados, e da União e dos estados, no caso dos municípios.

Como também acontece com os estados, a fonte de receita mais importante de um determinado município depende fortemente de suas características socioeconômicas. Para alguns, as fontes tributárias são, de longe, as mais representativas. De maneira oposta, outros dependem quase que exclusivamente das transferências governamentais. As disparidades são enormes: dos 5.570 municípios do país, 1.253 (22% do total) têm menos de 5 mil habitantes. Estes certamente dependerão enormemente das transferências.

A situação fiscal de estados e municípios também tem semelhança quando o assunto é a condição financeira: de maneira geral, a maioria dos entes se encontra em situação difícil. Segundo o CAPAG, calculado pelo Tesouro Nacional para 3.775 municípios, 60% destes tinham nota C e D em 2020. Dentre os demais, 18% tinham nota A, e 22% tinham nota B. Em relação ao ano anterior, teria havido uma piora, dada pela queda no número de municípios com nota A e B.

De maneira similar e cobrindo 5.337 municípios, estudo da Firjan considerou que, em 2019, 74% dos municípios tinham situação crítica ou difícil, contra 22% com situação boa e apenas 4% com situação excelente.[21] O documento chamou a atenção para alguns fatos: (i) quase 2 mil municípios não eram capazes de gerar localmente recursos suficientes sequer para arcar com suas despesas

---

21. Índice Firjan de Gestão Fiscal 2019.

administrativas; (ii) metade das prefeituras gastava mais da metade do orçamento com pessoal; (iii) mais da metade apresentava dificuldade para pagar fornecedores; e (iv) quase metade destinava no máximo 3% das receitas para investimentos. A alta rigidez do orçamento também foi citada como um fator de dificuldade da gestão financeira dos municípios.

No que se refere às diferenças em relação aos estados, podemos destacar pelo menos duas características importantes que tornam a situação dos municípios, nesses aspectos, melhor que a dos estados, em termos fiscais: o endividamento e a previdência. No caso do endividamento, nota-se que os montantes de dívida dos municípios são bem mais modestos do que os dos estados. A Tabela 13.4 mostra que a dívida líquida de estados e municípios totalizava 13,4% do PIB em julho de 2020. Desse valor, enquanto 12,2% eram referentes aos estados, apenas 1,2% se referia aos municípios.[22]

**Tabela 13.4 Composição da dívida líquida de estados e municípios: julho 2020 (% PIB)**

| Composição | % PIB | Composição (%) |
|---|---|---|
| Estados | 12,2 | 91 |
| Interna | 10,1 | 75 |
| Externa | 2,1 | 16 |
| Municípios | 1,2 | 9 |
| Interna | 0,9 | 7 |
| Externa | 0,3 | 2 |
| Soma | 13,4 | 100 |
| Interna | 11,0 | 82 |
| Externa | 2,4 | 18 |

Fonte: Banco Central.

---

22. Lembrando que, em termos de arrecadação, os valores agregados são muito menos discrepantes. Segundo STN (2020), a receita corrente agregada dos estados em 2019 totalizou R$868 bilhões, enquanto a receita corrente agregada de municípios para o mesmo ano ficou em R$657 bilhões (podendo ser um pouco maior, uma vez que a compilação do Tesouro abrangeu apenas um pouco menos de 90% do total de municípios do país. A dívida líquida de 13,4% do PIB referente a julho de 2020 na Tabela 13.4 refere-se ao mesmo conceito que em dezembro de 2019 era de 12,5% do PIB na Tabela 13.2.

Já no caso da previdência, o fato é que muitos municípios não têm um regime próprio de previdência. Segundo o AEPS de 2017, apenas 2.096 municípios tinham um RPPS, a maioria tendo seus funcionários vinculados ao RGPS. Para essa característica, o tamanho importa: entre as capitais e cidades com população acima de 400 mil habitantes, praticamente a totalidade tinha um regime próprio. Por outro lado, entre as cidades com população abaixo de 50 mil habitantes, quase 70% não tinham um regime próprio de previdência.

## UM DESAFIO PARA UMA DÉCADA

Como foi possível perceber ao longo do capítulo, a reorganização da situação fiscal dos entes subnacionais consistirá em um desafio a ser endereçado ao longo de muitos anos. Carlos Melconian, consultor econômico argentino famoso por suas tiradas irônicas, tem uma frase que se aplica um pouco ao que estamos discutindo aqui. Ele diz que "ajuste fiscal é como fazer abdominais: se não dói, é porque não está sendo bem feito". Se a tarefa já era difícil até 2019, a pandemia que atingiu o mundo em 2020 aumentou ainda mais o desafio.

Antes de mais nada, precisamos reforçar que a crise fiscal dos estados está inserida na crise fiscal do setor público brasileiro: o governo federal também enfrenta enormes dificuldades e não tem condições de seguir socorrendo indefinidamente os entes subnacionais. Existe ainda muita pressão por ajuda e até mesmo por mais descentralização de receitas, mas o argumento de que a União concentra receitas não se sustenta. A rigor, o Brasil é uma das federações onde a receita é mais descentralizada: deduzindo a arrecadação da previdência, a divisão da receita restante no país gira em torno de 36% para a União e 64% para estados e municípios.

Descartado esse caminho mais fácil, portanto, os estados precisam se ajustar por si mesmos, de uma forma ou de outra — e não ficar mendigando apoio do Governo Federal. Nesse sentido, uma solução estrutural pode começar justamente pelo gasto com pessoal, que, como vimos, tem um elevado peso no orçamento dos estados. A reforma da previdência é fundamental e, felizmente, já avançou em alguns estados. A reforma administrativa, que busca estruturar melhor as carreiras do funcionalismo público, abolindo promoções automáticas e alinhando melhor os incentivos dos servidores em direção a maior produtividade, também é um passo importante. Sob esse aspecto, é fundamental que todos os poderes do estado respeitem seus respectivos tetos salariais, eliminando vantagens e "penduricalhos" controversos.

Ainda no âmbito do gasto com pessoal, é importante também que os limites da LRF passem a ser respeitados e corretamente fiscalizados pelos órgãos responsáveis. A padronização da contabilidade é urgente. Para permitir que os gestores tenham maior capacidade de controlar esses limites, é necessário avançar na regulamentação do serviço público, permitindo algum tipo de flexibilidade, como a redução de jornada de trabalho em situações de desequilíbrio fiscal mais agudo. Também é imprescindível que haja um reequilíbrio de forças entre corporações organizadas e o estado, evitando que pressões por aumentos salariais sejam sistematicamente bem-sucedidas em seus pleitos. Regulamentar melhor o direito à greve seria, nesse sentido, um passo correto nessa direção.

No lado do gasto, outro problema que deve ser atacado é o das vinculações. O orçamento dos estados é muito engessado, e uma das razões para isso é a existência das vinculações em excesso. Embora, por um lado, muitas delas tenham uma justificativa, por outro lado, algumas podem não mais fazer sentido para determinado estado, em razão de suas características sociais e demográficas. Esse é um ponto a ser debatido com maior profundidade, mas, a princípio, a junção dos pisos de saúde e educação, por exemplo, pode ser uma opção. Uma discussão semelhante diz respeito ao piso do magistério, definido legalmente fora da alçada do estado, mas que tem implicações diretas em suas despesas. Aliás, isso vale para todas as despesas criadas no âmbito federal e que não preveem contrapartida nas fontes de custeio.

Do lado institucional, a melhoria dos processos orçamentários é necessária, e um exemplo de aperfeiçoamento a ser perseguido diz respeito à extensão do contingenciamento, que precisa alcançar todos os poderes, como no caso da União. Além disso, o Judiciário também precisa rever sua postura de tratar os estados como a parte mais fraca da relação com a União e passar a respeitar os contratos firmados entre as partes. O panorama de judicialização exacerbada que se vê atualmente, como discutido anteriormente, é extremamente prejudicial para a resolução definitiva da crise.

Em relação à receita, um ponto importante é que o ICMS, principal componente da receita tributária dos estados, precisa mudar. Além das enormes distorções já conhecidas desse imposto, um em particular é bem preocupante para a receita futura dos estados, que diz respeito à erosão da base tributária.[23] Nesse caso, a melhor opção parece ser uma reforma que substitua os impostos sobre bens e serviços por um IVA de base ampla, dividido entre as esferas federativas. Assim, os estados, além de encerrar a guerra fiscal, passariam a contar com bases tributárias que têm maior potencial nos próximos anos, quando a economia de serviços e a economia digital terão um futuro mais promissor do que a economia industrial. A agenda da revisão de renúncias fiscais também poderia ser resolvida com a introdução desse tipo de imposto.

Também é importante mencionar que, em razão da crise fiscal, juntamente com os desafios demográficos existentes, dificilmente os estados recuperarão a capacidade de investimento mais robusta que já tiveram em algum momento no passado. Embora as reformas possam melhorar a situação frente ao cenário atual, o fato é que os estados deverão pensar cada vez mais em outras formas de financiamento do investimento. Assim, é importante que os estados tenham capacidade de atrair a iniciativa privada para bons projetos de privatização ou concessão, respeitando as particularidades de cada ente. Instituições do governo federal, como o BNDES, têm um papel importante a cumprir nesta missão.

Por fim, é necessário melhorar cada vez mais a qualidade das políticas públicas. Avaliação de impacto, comunicação e transparência serão cada vez mais demandadas pela sociedade. Experiências de sucesso em saúde e educação, por exemplo, precisam ser difundidas e replicadas quando possível. Se, por um lado, em diversas ocasiões existirão dificuldades para aumentar os recursos destinados a uma área,

---

23. O ICMS é um imposto cuja base tributária é mais concentrada na indústria, incidindo pouco em serviços, setor de maior crescimento na economia, e, portanto, tende a se tornar obsoleto e perder espaço na carga tributária global. Um exemplo é o setor de telecomunicações, que vem perdendo sua base em razão das rápidas mudanças nos hábitos de consumo da população.

por outro, em muitos casos há importantes ganhos de produtividade a serem obtidos com uma melhor formulação e gestão de políticas e programas.

Logicamente, essa é uma agenda que não se resolverá em um ou dois anos. Na realidade, a intensidade dos desequilíbrios já existentes em 2019, somada à gravidade da crise de 2020, deixa um legado extremamente desafiador para os próximos anos. A recuperação das contas públicas será gradual e dependerá de um ambiente que combine um espírito reformador e a volta do crescimento econômico. É um desafio para uma década.

## O QUE FAZER?

Como dividir os custos de um ajuste? Eis o dilema de qualquer político. Nelson Jobim, com a experiência incomum de ter sido tanto parlamentar como ministro do Executivo e depois juiz do STF, costuma dizer que "o problema no Brasil não é dar a cada um o que é seu, e sim saber qual é o seu de cada um". Em uma situação na qual o que a soma do que cada estado considera que é de seu direito ultrapassa em muito a capacidade de atendimento das demandas por parte do Governo Federal, lidar com esse jogo de pressões implica um *mix* de necessidade de ser firmes por um lado, com a devida habilidade negociadora por outro. Isso requer um tipo especial de personalidade dos *policy makers* de Brasília, escassa nos últimos tempos.

De maneira geral, a volta ao equilíbrio fiscal está associada a dois grupos de medidas, que se confundem entre si. O primeiro diz respeito à institucionalidade, isto é, o estabelecimento de regras e mecanismos de controle capazes de garantir o equilíbrio fiscal no longo prazo, impedindo o comportamento oportunista por conta dos governantes da ocasião e a pressão por vantagens salariais por parte das corporações.

O segundo grupo diz respeito às medidas econômicas mais estruturais, materializadas por meio das reformas fiscais e econômicas. Um dos melhores exemplos é o controle da despesa obrigatória, mas também mudanças no sistema tributário, a adoção de uma agenda de privatizações e concessões e o aperfeiçoamento na formulação e gestão das políticas públicas, caminho inevitável para a melhoria dos indicadores sociais.

Objetivando uma exposição mais clara, didática e sintética, encerramos o capítulo apresentando uma lista com seis sugestões para o futuro:

I) Controlar a despesa com pessoal: evitar aumentos incompatíveis com a situação fiscal, eliminar progressões automáticas e vantagens generosas, cumprir os limites dados pelo teto do funcionalismo e limites globais determinados pela LRF e reduzir a pressão das corporações por meio, por exemplo, da regulamentação do direito de greve.

II) Aumentar o controle e flexibilidade orçamentária: reduzir vinculações excessivas, restringir a autonomia orçamentária dos outros poderes — submetendo-os ao contingenciamento, quando necessário —, e evitar a introdução de novas despesas sem previsão de fontes de custeio.

III) Melhorar a qualidade e eficiência do gasto público: inovar o serviço público para reduzir o gasto, por meio, por exemplo, de uma reforma administrativa que aumente a produtividade do funcionalismo, sistematizar a avaliação de políticas e programas, implementar medidas baseadas em experiências exitosas e aumentar o grau de transparência.

IV) Atração de investimento privado: aumentar a capacidade de formular bons projetos de privatização e concessão, quando possível, bem como fortalecer o ambiente institucional para esse fim.

V) Modernizar a arrecadação: implementar simplificações, rever benefícios tributários e modernizar o ICMS, preferencialmente dentro de uma reforma tributária nacional que estabeleça um IVA moderno e com maior capacidade de geração de receita para os estados no futuro.

VI) Buscar o equilíbrio fiscal: aproveitando várias das medidas destacadas, é importante que os entes subnacionais realmente adequem o tamanho da despesa ao volume de arrecadação, evitem *deficit* persistentes e, acima de tudo, deixem de repassar contas deficitárias para a União.

Finalmente, vale dizer que o sucesso dessa agenda depende não só das autoridades de governos subnacionais, mas também de diversos outros atores, incluindo autoridades de todos os poderes e esferas governamentais. É preciso haver um amplo diálogo, com pragmatismo acima de tudo. Uma tarefa bastante complexa, como ressaltado em outros capítulos do livro.

CAPÍTULO 14:

# O QUE FAZER?

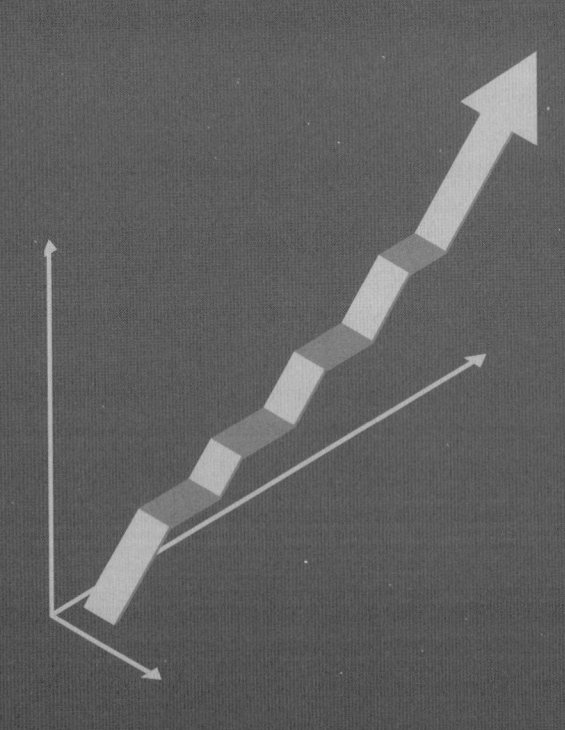

## "Será que não perdemos o bonde da História?"

(Fernando Henrique Cardoso, no seu diário de memórias, em dezembro de 1995)

**N**O CAPÍTULO 1, FIZEMOS ALUSÃO À PASSAGEM CÉLEBRE de *Conversa na Catedral*, de Vargas Llosa, em que um dos personagens se pergunta quando foi que o Peru se perdeu.[1] É razoável que aqui nos indaguemos em tom parecido: o que aconteceu com o Brasil?

O país perdeu grandes oportunidades. Na redemocratização dos anos 1980, não tivemos a sabedoria de notar que a necessidade de atender às demandas sociais tinha que ficar associada também ao zelo com o equilíbrio macroeconômico, o controle da inflação e o rigor fiscal. No imediato pós-estabilização de 1994, não fomos capazes de adotar políticas consistentes, o que só veio a ocorrer anos depois, em 1999, quando grandes desequilíbrios já haviam se formado. No governo Lula, na primeira década do século XXI, o país não foi capaz de unir a extraordinária legitimidade social do novo presidente com a *expertise* dos técnicos que haviam trabalhado no governo anterior para construir uma coalização modernizante de fortes raízes sociais. Em meados da década de

---

1. A palavra utilizada, no original, é mais forte, mas é esse o sentido.

2010, não fomos hábeis para transformar o segundo *impeachment* presidencial em 25 anos em uma reflexão em prol do país em torno de um governo de unidade. E recentemente temos assistido a um grau de polarização dramático, que conspira contra o estabelecimento de grandes acordos em favor da aprovação de novas reformas.

Quisemos inventar uma forma própria de fazer as coisas, porque "no Brasil é diferente", esquecendo que, como dizia Mário Henrique Simonsen, "em teoria econômica, o que não é óbvio quase sempre é besteira". E perdemos tempo, muito tempo.

Enquanto isso, o mundo avançava. Em slides com fotografias do tipo "antes" e "depois", é possível ver como algumas cidades da Ásia estavam em 1990 e no que se transformaram atualmente, em um contraste, como se diz popularmente, "de cair o queixo". Quando se compara esse progresso vertiginoso com a paquidérmica lentidão do país, onde em 2019 votou-se uma reforma da Previdência que poderia ter sido aprovada vinte anos antes, a dimensão do atraso angustia.

Há, no país, uma dramática falta de senso de urgência. Perde-se tempo com questões irrelevantes e há pouco esforço na tentativa de criar consensos em torno de questões vitais para o futuro. Há um par de anos, fui almoçar com um desses investidores estrangeiros que, de tanto visitar o Brasil, acabam falando um pouco de português e passam a se interessar pela vida do país. Ele estava feliz por ter finalmente compreendido uma expressão que escutava e havia demorado para captar seu significado: "banho-maria". Ou seja, a protelação, a procrastinação, o "vamos deixar para amanhã para ver como é que fica". Ele dizia no almoço, às gargalhadas, que "o banho-maria explica o Brasil", porque "tudo fica para amanhã". Com certos brios nacionalistas, tentei refutar, quase ofendido, dizendo que ele exagerava. E começamos a conversar sobre as questões. Eis que volta e meia eu me pegava incorrendo em um raciocínio diante do qual meu interlocutor sorria e dizia: "banho-maria". Como anda o debate sobre tal coisa? Vai avançar só depois do Ano-Novo. Há algo urgente a votar no Congresso? Terá que esperar para depois do Carnaval. Quais as chances de uma negociação sobre determinado assunto avançar no Congresso? Realisticamente, só dará para tratar do assunto depois das eleições. E, a cada resposta minha, a expressão voltava a ecoar. Tive que reconhecer que ele tinha algo de razão...

Em 1995, se dizia que "depois da estabilização" daria para encarar o combate ao *deficit* público com "novas medidas". "Depois da estabilização, o crescimento", dizia-se. No final de 2018, os membros do futuro governo falavam em discutir "novas medidas", mas "após a reforma da Previdência". "Depois da reforma, o crescimento", dizia-se. Qual era o *deficit* público em 1995? Sete por cento do PIB. Qual é o *deficit* previsto para 2021? Sete por cento do PIB. Em um certo sentido, andamos em círculos...

Este capítulo discutirá o que se pode fazer à luz dos números que foram apresentados no livro. Começaremos mostrando as dificuldades de coordenar as ações da sociedade no mundo de hoje. A seguir, faremos uma síntese dos números mais importantes que ficam de tudo o que foi falado. Finalmente, na sequência, procuraremos responder a que porto o país deveria almejar chegar e discutiremos o que fazer com esse objetivo.

## OUTROS TEMPOS

Em um dos relatos de época da política nos anos 1930, conta-se que Getúlio Vargas, em bilhete ao seu auxiliar Lourival Fontes, teria se manifestado nos seguintes termos acerca de um jornal independente: "Veja a intrigalhada desse jornal. É preciso apertá-lo. Diga ao prefeito que comece a apertá-lo na segunda-feira."

Eram, certamente, outros tempos, quando o presidente dispunha de muitos poderes. Hoje, com o fenômeno das mídias sociais, a fragmentação do quadro político, o peso da Federação e a multiplicidade de forças representativas do país, o poder individual do presidente da República é menor que no passado.

Ao mesmo tempo, o presidente, em um país com as características do nosso, precisa ser, ideal e simultaneamente:

- Um líder representativo, que esteja apoiado em uma base social considerável de onde surja a base de seu poder.
- Um comunicador, para dar conta dos desafios modernos de saber lidar com as mídias sociais em uma sociedade de massas.
- Um indivíduo antenado com as grandes tendências mundiais da modernização econômica.
- Um hábil articulador, para saber lidar com os tempos, as demandas e as idiossincrasias do Congresso Nacional.

Precisaríamos reunir, no mesmo personagem, ao mesmo tempo, o espírito modernizante da gestão de um FHC com a habilidade política de um Tancredo Neves — e, de preferência, adicionando o talento de comunicador de um Luis Inácio "Lula" da Silva. Não há, convenhamos, uma oferta abundante desse tipo de liderança...

Não basta ter boas ideias. É preciso ter a liderança que leve a adotá-las e transformar bons princípios e propostas inovadoras em realidade. Tancredo Neves, a propósito, tinha uma boa frase para definir o que representava a autoridade e como ela deveria ser exercida: "A cabeceira é onde estou sentado", respondeu ele a um parlamentar que, em uma reunião, ofereceu-lhe a cabeceira da mesa para liderar uma reunião.

A questão da conciliação entre os ideais e a realidade, entre o sonho e o possível, entre o mercado e a urna, tem sido objeto de reflexão há muitos e muitos anos. A propósito disso, Jean-Pierre Jouyet, na época secretário-geral do então presidente francês François Hollande, dizia em 2016 que "o problema não é que os políticos não saibam o que fazer. O que eles não sabem é como se reeleger se fizerem o que precisa ser feito".

O que precisa ser feito está mais ou menos mapeado no Brasil.[2] O que é preciso é conseguir a dosagem certa de reformas econômicas que sejam politicamente viáveis, com o suporte político para conseguir colocar as ideias de pé, de

---

2. Ver, por exemplo, na internet, os excelentes documentos preparados pela STN para a transição de governo, no final do governo Temer (STN, 2018a; 2018b).

forma que faça sentido em termos de melhora do ambiente econômico e de progressos nas perspectivas fiscais do país.

## ONDE ESTAMOS?

Muitos economistas ou profissionais do mercado financeiro advogam com frequência em favor de medidas fiscais "duras", "amargas" ou "estruturais". Muitas vezes elas são necessárias, mas outras simplesmente são impossíveis de adotar. Meu amigo Bernard Appy diz que "é fácil ser durão sem fazer conta". É como dizer que alguém tem que perder 20 quilos sem que se saiba ao certo se a pessoa pesa 120, 100 ou 85 quilos. Por isso, aqui, veremos de perto os números recentes, para entender o que pode e o que não pode ser feito.

Como depois da pandemia o ano de 2019 parece ter ficado muito distante e, ao mesmo tempo, o gasto excepcional de 2020 não poderá ser parâmetro para nada no futuro, consideraremos a realidade que se pode esperar para 2021.[3] Aqui nos basearemos na proposta de Orçamento enviada pelo governo em agosto de 2020, ajustada à luz da percepção do autor.

Recapitulemos alguns grandes números previstos para 2021. É possível trabalhar com a hipótese de um *deficit* público de 7% do PIB, resultado de um *deficit* primário de 3% do PIB, combinado com uma despesa de juros de 4% do PIB. O resultado primário do Governo Central seria até pior que o do setor público, mas similar em ordem de magnitude. A situação primária futura tende a depender basicamente do que acontecer com as contas do Governo Central.

A meta do governo, daqui a alguns anos, deveria chegar a algo em torno de um *deficit* público de no máximo 2% do PIB. Com ele, uma dívida líquida do setor público que até lá estaria provavelmente em torno de 75% do PIB, com 2,5% de

---

3. É evidente que as incertezas são muitas e a realidade poderá diferir bastante em relação aos números aqui apresentados. Optou-se por correr esse risco, porém, preferindo ele à alternativa, irrealista nesta altura, de considerar como ponto de partida os dados de 2019, de certa forma "sepultados" pelos acontecimentos de 2020.

crescimento do PIB e 3% de inflação, cairia em um ano para um valor de 73% do PIB. Uma repetição desse bom resultado geraria o efeito virtuoso de, ano após ano, diminuir paulatinamente a relação Dívida/PIB e, consequentemente, a despesa de juros, permitindo às autoridades a feliz situação de definir o que fazer com a poupança extra que decorreria disso. Dados os números antes citados, um alvo de *deficit* nominal de 2% do PIB para as Necessidades de Financiamento do Setor Público (NFSP), assumindo que a despesa com estes seja similar à atual, de 4% do PIB, implicaria ter um *superavit* primário em torno de 2% do PIB. Se o grosso deste viesse do Governo Central, estaríamos falando de um ajuste das contas deste de uma ordem de magnitude de 5% do PIB comparativamente à situação atual.

A Tabela 14.1 é a base a partir da qual temos que pensar nas possibilidades acerca do que fazer nos próximos anos.

### Tabela 14.1 Resultado primário do Governo Central 2021 (% PIB)

| Composição | % PIB |
|---|---|
| Receita bruta | 20,4 |
| (-) Transferências estados e municípios | 3,6 |
| Receita líquida | 16,8 |
| Despesas | 20,2 |
| **Deficit primário** | **3,4** |

Fonte: Secretaria do Tesouro Nacional. Projeção do autor.

Começando a reflexão pela receita, há dois dados da realidade que precisam ficar claros:

I) A receita bruta de 2021 deverá ser mais de 2% do PIB inferior à do começo da década de 2010, como pode ser visto no Apêndice.

II) Como veremos a seguir, é impossível obter um ajuste primário de 5% do PIB única e exclusivamente agindo sobre a despesa.

Uma boa combinação pode ser algo em torno de 1% do PIB — metade da perda de receita verificada entre 2011 e 2021 — de ajuste pelo lado de uma maior receita em relação a 2021 com mais 2% do PIB complementares de redução da relação Gasto/PIB no contexto de uma retomada do crescimento, em cinco anos. Se, por exemplo, a despesa for mantida fixa em termos reais em 2022 e 2023 e o PIB nesses dois anos crescer 2,5% a.a., para depois o gasto crescer 1% por ano durante três anos, conservando o ambiente de crescimento da economia a uma média de 2,5% a.a. — algo que pode ser factível à luz da ociosidade criada na economia na recessão de 2020 —, a despesa de 20,2% do PIB em 2021 teria passado a representar 18,4% do PIB cinco anos depois, em 2026. É um plano realista para o médio prazo, até o final da próxima gestão de governo. São números aproximados, que dão uma ideia do potencial de cada item — receita e crescimento econômico para reduzir a relação Gasto/PIB — para o ajuste primário pretendido. Assim, até meados da década se estaria em uma situação de resultado primário próximo de equilíbrio, restando mais 2% de melhora fiscal para ser executada no governo de 2027/2030.

Como se decompõem os 20,2% do PIB da Tabela 14.1 para tentar identificar onde podem, de fato, ser feitos eventuais cortes que permitam acomodar o aumento inevitável de outras despesas? Para isso, cabe nos determos agora na Tabela 14.2, que põe uma lupa na despesa total que pode ser estimada para 2021, para que possamos entender sua composição. Parece tentador concluir que cortar 0,5% do PIB sobre um total de 20% do PIB seria relativamente fácil, mas a Tabela sugere que cada linha enfrentaria resistências específicas.

Cumpre lembrar o leitor que a reforma previdenciária de 2019 amenizará o crescimento da despesa do INSS, que sem reforma escalaria de uma forma muito perigosa. Mesmo quando dilatado o período de permanência na ativa, porém, tudo indica que a despesa do INSS aumentará nos próximos anos em termos reais, ainda que, em um quadro de crescimento maior da economia, a despesa da rubrica possa diminuir ligeiramente como proporção do PIB.

Antes de continuar, é preciso reforçar o porquê de um ajuste fiscal significativo ser tão necessário. A Tabela 14.3 ajuda a desvendar a questão. Entre 2010 e 2020, a dívida líquida do setor público cresceu, mas não na dimensão que se poderia imaginar à luz dos enormes *deficit* observados. A razão é o que ocorreu com os "ajustes patrimoniais". Em 2006, o setor público brasileiro se tornou credor líquido do resto do mundo, significando que a dívida externa líquida se tornou negativa. A partir disso, ela foi de menos 5% do PIB em 2010 e de menos 10% do PIB em 2019. Nesse contexto, desvalorizações do câmbio, que nos anos de FHC pressionavam a dívida, agora a depreciam. É isso que explica a enorme contribuição no sentido de reduzir a dívida em 18% do PIB na comparação de 2010 com 2020 da linha de ajustes cambiais na Tabela 14.3, pressionando a dívida fortemente em 2010 e ajudando a diminuir a dívida líquida atualmente, em relação à que seria observada sem esse efeito. Observe o leitor, porém, que nos péssimos dez anos depois de 2010, mesmo com esses ajustes patrimoniais favoráveis, a dívida líquida aumentou muito como proporção do PIB. Desaparecendo o elemento amortecedor dos fatores patrimoniais, com *deficit* público elevado, a dinâmica da dívida seria ditada pela dívida fiscal, cuja trajetória tem sido explosiva. Observe-se que entre 2010 e 2020 a dívida líquida aumentou 22% do PIB, mas a dívida fiscal cresceu nada menos que 41% do PIB!

A Tabela 14.4 mostra uma realidade parecida com a da Tabela 14.2, porém com números expressos em reais, com os valores que hoje se pode projetar para 2021. Ela se refere ao universo das "outras despesas", que, conjuntamente com pessoal e INSS, representa o gasto total do Tesouro, exceto as transferências a estados e municípios.

Dividimos esse conjunto de despesas em quatro categorias: "rígidas", "passíveis de redução", "elimináveis" e "outras". As "despesas rígidas" são aquelas em relação à quais não há chances de haver uma redução, por serem "blindadas" contra isso na própria Emenda Constitucional do teto, nas áreas de saúde e educação.[4] As "despesas passíveis de redução" são aquelas em que políticas especí-

---

4. Aqui incluímos também as despesas discricionárias dessas duas rubricas, pois, embora formalmente possam ser objeto de redução, na prática enfrentam restrições políticas e sociais a um ajustamento.

cas podem reduzir a despesa — no caso do seguro-desemprego, evidentemente, desde que a taxa de desemprego ceda nos próximos anos. As "passíveis de eliminação" correspondem a itens que em algum momento deveriam e inclusive poderiam ser simplesmente "zerados". Por último, há um *pot-pourri* de demais despesas, que, seja pelo seu pequeno tamanho relativo ou pelas repercussões políticas ou sociais que envolveriam eventuais cortes, na prática podem ser tratadas conjuntamente com as despesas rígidas, por ser realisticamente muito difícil que possam ser reduzidas. Essa taxonomia será útil para uma reflexão que ainda será feita neste capítulo. O importante é entender que seria possível continuar a ter aumentos na despesa do INSS e simultaneamente respeitar a regra do teto, sem que isso continue a afetar as despesas discricionárias, se alguns dos itens listados antes puderem ser objeto de certa redução, abrindo espaço, inclusive, para alguma expansão das citadas despesas discricionárias.

**Tabela 14.2 Despesas do Governo Central 2021 (% PIB)**

| Discriminação | % PIB |
|---|---|
| **Pessoal** | **4,49** |
| Ativos | 2,30 |
| Militares | 0,45 |
| Civis Executivo | 1,37 |
| Civis LEJU | 0,48 |
| Inativos | 2,10 |
| Militares | 0,78 |
| Civis Executivo | 1,08 |
| Civis LEJU | 0,24 |
| Transf. p/ pagamento pessoal | 0,09 |
| **INSS** | **9,39** |
| **Outras despesas de Custeio e Capital (OCC)** | **6,35** |
| Despesas obrigatórias | 2,78 |
| Abono e seguro-desemprego | 0,79 |

| Discriminação | % PIB |
|---|---|
| Abono salarial | 0,24 |
| Seguro defeso | 0,03 |
| Seguro-desemprego | 0,52 |
| LOAS/RMV | 0,88 |
| Subsídios, subvenções e Proagro | 0,19 |
| Lei Kandir | 0,05 |
| FUNDEB | 0,25 |
| Outras despesas obrigatórias | 0,62 |
| Créditos extraordinários | 0,05 |
| LEJU/MPU/DPU | 0,17 |
| Sentenças judiciais | 0,28 |
| Compensações RGPS | 0,05 |
| Fundo Constitucional DF | 0,03 |
| Fabricação de cédulas e moedas | 0,01 |
| Outras despesas obrigatórias | 0,03 |
| Outras despesas | 3,57 |
| Obrigatórias com controle de fluxo | 2,07 |
| Bolsa Família | 0,47 |
| Saúde | 1,27 |
| Educação | 0,08 |
| Demais obrigatórias | 0,25 |
| Discricionárias | 1,50 |
| Saúde | 0,41 |
| Educação | 0,25 |
| Demais discricionárias | 0,84 |
| **Total** | **20,23** |

Fonte: Projeção do autor.

O QUE FAZER?

## Tabela 14.3 Dívida fiscal × Dívida líquida setor público: dezembro (% PIB)

| Composição | 1994 | 2002 | 2010 | 2018 | 2020 (julho) |
|---|---|---|---|---|---|
| Dívida fiscal | 30,0 | 39,0 | 31,5 | 59,8 | 72,6 |
| Ajustes privatização | 0,0 | -4,3 | -1,9 | -1,2 | -1,2 |
| Ajustes cambiais | 0,0 | 18,5 | 5,5 | -6,6 | -12,7 |
| Demais ajustes patrimoniais | 0,0 | 6,7 | 2,9 | 1,6 | 1,5 |
| Dívida líquida | 30,0 | 59,9 | 38 | 53,6 | 60,2 |

Fonte: Banco Central.

## Tabela 14.4 Decomposição das "Outras despesas" de 2021

| Composição | R$ bilhões |
|---|---|
| Despesas rígidas | 170 |
| Saúde | 126 |
| Educação | 25 |
| FUNDEB | 19 |
| Despesas passíveis de redução | 53 |
| Subsídios, subvençõees e Proagro | 14 |
| Seguro-desemprego | 39 |
| Despesas passíveis de eliminação | 22 |
| Compensação RGPS | 4 |
| Abono salarial | 18 |
| Outras despesas /a | 231 |
| **Total** | **476** |

/a = Seguro defeso, LOAS/RMV, Bolsa Família, sentenças judiciais, LEJU/MPU/DPU, créditos extraordinários, Fundo Constitucional DF, Lei Kandir, fabricação de cédulas e moedas e outras despesas.

Fonte: Projeção do autor.

## ONDE QUEREMOS CHEGAR?

O Gráfico 14.1 mostra claramente a relação inversa que se observa entre a dinâmica do resultado primário e a trajetória da dívida líquida do setor público.[5] Beck Weathers, alpinista dado como morto em uma escalada do Everest em 1996, na qual de fato nove alpinistas perderam a vida, disse certa vez que "se você não aprendeu nada depois de ter morrido, há algo de errado com você".

O Brasil quase morreu na década de 2010, por decisões de política equivocadas. Deveríamos ter aprendido algo com isso. O gráfico mostra três etapas características de três períodos bem distintos:

- Uma fase inicial de resultados primários fracos, com dívida líquida crescente do setor público, até o final da década de 1990.
- Uma fase de quinze anos de ajuste, com dívida, de um modo geral, lentamente declinante como proporção do PIB, até pouco antes de meados da década de 2010.
- Uma fase de novo desajuste, posterior a esses anos, com o resultado primário caindo novamente para o terreno negativo e dívida líquida novamente crescente.

Nos termos desse gráfico, e assumindo que, antes de um ajustamento mais incisivo ocorrer, a dívida continue aumentando, o objetivo, conforme foi dito, deveria ser conseguir um *superavit* primário do setor público da ordem de 2% do PIB, fortemente concentrado no Governo Central. É ali que deveríamos mirar, para poder aspirar então a uma dívida cadente como proporção do PIB a partir de então e durante vários anos.

---

5. O gráfico, a rigor, se refere ao conceito de "dívida fiscal", que não considera as mudanças patrimoniais decorrentes de fatores não fiscais. Ela capta estritamente o efeito dos *deficit* fiscais sobre a trajetória da dívida pública.

O QUE FAZER? 281

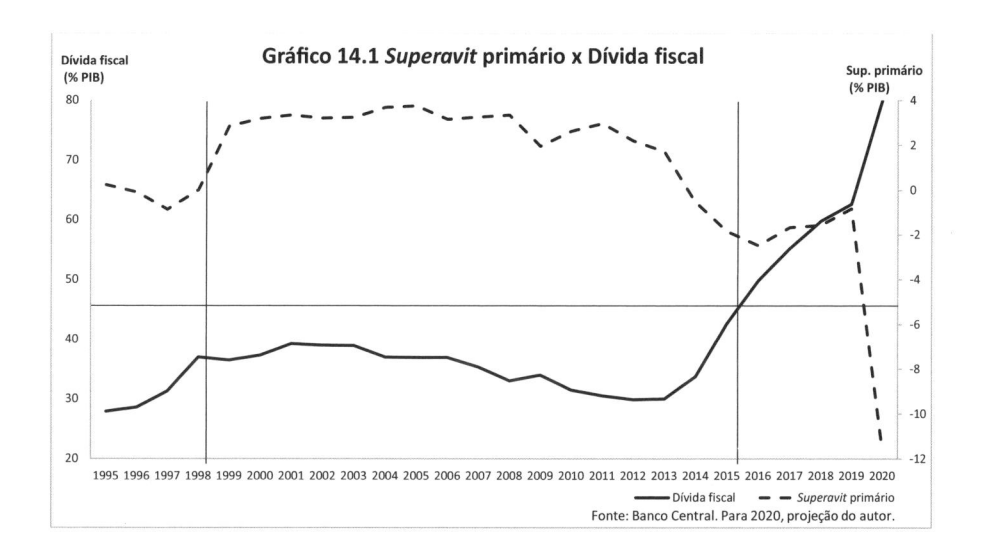

**Gráfico 14.1** *Superavit* primário x Dívida fiscal

Fonte: Banco Central. Para 2020, projeção do autor.

## ⊜ MÃOS À OBRA

Analisando certo derrotismo que tomou conta das análises acerca do país, Fernando Henrique Cardoso diz que "o Brasil é um país que olha o tempo todo para o chão, quando precisa olhar para o horizonte". O que se segue é uma tentativa de ter um "plano de voo", sob a ótica fiscal, para poder voltar a olhar para o horizonte com mais otimismo.

O que se pode fazer? Para entender melhor isso, vamos dividir a questão em blocos.

a)  Medidas no campo de estados e municípios. Compreendem a retomada dos pagamentos de juros por parte dos estados que não estão pagando os juros de sua dívida com o Tesouro. Como isso só poderá ocorrer mediante um "aperto de cintos" deles, poderia, no prazo de quatro a cinco anos, gerar uma melhora do resultado primário de algo entre 0,3% e 0,5% do PIB.

b)  Medidas no campo da receita. Implicariam colocar como objetivo para o Governo Central recuperar metade da perda de receita bruta em relação a 2011, quando a variável foi de 22,6% do PIB, contra uma estimativa de 20,4% do PIB em 2021. Terá que envolver um reforço da fiscalização, a continuidade da ausência de correção da tabela da Receita e talvez alguma majoração da alíquota superior de 27,5%, tendo como objetivo, conjuntamente com outras medidas tributárias, um adicional em torno de 1% do PIB de receita.

c) Indexação do salário mínimo ao INPC por dez anos. Evitaria novas pressões da despesa do INSS sobre a despesa, que se somam às já resultantes do aumento físico do número de benefícios.[6]

d) Corte real de pessoal. Aumentos nominais dos servidores durante alguns anos ligeiramente abaixo da inflação. Com uma hipótese de 3% de inflação e dada a relação Gasto com pessoal/PIB atual, isso poderia gerar uma contração real correspondente, depois de alguns anos, a algo em torno de 0,2% do PIB.

e) Eliminação do abono salarial. Este é um benefício que, na prática, corresponde a uma espécie de décimo quarto salário, pago a quem tem salários baixos no mercado formal. Embora o fim da rubrica esteja longe de ser trivial, pelo fato de que os beneficiários são os assalariados formais de menor renda, por outra parte, o fato é que não há justificativa social ou econômica alguma para o benefício. Este não se destina aos excluídos, nem beneficia quem está desempregado, nem colabora para a melhora da produtividade do país. A medida poderia render 0,2% do PIB.

f) Ação sobre as despesas passíveis de redução ou eliminação. Se o governo eliminasse as outras despesas passíveis de eliminação da Tabela 14.4 e reduzisse em um terço (por hipótese) as passíveis de redução, cortaria R$22 bilhões, tendo como base a expectativa para 2021, ou seja, em torno de 0,3% do PIB.

Note-se que o ponto (a) combinado com os pontos (d) a (f) somam em torno de 1% do PIB, lembrando que as medidas de (b) já foram comentadas

---

6. Haveria três fortes justificativas para isso: i) o forte incremento real da variável desde a estabilização, da ordem de 160%, utilizando o INPC como deflator; ii) a importância de evitar que aumentos reais do mínimo anulem os efeitos da reforma previdenciária de 2019; e iii) a necessidade imperiosa de concentrar esforços na melhora do emprego, que deveria ser o foco principal das políticas oficiais.

anteriormente. Esses pontos, em linhas gerais, são razoavelmente autoexplicativos. Já o ponto (c), pela sua relevância, merece uma explicação mais detalhada. Poucas coisas são tão sensíveis no Brasil, política e socialmente, do que o tema do salário mínimo, por duas razões. A primeira é que um contingente de muitos milhões de pessoas ganha salário mínimo. E a segunda é que isso está intrinsecamente associado, na concepção da enorme maioria da classe política, à ideia de que aumentar o salário mínimo é uma espécie de medida de "comprometimento social" do governo. Como o impacto fiscal da questão está relacionado fundamentalmente ao peso dos benefícios do INSS de um salário mínimo, devido à vigência do piso previdenciário, que é justamente de um salário mínimo, é útil olhar com atenção a Tabela 14.5. Ela mostra a distribuição dos ganhos de aposentados e pensionistas que recebem o piso previdenciário, por décimo da distribuição de renda *per capita*, onde os décimos estão ordenados de menor a maior, com o primeiro décimo representando os mais pobres.[7]

Tabela 14.5 Distribuição dos aposentados e pensionistas com rendimento igual a um salário mínimo, por décimo da distribuição de renda *per capita* (%)

| Décimo da distribuição | (%) |
|---|---|
| Primeiro | 1,1 |
| Segundo | 4,1 |
| Terceiro | 8,9 |
| Quarto | 8,8 |
| Quinto | 8,2 |
| Sexto | 31,0 |
| Sétimo | 10,7 |
| Oitavo | 11,4 |

---

[7]. A tabela se refere a 2015, ano da última Pesquisa Nacional por Amostra de Domicílios (PNAD) no formato antigo, mas essa realidade não se modificou posteriormente, em linhas gerais. O autor agradece a Samuel Franco pela colaboração na elaboração da tabela.

| Décimo da distribuição | (%) |
|---|---|
| Nono | 11,4 |
| Décimo | 4,4 |
| **Total** | **100,0** |
| Primeiro ao terceiro | 14,1 |
| Primeiro ao quinto | 31,1 |
| Oitavo ao décimo | 27,2 |

Fonte: IBGE (PNAD 2015).

A tabela indica que, no universo específico dos aposentados e pensionistas que recebem um salário mínimo, apenas 1% entre eles se situavam entre os 10% mais pobres da população, e apenas 5% entre os 20% mais pobres. Mais ainda: i) o percentual de pessoas desse grupo entre os três décimos mais ricos da população é da ordem do dobro do percentual incluído entre os três décimos mais pobres; e ii) a relação, nessa distribuição, entre o percentual de indivíduos que se situa nos 50% mais ricos da população vs. o que se situa entre os 50% mais pobres é de 69/31, já que apenas 31% se situam entre os 50% mais pobres — o chamado "andar de baixo", na conhecida taxonomia do jornalista Elio Gaspari.

É natural que, diante desses números, o leitor se pergunte: "Como é possível que alguém que ganha salário mínimo esteja entre os mais ricos?" Não é difícil de explicar. Imaginemos dois casos:

- **Caso A**. Dono de uma pequena lanchonete, com 66 anos, que ganha com sua loja R$3 mil por mês, tirando as despesas do negócio. Evidentemente, essa pessoa está a anos-luz de ser "rica". Porém, ela se situa, em função das características da distribuição de renda do país, no quarto superior de renda. Se ela tiver contribuído para o INSS "pelo mínimo", o aumento da variável beneficiará a renda do dono da lanchonete, embora ele esteja também longe de estar entre as pessoas mais pobres do país.
- **Caso B**. Empresário cuja renda individual o localiza entre o 0,1% mais rico da população. Se a esposa tiver acompanhado ele na carreira, dedicada à criação

dos filhos e apenas contribuindo para o INSS sobre um salário mínimo, a renda familiar *per capita* será favorecida pelo aumento do salário mínimo, embora a família se situe entre a parcela da elite mais rica do país.

Cabe lembrar também que, depois do Plano Real, o salário mínimo teve um crescimento bem superior ao da renda média da população, fazendo com que sua importância relativa tenha aumentado de forma expressiva. Isso significa que deixou de ser uma referência estritamente associada à pobreza, uma vez que muita gente passou a ganhar menos que um salário mínimo à medida que este foi aumentando ao longo do tempo (Gráfico 14.2). "Aumentar o salário mínimo", portanto, embora seja uma bandeira tradicional das forças políticas consideradas "progressistas" no campo político, é uma medida que tem um impacto fiscal enorme e, na prática, acaba tirando recursos das rubricas que não a Previdência Social. Além disso, tem-se o agravante de que seu impacto para atacar o problema da extrema pobreza é ínfimo, atualmente. É uma realidade completamente diferente da vigente no começo da estabilização, em meados da década de 1990, quando seu valor era muito inferior e a medida, de fato, tinha um impacto social relevante sobre as camadas de menor renda da população brasileira.

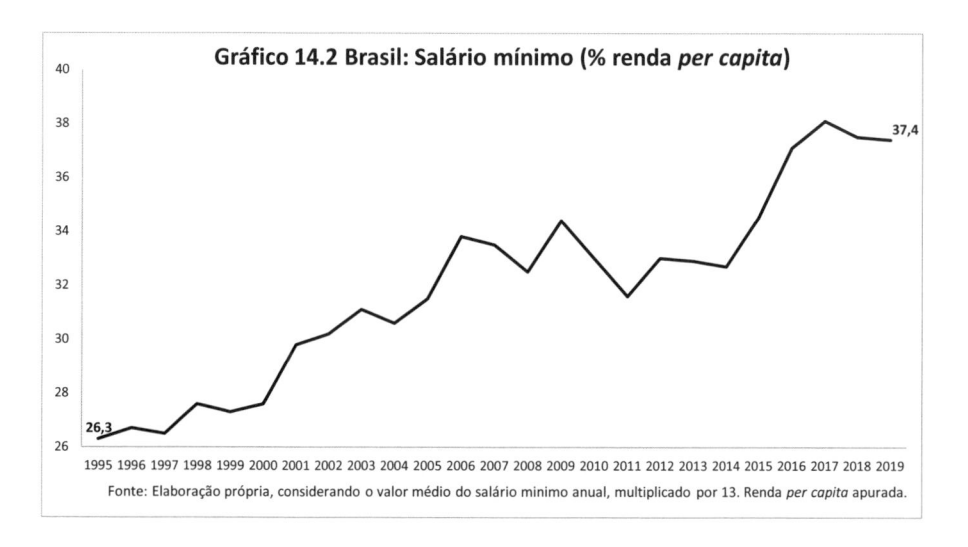

**Gráfico 14.2 Brasil: Salário mínimo (% renda *per capita*)**

Fonte: Elaboração própria, considerando o valor médio do salário minimo anual, multiplicado por 13. Renda *per capita* apurada.

Em termos de medidas com efeitos mais dilatados no tempo, condizentes com uma melhor estrutura de incentivos, há outras duas mudanças estruturais sobre as quais caberia pensar. São elas:

- A adoção de uma idade de elegibilidade no LOAS aos 68 anos de idade, com elevação de seis meses a mais por ano em uma transição de seis anos. A medida visaria distinguir o benefício assistencial do previdenciário e incentivar uma maior contribuição à aposentadoria de quem ganha nas proximidades do salário mínimo. O sistema atual, em que o trabalhador de baixa renda pode receber a aposentadoria aos 65 anos ou o mesmo valor por meio do LOAS também aos 65, obviamente desestimula a contribuição dos trabalhadores informais.
- A mudança das regras de concessão de seguro-desemprego.

Este último ponto merece um comentário mais acurado. As mudanças feitas na época em que Joaquim Levy comandava o Ministério da Fazenda, em 2015, deram mais racionalidade à legislação. Porém, continuam valendo duas características. Uma é que não há limite para as concessões. Outra é que não há uma tendência à redução do número de prestações pagas em função da repetição dos pedidos de seguro-desemprego. O Quadro 14.1 resume o conjunto de regras vigentes atualmente.

### Quadro 14.1 Regras para o seguro-desemprego

| Requisito | Primeira solicitação | Segunda solicitação | Demais solicitações |
|---|---|---|---|
| Emprego formal | Pelo menos 12 dos últimos 18 meses | Pelo menos 9 dos últimos 12 meses | Pelo menos 6 meses |
| Concessão | 4 a 5 meses | 3 a 5 meses | 3 a 5 meses |
| Exigência mínima emprego prévio | 12 meses (4 meses) 24 meses (5 meses) | 9 meses (3 meses) 12 meses (4 meses) 24 meses (5 meses) | 6 meses (3 meses) 12 meses (4 meses) 24 meses (5 meses) |

Fonte: Lei 13.134/2015.

Observe-se que, por exemplo, quem ficou doze meses empregado recebe quatro meses de prestação, tanto na primeira como na segunda e nas demais solicitações. Uma vez superada a etapa mais crítica do desemprego, porém, daqui a dois ou três anos, pode ser adequado pensar em introduzir um sistema de barreiras que impeça utilizações sucessivas do seguro, promovendo alguma economia na despesa. Assim, por exemplo, na primeira solicitação, o seguro poderia ser, como hoje, dado por quatro meses, mas com reduções para três e dois meses, respectivamente, nas solicitações posteriores, como forma de desestimular o recurso ao instrumento. É natural que a medida gere resistências, mas aqui há duas qualificações importantes a fazer. A primeira, como já foi dito, é que a intenção seria adotar a medida quando o desemprego fosse menor. E a segunda é que a preservação do *status quo* atual acaba penalizando indiretamente a população não diretamente beneficiária do seguro, pelo fato de essa rubrica ser uma das razões para a compressão observada no valor das despesas discricionárias.

Uma sugestão relevante poderia ser aprovar no próximo governo, em 2023, já com uma taxa de desemprego menor, uma mudança da regra de concessão de seguro-desemprego, tornando-a mais restritiva, mas de forma que a vigência se desse, por exemplo, só um ano depois, uma vez que a economia estiver passando por uma de crescimento continuado e com melhoria do emprego. Cabe lembrar, a propósito, as modificações demográficas que afetarão o mercado de trabalho, retratadas na Tabela 14.6.

**Tabela 14.6 Crescimento da população de 15 a 64 anos (% a.a.)**

| Período | Crescimento | Ano | Crescimento |
| --- | --- | --- | --- |
| 2000/2010 | 1,77 | 2010 | 1,49 |
| 2010/2020 | 1,03 | 2020 | 0,66 |
| 2020/2030 | 0,34 | 2030 | 0,23 |

Fonte: IBGE (Revisão populacional 2018).

Como se pode ver na tabela, a taxa de crescimento anual do segmento da população que pode ser entendido como uma *proxy* do conjunto das pessoas em idade de trabalhar está declinando gradualmente. Na margem, em 2020, está em 0,7%, e estima-se que dez anos depois cairia para apenas 0,2%. Isso significa que a necessidade de criação de empregos para evitar aumentos da taxa de desemprego será menor que no passado. Para se ter uma ideia, no começo do século, 2001, essa taxa de crescimento anual foi de 2,2%. Consequentemente, cabe esperar que as taxas de desemprego serão menores que no passado.[8] É razoável inferir que tomar medidas que tornem mais rígido o acesso — até agora com poucas restrições — ao seguro-desemprego sejam adotadas uma vez que esse processo de mudança demográfica estiver mais avançado.

Sem contar a mudança nas regras do LOAS, as outras medidas expostas nesta seção poderiam contribuir para reduzir a despesa. Com isso, mesmo aceitando que o pagamento a aposentados e pensionistas do INSS continue a aumentar, seria possível garantir recursos para, por exemplo, um programa de auxílio voltado para os trabalhadores informais — tarefa pendente depois do "coronavoucher" de 2020 —, um aumento das despesas discricionárias e, particularmente, um maior investimento público. Com a despesa de 2021 de 20,2% do PIB tendo sido contida até 2023 e depois crescendo 1% a.a. durante 3 anos, se poderia alcançar a redução do gasto até 2026 em quase 2% do PIB em relação a 2021, já explicada em seção anterior deste capítulo.[9]

A viabilização desse objetivo exigira flexibilizar a regra do teto para permitir que no governo 2023/2026 ele possa se expandir em torno de 1% reais a cada ano até 2026 e ter êxito na retomada do crescimento a um ritmo de 2,5% anuais.

Com um ajuste na receita de 1% do PIB, aproximadamente, de em torno de 2% do PIB no gasto como proporção do produto — combinando cortes e crescimento

---

8. Esse fenômeno das mudanças demográficas, para além do bom desempenho da economia, está por trás da queda da taxa de desemprego para níveis mínimos históricos nos EUA, nos últimos anos, antes da pandemia — que elevou forte e temporariamente a taxa de desemprego naquele país.

9. Ou seja, a ideia é que havendo algumas categorias com despesa futura menor que a atual, o gasto total aumentaria 1% a.a. depois de 2023, mas algumas rubricas poderiam aumentar mais do que isso, se certas despesas fossem ajustadas.

da economia em cinco anos —, e um adicional de 0,3% a 0,5% do PIB nos estados e municípios, haveria alguma gordura aqui e acolá para que, caso as coisas não evoluam conforme planejado, de qualquer forma o setor público consiga o almejado equilíbrio primário em 2026. Esse seria um ingrediente-chave para, até o final da década, alcançar o objetivo de limitar o *deficit* público a no máximo 2% do PIB, dada uma premissa de pagamento de juros de 4% do PIB.

O país deve atingir uma meta de inflação de 3% na altura de 2024, daí em diante mantida provavelmente *sine die*. Nesse caso, com uma rota fiscal de longo prazo traçada em perspectiva durante anos, dívida pública declinante como proporção do PIB a partir da segunda metade da década e juros baixos, o país teria tudo para uma longa fase de prosperidade, após ter exibido resiliência para sobreviver a todo tipo de infortúnios — econômicos e políticos.

Vamos então ao último capítulo do livro, para entender o que é essencial para o país mudar.

CAPÍTULO 15:

# CONCLUSÃO

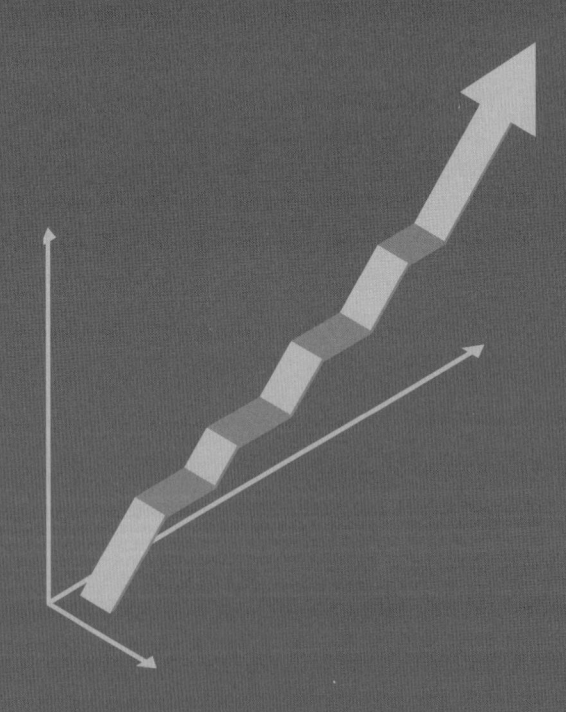

*"Os grandes eventos da História são determinados por muitos fatores, mas o mais importante é sempre a qualidade das lideranças. Afortunadamente para a América, a geração de políticos que emergiram para liderar as colônias rumo à Independência foi um dos mais formidáveis grupos de homens da História."*

(Paul Johnson, historiador britânico, em *Uma história do povo americano*, em referência a Washington, Franklin, Jefferson, Hamilton, Madison e Adams)

**HÁ PAÍSES QUE, NO ESPAÇO DE UMA GERAÇÃO, PASSA-**ram por mudanças muito importantes. No hemisfério ocidental, entre os casos mais marcantes estão o da Espanha pós--Franco e o do Reino Unido na década de 1980.

A Espanha era um país em crise em meados dos anos 1970, após ficar, durante décadas, isolado do contexto europeu, mergulhado em um regime extremamente fechado. Já no final do século, era um país que se igualava em prestígio aos outros grandes da Europa, com marcas de empresas globais, uma economia pujante e tendo aderido ao euro.[1]

O Reino Unido, por sua vez, estava em plena decadência na década de 1970, com indicadores econômicos que deixavam muito a desejar e o sentimento de que o país era vítima dos sindicatos, que se articulavam contra os esforços de modernização da economia. Em duas décadas, essa imagem se modificou totalmente, e, no final do século, após as gestões modernizantes compartilhadas pela liderança inicialmente dos conservadores e depois dos trabalhistas, o país tinha retomado sua força. Ele então se apresentava ao mundo com inflação baixa, desemprego normal, bons indicadores de crescimento e com Londres brilhando como "cidade global", como nunca antes havia ocorrido na história.

Não há como dissociar essas histórias de sucesso de dois personagens que, sem deixar de reconhecer o papel de outras figuras-chave e das instituições para esses avanços, foram cruciais para tais guinadas: Felipe González, na Espanha, e Margareth Thatcher, no Reino Unido. Ambos souberam identificar os pontos críticos que era necessário atacar, ambos fizeram a leitura correta das tendências do mundo às quais era necessário aderir, e ambos tiveram a capacidade política de conduzir os processos, com todas as complexidades que isso implica em uma democracia. O nome disso é "liderança política".

Mesmo aqui, no Brasil, com todos nossos problemas, não há como negar que o país existente no ano 2000 era marcadamente diferente do que havia mergulhado no caos da hiperinflação reprimida dos anos 1980 e da primeira metade dos anos 1990. Naqueles anos pré-1994 — ano do Plano Real —, verificou-se o fracasso de cinco planos de estabilização e o esgotamento completo do ciclo de desenvolvimento que perdurara entre as décadas de 1930 e de 1970, para colapsar na crise da dívida externa e da moratória em 1981/1982. E, nesse sentido, não

---

1. Um comentário similar pode ser feito sobre Portugal, embora, naturalmente, o peso de sua economia seja muito inferior ao da espanhola.

há como não reconhecer o papel que, para a mudança, na qualidade inicialmente de ministro da Fazenda e posteriormente de presidente da República, coube a Fernando Henrique Cardoso.

Este capítulo final trata das interações entre a política e a economia, para mostrar a importância de que o combate ao *deficit* público seja acompanhado não só de um diagnóstico adequado e de uma estratégia viável, como também do suporte político, para que, efetivamente, configure uma prioridade nacional.

Aqui, depois de ressaltar a mudança recente do papel do Congresso Nacional, enfatiza-se a nova configuração de variáveis macroeconômicas resultantes da situação que o país e o mundo viveram nos últimos anos, chama-se a atenção para o fato de que nossa *performance* continuou sendo muito fraca, expõem-se as limitações a uma retomada vigorosa do crescimento depois de 2021, explicita-se a preocupação acerca de certas tendências recentemente observadas em matéria legislativa, sintetizam-se alguns elementos marcantes de nosso momento político, explica-se o que cabe esperar e o que não é realista imaginar em virtude da reforma da Previdência, ressalta-se o papel crucial do chamado *animal spirit* ("espírito animal") dos empresários e conclui-se pela necessidade de o país convergir para a construção de certos consensos entre as forças políticas mais importantes do campo partidário.

## UM OUTRO PAÍS

Durante muitos anos, o Brasil foi governado politicamente com base no chamado "presidencialismo de coalizão". Essa foi a expressão com a qual o cientista político Sérgio Abranches qualificou o arranjo político que consistia na entrega de postos de comando no Gabinete a diferentes grupos partidários, para que estes dessem sustentação ao governo em suas iniciativas legislativas.

Com o passar do tempo, o arranjo foi perdendo eficácia. Por um lado, porque a proliferação do número de partidos foi tornando mais difícil a gestão da coalizão. E, por outro, porque a repetição e o agravamento dos escândalos associados a muitos dos partidos envolvidos nessas negociações minaram o apoio da sociedade aos principais partidos que lideraram esse processo nos últimos 35 anos: PSDB, PT e PMDB.

Foi nesse ambiente que as eleições presidenciais de 2018 consagraram, nas urnas, Jair Bolsonaro como um *outsider*, que se elegeu como crítico veemente, não só das administrações do PT, mas também da chamada "velha política".

Uma vez eleito, ele optou inicialmente por, contrariamente a todos seus antecessores desde a redemocratização, não construir uma coalizão de governo que lhe garantisse a formação de maiorias sólidas na Câmara de Deputados e do Senado. Em vez disso, preferiu promover o que em um regime parlamentarista seria considerado um "governo de minoria", isto é, um Gabinete que as forças representadas não alcançam para compor uma maioria no Parlamento.

Não obstante, o papel decisivo assumido pelo presidente da Câmara de Deputados, Rodrigo Maia, permitiu que o governo conseguisse aprovar com folga sua proposta constitucional de reforma da Previdência Social. A racionalidade que levou a essa postura foi a de que essa era uma discussão que estava madura e que, se o problema não fosse encarado de uma vez por todas, após tantas protelações, o país estaria fadado a ter sua crise econômica agravada. Isso seria algo particularmente preocupante, considerando a situação vigente na época, caracterizada por uma economia estagnada, um *deficit* público na faixa de 6% a 7% do PIB, dívida pública crescente e desemprego de 12%.

Tal fato caracterizou algo inédito em nossa democracia recente: parlamentares de grupos políticos que, sendo parte da base aliada até 2018, não chegavam a votar com o governo nas gestões Dilma e Temer foram chamados a apoiar uma proposta — a reforma da Previdência — sempre vista como impopular e, além disso, de um governo do qual não formavam parte. A explicação para esse enredo reside no instinto de sobrevivência natural na classe política, ao perceber que, na ausência de aprovação da medida, as consequências econômicas e sociais de uma rejeição seriam desastrosas, podendo se voltar contra os próprios parlamentares.

O que não está claro, porém, é como funcionará o Parlamento e a relação com o governo envolvendo outros tópicos também importantes da agenda governamental, mas que eventualmente não gerem esse tipo de receio nos parlamentares acerca do que poderia acontecer se a agenda não evoluir. Embora depois de 2019 o governo tenha mudado sua articulação política, o fato é que a "prova dos nove" associada a essa dúvida ainda não foi experimentada.

## NUNCA ANTES NESTE PAÍS

Todas essas questões se desenvolviam em 2019, em um contexto em que o país estava vivendo algumas situações inéditas, associadas às baixas taxas de juros, reflexo tanto de avanços ocorridos no país ao longo de 25 anos como do contexto mundial de juros anormalmente baixos em quase todos os países.

As taxas de juros longas dos papéis de longo prazo — trinta anos — do Tesouro Nacional transacionadas no mercado secundário encontravam-se, no começo de 2020, em níveis de menos de 4%, algo só comparável ao que havia ocorrido em 2012, por um curto período e de forma artificial em função das intervenções do Governo Dilma na política monetária (Gráfico 15.1). Tal realidade marcava uma enorme diferença na comparação com as taxas reais na faixa de 8% a 9% que vigoravam no país em meados da primeira década do século atual.

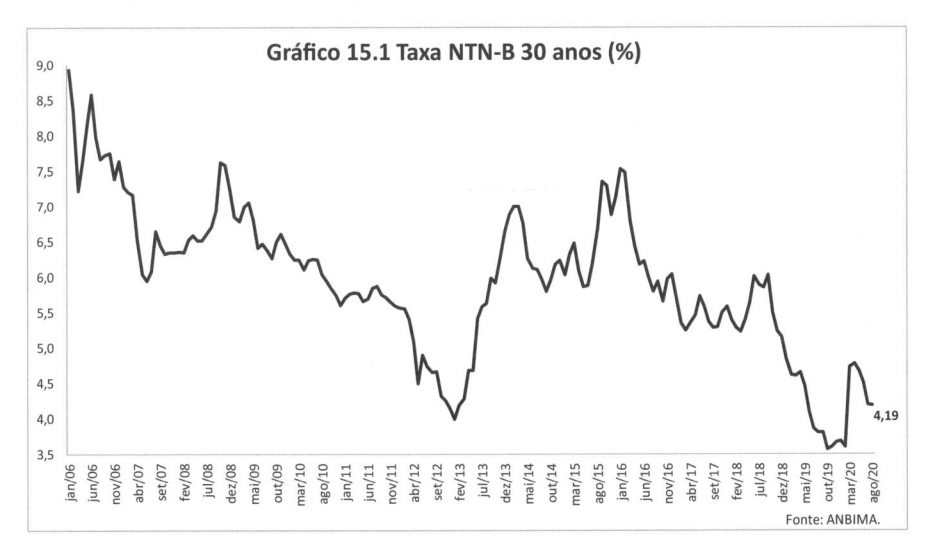

**Gráfico 15.1 Taxa NTN-B 30 anos (%)**

Fonte: ANBIMA.

O mesmo movimento se observava quando se analisam as taxas pagas pelo governo na emissão primária de seus papéis mais longos, como se vê no Gráfico 15.2.[2] O formato da curva ao longo do tempo é muito parecido com o anterior. Em linhas gerais, a tendência era de queda clara ao longo do tempo, trajetória essa, porém, sujeita a algumas perturbações, tais como:

- Uma pequena alta na crise internacional de 2008, que afetou todos os mercados globalmente.
- O já citado "mergulho" da taxa em 2012.
- A tendência de alta, em linhas gerais, em meados da década de 2010, por conta das tensões políticas que o país viveu no período.

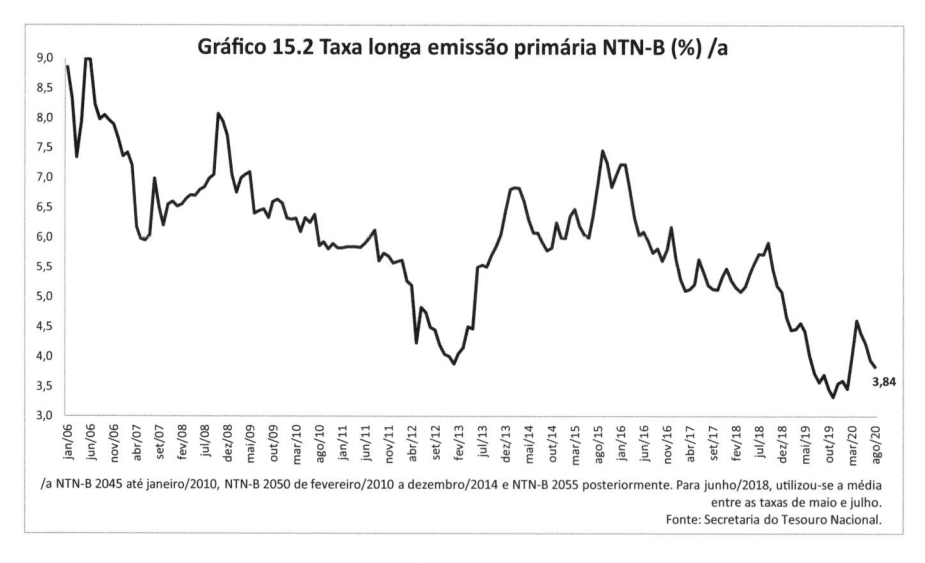

**Gráfico 15.2 Taxa longa emissão primária NTN-B (%) /a**

/a NTN-B 2045 até janeiro/2010, NTN-B 2050 de fevereiro/2010 a dezembro/2014 e NTN-B 2055 posteriormente. Para junho/2018, utilizou-se a média entre as taxas de maio e julho.
Fonte: Secretaria do Tesouro Nacional.

Outro dado que espelha essa tendência é a taxa média anual de cada papel quando ele surgiu. No primeiro ano do Gráfico 15.2 (2006), a taxa média real do papel de 2045 foi de um juro de 8,1%. Em 2010, quando apareceu o título de 2050, sua taxa média real no ano foi de 6,1%. Já o título de 2055 foi lançado em um ano

---

2. A série foi obtida encadeando-se as taxas dos papéis emitidos com vencimento em 2045, 2050 e 2055, tendo sempre como base a taxa do papel mais longo existente. No mês de mudança de uma referência para outra, por exemplo, ao considerar o último mês da taxa do título de 2045 e encadear com o primeiro mês do título de 2050, as mudanças entre uma taxa e outra foram ínfimas.

crítico do país (2015) pagando uma taxa média no ano de 6,6%. E é a taxa desse papel longo que caiu para perto de 4% no início de 2020.

O ambiente, portanto, em termos de condições financeiras, comparativamente ao nosso passado, não poderia ser mais favorável ao crescimento econômico, a princípio. Foi nesse contexto que, no primeiro trimestre de 2020, inicialmente na China, e no final do mesmo ano, no Brasil, eclodiu a crise do coronavírus, afetando as perspectivas de crescimento para o ano, comprometendo temporariamente não apenas a agenda de reformas, como principalmente as condições de saúde e o emprego da população, em intensidade dramática no curto prazo.

## EPPUR NON SI MUOVE

O fato é que, mesmo muito antes da presente crise, em que pese o ambiente internacional benigno para o investimento até o começo de 2020, o Brasil continuou sendo um dos países de pior performance do mundo, como indicado na Tabela 15.1. Mesmo deixando de lado a baixa taxa de 2017/2018, que pode ser associada aos problemas políticos vivenciados naquele biênio, o crescimento em 2019 no Brasil foi de apenas 1,1%, muito aquém do crescimento mundial (2,9%) e dos países emergentes (3,7%). Na comparação da média de cinco anos, computando a expectativa para 2021, o Brasil terá crescido apenas 0,5% a.a., abaixo da média anual de vizinhos regionais como Paraguai (2,4%), Peru (1,8%), Colômbia (1,7%) e Chile (1,3%).

Não há como culpar o mundo por esse desempenho tão fraco. A economia mundial desacelerou em 2019 e sofreu também, evidentemente, com a crise do coronavírus, mas, primeiro, deverá se recuperar em 2021; segundo, no caso dos países em desenvolvimento como um todo, essa desaceleração foi consistente com um crescimento ainda robusto no quinquênio, de mais de 3% a.a.; e terceiro, ela esteve associada a um crescimento médio de qualquer forma bastante forte das chamadas "locomotivas", com a China crescendo a uma média anual perto de 6%, e a Índia, em torno de 4%.

No caso do Brasil, o problema se acentua em função do fato de que até 2020 tivemos 7 anos consecutivos — 2014, inclusive — de crise, uma vez que a baixa do crescimento se deu antes da recessão de 2015, com a observação de uma taxa de apenas 0,5% em 2014. Depois disso vieram 2 anos de contração e, após a recessão, 3 anos de crescimento positivo, mas muito fraco, antes da debacle de 2020.

**Tabela 15.1 Taxa de crescimento do PIB (%)**

| País/Região | 2017 | 2018 | 2019 | 2020/e | 2021/e | Média |
|---|---|---|---|---|---|---|
| Mundo | 3,8 | 3,6 | 2,9 | -4,9 | 5,4 | 2,1 |
| Economias avançadas | 2,4 | 2,2 | 1,7 | -8,0 | 4,8 | 0,5 |
| Países em desenvolvimento | 4,8 | 4,5 | 3,7 | -3,0 | 5,9 | 3,1 |
| EUA | 2,2 | 2,9 | 2,3 | -8,0 | 4,5 | 0,7 |
| Área euro | 2,4 | 1,9 | 1,3 | -10,2 | 6,0 | 0,1 |
| Coreia do Sul | 3,1 | 2,9 | 2,0 | -2,1 | 3,0 | 1,8 |
| Japão | 1,9 | 0,3 | 0,7 | -5,8 | 2,4 | -0,1 |
| Reino Unido | 1,8 | 1,3 | 1,4 | -10,2 | 6,3 | 0,0 |
| China | 6,8 | 6,7 | 6,1 | 1,0 | 8,2 | 5,7 |
| Índia | 7,2 | 6,1 | 4,2 | -4,5 | 6,0 | 3,7 |
| Tailândia | 4,0 | 4,2 | 2,4 | -7,7 | 5,0 | 1,5 |
| Argentina | 2,7 | -2,5 | -2,2 | -9,9 | 3,9 | -1,7 |
| Chile | 1,2 | 3,9 | 1,1 | -4,9 | 5,3 | 1,3 |
| Colômbia | 1,4 | 2,5 | 3,3 | -2,4 | 3,7 | 1,7 |
| México | 2,1 | -2,2 | -0,3 | -10,5 | 3,3 | -1,6 |
| Paraguai | 5,0 | 3,7 | 0,2 | -1,0 | 4,0 | 2,4 |
| Peru | 2,5 | 4,0 | 2,2 | -4,5 | 5,2 | 1,8 |
| Hungria | 4,3 | 5,1 | 4,9 | -3,1 | 4,2 | 3,0 |
| Polônia | 4,8 | 5,3 | 4,1 | -4,6 | 4,2 | 2,7 |
| **Brasil** | 1,3 | 1,3 | 1,1 | -4,5 | 3,5 | 0,5 |

/e = Estimativa. Para o Brasil, estimativa própria.
Fonte: FMI (World Economic Update, jun. 2020). Para Chile, Colômbia, Paraguai, Peru e Hungria, abril.

O aspecto mais dramático resultante disso é o comportamento dos indicadores de desemprego e subemprego. No caso do desemprego, após três anos de alta, a taxa média anual cedeu em 2018/2019, mas pouco, estando ainda em 12% em 2019, realidade essa que piorou muito com a crise de 2020. Além da taxa ainda ser muito alta — muito superior à média de menos de 7% de 2014 —, tem-se o agravante de que a chamada "taxa de subutilização", que combina desocupação, subocupação e a parcela da mão de obra que poderia trabalhar e não está empregada, subiu durante 4 anos consecutivos, permanecendo em 2019 no patamar de 24%, quadro igualmente agravado em 2020. Eram 28 milhões de pessoas, de uma forma ou de outra, naquele ano, insatisfeitas com sua situação no mercado de trabalho, seja por não estarem empregadas ou por almejarem poder trabalhar mais horas, sem conseguir. Um drama social enorme.

Tudo isso, evidentemente, como já foi dito, se acentuou em 2020 com a mudança dramática do quadro trazida pela eclosão do fenômeno do coronavírus, que afetou de forma brutal as perspectivas de crescimento econômico para o ano, tanto do mundo como do Brasil.

## OS LIMITES AO CRESCIMENTO

No jargão dos economistas, utiliza-se muito a expressão "hiato do produto" para refletir a diferença entre aquilo que se produz — o famoso PIB — e o máximo potencial de produção que se poderia alcançar com o estoque de capital existente, ou seja, sem adicionar novas máquinas e nem construir novos galpões. É claro que, se há dúvidas acerca da forma de medir corretamente o próprio PIB, que, mal ou bem, é uma variável observada, que dirá então acerca da medida de uma variável virtual, como é o chamado "PIB potencial". Por isso, esse é um cálculo sujeito a certa controvérsia. De qualquer forma, conceitualmente, a distinção entre o PIB e o produto potencial é importante, porque ajuda a entender os limites da política econômica. A produção, na prática, tende a ser o mínimo entre a demanda e a oferta. Ou seja, se há capacidade de oferta — produto potencial — mas pouca demanda, a economia estará abaixo de seu potencial.

Por outro lado, de nada adianta a demanda crescer 5% se a economia estiver operando a plena carga, com "hiato fechado" — ou seja, nulo — e a capacidade de oferta crescendo pouco. Nesse caso, o resultado será uma pressão sobre a inflação, em função do que chamamos de "excesso de demanda".

O que gera maior capacidade de produção? Basicamente, pessoas — e suas habilidades —, máquinas e tecnologia. O crescimento do produto potencial dependerá, então, fundamentalmente de três fatores:

- A velocidade de crescimento do contingente de trabalhadores e de seu conhecimento (capital humano).
- A taxa de investimento da economia.
- A chamada "Produtividade Total dos Fatores" (PTF), que captura os efeitos relacionados com os avanços tecnológicos que geram aumento da produtividade, dada certa dotação dos fatores (trabalho e capital).

O primeiro elemento vem tendo uma trajetória negativa, devido às mudanças demográficas da população, que vão se processando lentamente, conforme já explicado no capítulo precedente. Tomando intervalos de anos, se considerarmos como referência de população ativa o contingente de pessoas entre 15 e 64 anos, esse universo, pelas projeções do IBGE da revisão populacional de 2018, terá as seguintes taxas médias de variação em intervalos de 5 anos:

- 2015/2020: 0,80% a.a.
- 2020/2025: 0,44% a.a.
- 2025/2030: 0,24% a.a.

Ou seja, pelo lado do mercado de trabalho, o dinamismo do produto potencial tenderá a ser cada vez menor.[3]

Em relação ao fator capital, este depende da dinâmica do investimento, no sentido de que o estoque de capital de um país em um ano, resumidamente, equivale

---

3. Cabe destacar que essa é uma das razões pelas quais os países desenvolvidos, com sociedades já maduras e nas quais, em certos casos, a população adulta em idade de trabalhar já está até diminuindo, experimentam taxas anuais de crescimento do PIB modestas, que dificilmente chegam a 3%.

ao estoque herdado do passado, descontado da depreciação e acrescido do fluxo do investimento. Ocorre que, quando o investimento é baixo — como no Brasil —, o capital cresce muito pouco.

Finalmente, o componente da produtividade tem um elemento que os economistas denominam de "pro-cíclico", ou seja, quando tudo vai bem, ele tem um desempenho favorável, mas é muito baixo — ou até mesmo negativo — nas fases de retração.

O resultado desse conjunto de elementos é exposto no Gráfico 15.3, que mostra a dinâmica do produto potencial conforme cálculos feitos no âmbito do IPEA. A taxa de expansão da variável alcançou mais de 4% em meados da primeira década do século, mas naquela época o conjunto da população em idade de trabalhar crescia a uma taxa anual da ordem de 1,8%, e o investimento se encontrava na faixa de 18% a 20% do PIB, além de o Brasil estar experimentando uma fase de crescimento da produtividade até então.

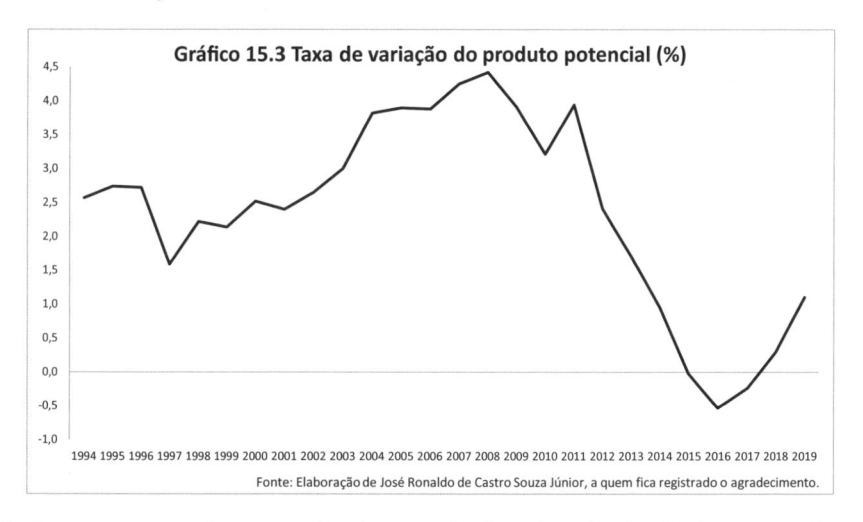

**Gráfico 15.3 Taxa de variação do produto potencial (%)**

Fonte: Elaboração de José Ronaldo de Castro Souza Júnior, a quem fica registrado o agradecimento.

Já hoje, com a taxa de expansão da população ativa diminuindo ano após ano, com uma taxa de investimento em torno do piso histórico e com produtividade estagnada há anos, as estimativas atuais de crescimento do produto potencial se situam em torno de 1%.

Essa é uma diferença importante em relação ao passado: o Brasil saiu da crise de 1990/1992 com o produto potencial crescendo pouco, mas ainda no terreno positivo, em torno de 2%; saiu da crise de 1998/1999 com essa variável crescendo ainda na faixa de 2% a 2,5%; e iniciou o ciclo de expansão em 2004 com ela se expandindo em torno de 3%. Agora, mesmo se a economia retomar um crescimento mais firme em 2021, poderemos iniciar um novo ciclo de expansão, mas com a menor taxa de crescimento do PIB potencial desde os anos 1990. O desafio para ampliar essa velocidade, com o contingente de mão de obra em idade de trabalhar crescendo a taxas cada vez menores, será maiúsculo, embora em curto prazo a ociosidade acumulada na crise de 2020 seja tão grande, que o PIB pode crescer 2 ou 3 anos a um ritmo um pouco mais forte, basicamente ocupando capacidade ociosa.

## "LAS COSAS AL REVÉS"

Um velho tango argentino ("*Haragán*", que pode ser traduzido como "Folgado"), imortalizado pelo "*bandonéon*" dos músicos da época e próprio de tempos antigos, marcados pelo machismo, tem uma letra, supostamente sob o ponto de vista feminino, que diz: "*El día del casorio/dijo el tipo'e la sotana:/'El coso debe siempre/ mantener a su fulana'/ Y vos interpretás/las cosas al revés:/¿que yo te mantenga/es lo que querés?*" ("O dia do casamento/disse o sujeito da batina/O cara deve sempre/sustentar sua Fulana/E você interpreta/as coisas ao contrário/que eu te sustente/é o que você quer?"). A frase sobre "*interpretar las cosas al revés*" ("ao contrário") vem à memória quando se observa certa tendência verificada nos últimos tempos no tratamento de aspectos da realidade fiscal no jogo legislativo. Ao invés de o governo conseguir passar ao meio político a necessidade de reforçar o programa fiscal, o que temos visto é uma sinalização, em alguns casos, na direção oposta. Vejamos alguns pontos:[4]

---

4. Listagem organizada a partir de interações do autor com Marcos Mendes, que tem chamado a atenção, com razão, para os pontos aqui citados, em diversas manifestações pessoais, intervenções em debates e artigos de jornal, alguns dos quais em coautoria com Marcos Lisboa. Está sendo excluída dessa lista a possibilidade de ampliação dos Benefícios de Prestação Continuada (BPC) do LOAS em função da derrubada pelo Congresso, em março de 2020, do veto do presidente da República a essa ampliação, devido à decisão posterior do TCU que, na prática, tende a bloquear esse aumento do gasto.

# CONCLUSÃO

- Aprovação do chamado "Orçamento impositivo" (Emendas constitucionais 100 e 102), que diminui o espaço para o controle do gasto público.
- Mudanças na Lei de Diretrizes Orçamentárias (LDO) que tornam obrigatório o pagamento de emendas parlamentares, anteriormente consideradas discricionárias.
- Vedação ao contingenciamento de algumas despesas específicas das Forças Armadas, nesse caso por iniciativa do próprio Poder Executivo, naturalmente associadas às origens do presidente da República.
- Proposta de ampliação do Bolsa Família mediante o pagamento de uma décima terceira remuneração mensal, sem definição *a priori* de qual será o corte compensatório para que tal despesa caiba no teto do gasto público.
- Ampliação dos recursos para o fundo eleitoral.
- Avanço da proposta, no Congresso, de permitir que os parlamentares façam emendas destinando recursos livres para os orçamentos municipais, sem passar por programas federais e sem fiscalização das agências de controle, o que seria uma forma de canalizar verbas para fins eleitorais.

Analisadas em conjunto, essas iniciativas configuram um quadro caracterizado por dois elementos:

I) Uma evidente complacência do país — sem entrar no mérito específico, no conjunto, sobre de quem é o Poder responsável por tal situação — em relação à situação fiscal.

II) Uma redução do espaço para as despesas discricionárias, uma vez que, passando rubricas antes sujeitas a contingenciamento para categorias de "despesas protegidas" e dado o binômio vigência do teto de gastos/aumento das despesas obrigatórias, a eventual necessidade remanescente de ajustes, para a despesa caber no Orçamento, incide sobre uma fração cada vez menor do gasto, amplificando o tamanho dos cortes.[5]

Um elemento não menos preocupante, em termos de suas repercussões práticas, é que, aos olhos de quem compreende como funcionou a política no Brasil

---

5. Como já foi explicado no livro, isso não é difícil de entender. Se, por contingências fiscais, for necessário fazer um ajuste envolvendo um corte do gasto público de 1% do PIB, caso este incida sobre um total de 20% do PIB, isso corresponde a 5% do total. Já se uma despesa de 18% do PIB daquele universo é "protegida", o corte afeta então os restantes 2% do PIB, o que corresponde a 50% desse universo específico.

nas últimas décadas, tais iniciativas implicam desmontar, em boa parte, o arcabouço de instrumentos utilizados pelo governo para a gestão do presidencialismo de coalizão, pelo estreitamento do espaço para as emendas cuja liberação depende do Poder Executivo. É isso, combinado com a inapetência para a formação de uma maioria parlamentar sólida para aprovar uma agenda ambiciosa de reformas — algumas delas, constitucionais —, que tem permitido recentemente um número inédito de derrubadas de vetos presidenciais a propostas aprovadas pelo Parlamento.[6]

## O CONTEXTO POLÍTICO

Superar os entraves ao crescimento, na década de 2020, implicará passar aos agentes econômicos a percepção de que o Executivo terá condições de lidar com a fragmentação de nosso sistema político. Nos ciclos anteriores de expansão, acompanhados de aumento do coeficiente Formação Bruta de Capital Fixo/PIB, havia dois elementos presentes, ambos subjetivos, mas que certamente afetavam as decisões de investimento:

- A percepção de "existir chão pela frente", ou seja, de ter um quadro de normalidade quando o empresário pensava em como estaria o país quatro ou cinco anos adiante.
- A noção de que o governo controlava a pauta legislativa, sendo capaz de passar suas propostas e com força para impedir pautas negativas.

Foi a primeira percepção que foi afetada a partir de 2013, pois a economia brasileira ficou presa desde então em uma nuvem de incerteza que, por diferentes razões, até agora não foi dissipada. Em 2013, tivemos o choque das passeatas da

---

6. Segue a transcrição, a propósito, da comunicação pessoal de um analista ao autor, tratando dessas questões, no começo de 2019, antes da aproximação do governo ao grupo político do chamado "Centrão": "A 'nova política' não existe. Por mais que se critique o presidencialismo de coalizão, nada foi colocado no lugar. O que se está fazendo é usar os velhos instrumentos de forma menos eficiente. Em vez do uso de cargos e emendas para ter um governo com apoio parlamentar sólido, é preciso negociar caso a caso a aprovação dos projetos. E todos sabem que o custo fiscal de negociar no varejo, proposta a proposta, é maior que o de negociar com os partidos no atacado a aprovação das políticas do Governo para formar uma coalizão estável".

época e, depois, as incertezas da eleição de 2014; a perspectiva de *impeachment* de Dilma Rousseff em 2015; a mudança de Governo em 2016; a divulgação bombástica das "fitas do Joesley" em 2017; a incerteza eleitoral em 2018; as dúvidas sobre a forma de fazer política do novo governo em 2019; e a pandemia em 2020.

Já a questão do controle legislativo se tornou mais complexa no atual contexto político. A Tabela 15.2 mostra não apenas o aumento do número de partidos com representação parlamentar na Câmara, como também a fragmentação mesmo no subgrupo dos maiores partidos. De fato, o maior partido que emergiu da eleição tinha 88 deputados no quadro que emanou das legislativas de 2010; 69 na eleição de 2014; e 56 na de 2018. Matematicamente, sem considerar quem estava na oposição e na situação em cada momento, o número de partidos, contando com fidelidade absoluta, que era necessário ter para angariar os 308 votos de quórum para uma reforma constitucional, era de 6 partidos como resultado da eleição de 2010, 7 naquela de 2014, e 8 na eleição de 2018.[7]

O número de partidos médios, aqui entendidos como representações que tenham entre 21 e 50 deputados, passou de 6 na eleição de 2010 para 7 naquela de 2014, e para 9 na eleição de 2018. Já o número de grandes — com pelo menos 51 deputados — caiu de 3 como resultado das eleições de 2010 para 2 nas eleições de 2014 e 2018.

Nessas circunstâncias, congregar apoios majoritários se torna uma arte que envolve uma combinação singular de firmeza na sustentação do que é essencial, com a necessidade de fazer algumas concessões naquilo que não for chave. Isso vale tanto para a incorporação de quadros partidários ao governo como para as negociações de conteúdo dos projetos.

Max Weber, em *Politics as Beruf*, escrito em 1919, já dizia que "o mundo é governado pelos demônios e quem ingressa na política sela um pacto com o diabo, de modo que deixa de ser verdade que na sua atividade o bem gere apenas o bem e o mal, o mal, mas que frequentemente ocorre o oposto. Quem não enxerga

---

[7] Esta é uma subestimativa. Na prática, como entre os maiores partidos sempre há algum na oposição que não vota com o governo, ao passar a considerar partidos menores na conta, conclui-se que, para alcançar 308 votos, seria preciso contar com o apoio integral da ordem de 10 ou 11 partidos, dependendo da situação, como resultado do quadro que emergiu da eleição de 2018.

isso é uma criança, em termos políticos". A frase continua tão atual quanto um século atrás.

**Tabela 15.2 Brasil — Composição do Parlamento por eleição: Câmara de Deputados (número de congressistas)**

| Partidos | 2010 | 2014 | 2018 |
|---|---|---|---|
| PT | 88 | 69 | 56 |
| PSL | 1 | 1 | 52 |
| PP | 44 | 38 | 37 |
| MDB | 78 | 66 | 34 |
| PSD | | 36 | 34 |
| PR | 40 | 34 | 33 |
| PSB | 34 | 34 | 32 |
| PRB | 8 | 21 | 30 |
| PSDB | 53 | 54 | 29 |
| DEM | 43 | 21 | 29 |
| PDT | 26 | 19 | 28 |
| SD | | 15 | 13 |
| PODEMOS | | 4 | 11 |
| PTB | 22 | 25 | 10 |
| PSOL | 3 | 5 | 10 |
| PCdoB | 15 | 10 | 9 |
| PSC | 17 | 13 | 8 |
| PPS | 12 | 10 | 8 |
| PROS | | 11 | 8 |
| NOVO | | | 8 |
| AVANTE | 4 | 1 | 7 |
| PHS | 2 | 5 | 6 |
| PATRIOTAS | | 2 | 5 |
| PV | 14 | 8 | 4 |
| PRP | 2 | 3 | 4 |
| PMN | 4 | 3 | 3 |
| PTC | 1 | 2 | 2 |
| PPL | | | 1 |
| DC | | 2 | 1 |
| REDE | | | 1 |
| PRTB | 2 | 1 | |
| Total | 513 | 513 | 513 |
| Nº partidos | 22 | 28 | 30 |

Fonte: Portal G1, 8 out. 2018.

Mais modernamente, vale, a propósito, lembrar o ensinamento de Fernando Henrique Cardoso, em seu livro de memórias da presidência, no oitavo ano do seu governo, em 2002: "O cotidiano da pequena política é fundamental para que se possa fazer a grande, porque, se não houver uma boa rede de sustentação na pequena política, não há como fazer a grande, que é o que interessa."[8]

## MUDANDO, MA NON TROPO

A reforma previdenciária melhorou a perspectiva fiscal em relação ao que se verificaria no Brasil na ausência de uma mudança das regras de concessão de aposentadoria e pensões, mas o impacto disso será limitado pela duração do período de transição, o que significa que os efeitos serão graduais. Como resultado, a despesa do INSS, que será de mais de 9% do PIB em 2021, continuará aumentando em termos reais nos anos seguintes.[9]

O Quadro 15.1 mostra o caráter gradual da mudança. No caso dos homens, por exemplo, a idade mínima para quem se aposentar por esse sistema por tempo de contribuição no INSS é inicialmente de 61 anos, com o parâmetro aumentando gradualmente até 65 anos. A conclusão da transição, porém, se dará apenas em 2027, sendo que, no caso das mulheres, ela se estenderá até 2031. Já no sistema de pontos, em que a soma de idade e tempo de contribuição deve obedecer a um mínimo, maior no caso dos homens, a transição, no caso dos homens, vai até o ano de 2028, e no das mulheres, até 2033.

---

8. Cardoso (2019, p. 600).
9. Ver, a propósito, BTG (2019) e STN (2018c).

## Quadro 15.1 Idade mínima na reforma da Previdência: meio urbano (anos)

|  | Idade mínima | | Sistema de pontos /a | |
| --- | --- | --- | --- | --- |
|  | Homem | Mulher | Homem | Mulher |
| Inicial | 61 | 56 | 57 | 52 |
| Final | 65 | 62 | 61,5 | 59 |
| Fim transição (ano) | 2027 | 2031 | 2028 | 2033 |

/a = Assumindo que a pessoa tenha contribuído sem interrupção desde os 18 anos.
Fonte: Elaboração própria.

Essas informações são complementadas pelo Quadro 15.2. Ele mostra que, para a maioria das pessoas passíveis de se aposentar, não houve mudança significativa de regras. Ou seja, o homem que se aposenta por idade na cidade aos 65 anos continuará sujeito ao mesmo parâmetro, e a mulher terá o parâmetro elevado em apenas dois anos, e não em cinco, como propugnava parte dos defensores de uma mudança mais drástica. Já no meio rural, as regras foram mantidas intactas. A mudança afetou, essencialmente, entre aqueles que iriam se aposentar, quem se aposentaria por tempo de contribuição — que era uma minoria, no conjunto de aposentados.[10]

Isso, evidentemente, não quer dizer que a reforma tenha sido inútil, mas apenas, conforme explicado, que ela afetou primordialmente — e era natural que fosse, pelas distorções existentes — quem se aposentaria por tempo de contribuição, ao passo que praticamente não afetou a quem se aposentaria por idade. Sendo assim, este contingente continuará fazendo com que a trajetória da despesa do INSS mantenha uma curva ascendente nos próximos anos, pressionando, consequentemente, as demais despesas do Orçamento.

---

10. Na posição de final de 2019, conforme o Boletim Estatístico da Previdência Social (BEPS), no total de 30,1 milhões de benefícios previdenciários do INSS, apenas 6,5 milhões eram de aposentadorias por tempo de contribuição.

### Quadro 15.2 Idades para aposentadoria por idade na reforma da Previdência (anos)

|  | Urbanos | | Rurais | |
| --- | --- | --- | --- | --- |
|  | Homem | Mulher | Homem | Mulher |
| Pré-reforma | 65 | 60 | 60 | 55 |
| 2019 | 65 | 60 | 60 | 55 |
| Fim transição (idade) | 65 | 62 | 60 | 55 |
| Fim transição (ano) | Não há | 2023 | Não há | Não há |

Fonte: Elaboração própria.

## O ANIMAL SPIRIT

Quando era governador de seu estado (Espírito Santo), contrapondo-se no debate da época ao ativismo do governo Dilma Rousseff e suas recorrentes intenções de estimular o PIB mediante todo tipo de expediente, Paulo Hartung cunhou uma frase que, além de ser uma boa tirada, é muito pertinente pelo que encerra de percepção acerca de como a economia de fato funciona. Disse ele, na ocasião: "Governo não faz PIB. Faz ambiente de negócios."

Oito décadas antes, em seu famoso livro *Teoria Geral do Emprego, do Juro e da Moeda*, John M. Keynes assim refletia, tendo em mente o mesmo tipo de preocupação acerca do "ambiente de negócios", em passagem que se tornaria famosa: "Uma grande proporção de nossas atividades positivas depende mais do otimismo espontâneo que de expectativas matemáticas... A maioria, provavelmente, de nossas decisões de fazer algo positivo, cujas consequências plenas delinearão muitos dos dias que virão, só podem ser tomadas como resultado de *animal spirits* — um impulso espontâneo para a ação, ao invés da inação e não como o fruto de uma média ponderada de benefícios quantitativos multiplicada por probabilidades quantitativas."[11]

Essas duas frases — a de Hartung, recente, e a de Keynes, muito antiga — ajudam a entender o atual momento brasileiro. Elas "falam" com uma terceira frase, esta do publicitário Washington Olivetto, dita há alguns anos, mas que infelizmente mantém plenamente sua atualidade. Em um momento de particular desânimo com os rumos do país, ele declarou, com pesar, que "o Brasil foi invadido pelo desotimismo". E esse sentimento só fez piorar nos últimos tempos.

O *animal spirit* empresarial é a chave para entender a trajetória recente do país. Ele foi afetado drasticamente em um período que combinou, em 2014, uma campanha eleitoral que poderia ser definida como "selvagem"; em 2015, uma verdadeira guerra entre o Executivo e o Legislativo, com aprovação de "pauta bomba" e a possibilidade de substituição da presidente da República entrando no radar; em 2016, um *impeachment*; em 2017/2018, duas outras tentativas de novo *impeachment* contra o presidente da República; em 2018, novamente uma eleição presidencial carregada de incertezas; e durante todo esse período, a implosão do setor de construção civil; em 2019, um ambiente de polarização política feroz, paradoxalmente estimulado pelo próprio Executivo; e em 2020, o coronavírus. Essa sequência negativa de eventos já foi listada anteriormente, mas precisa ser repetida, para que o leitor perceba a magnitude das "pancadas" que quem precisa tomar decisões levou no Brasil nos últimos anos em matéria de incerteza.

Em tais circunstâncias, a opção natural de sobrevivência das empresas tem sido optar por estratégias defensivas. Lembremos que nas Contas Nacionais, no período 2014/2017, o investimento encolheu em cada um dos quatro anos considerados, sofrendo uma redução acumulada de 29%. No caso da fabricação de bens de capital, embora o encolhimento tenha durado menos tempo — 3 anos: 2014/2016 —, a queda foi maior, alcançando um acumulado de 39%. Pelo lado da oferta, o setor de construção civil, nas Contas Nacionais, arrastou 5 anos de

---

11. Keynes, 1936, p. 161.

perdas consecutivas, começando em 2014, um processo de diminuições sucessivas a ponto de perfazer uma retração acumulada de 30% até o ano de 2018. E depois de uma leve melhora em 2019, tivemos o agravamento enorme da crise em 2020.

Como fazer para animar o investimento e as apostas de longo prazo em um espaço geográfico que se tornou um país deprimido e deprimente? Como deixar para trás estratégias meramente defensivas para fazer aquilo que está na essência do capitalismo, que é romper paradigmas, estabelecer estratégias disruptivas, arriscar, inovar, enfrentar, ameaçar, crescer, desafiar? Nada mais natural do que fazer isso na Alemanha, na Coreia do Sul ou nos Estados Unidos, em condições normais. Seria suicida investir em um plano assim na Venezuela. Como fica o Brasil nesse mapa de riscos?

## AS REFORMAS ECONÔMICAS E O DESAFIO DE CONSTRUIR CONSENSOS

Os dados apresentados no Apêndice deste livro indicam que, mesmo antes do desastre fiscal de 2020, na média dos 5 anos 2014/2019, o *deficit* público brasileiro foi de 8% do PIB, resultado de um *deficit* primário médio de 2% do PIB, combinado com uma despesa de juros de 6% do PIB. Mesmo que em 2019, especificamente, no final desse período, o resultado tenha caído para um desequilíbrio da ordem de 6% do PIB, com um resultado primário negativo de 1% do PIB e uma despesa de juros de 5% do PIB, continuavam sendo números extremamente altos — e isso antes da explosão da dívida pública de 2020. "Reduzir o *deficit* público" precisa se tornar uma prioridade nacional no decorrer da década que estamos iniciando, assim como, depois de mais de vinte anos de protelações, ocorreu com a necessidade de aprovar uma reforma da Previdência Social.

Será muito difícil avançar nessa agenda sem um esforço intenso de articulação política. No Capítulo 14, esboçamos uma agenda das questões que deveriam ser parte de uma agenda visando esse objetivo. Esta contemplaria:

- Uma modesta elevação da receita, para aproximá-la da importância que tinha no começo da década de 2010.
- A indexação do salário mínimo ao INPC por um período de dez anos.
- A contenção nominal das despesas de pessoal.
- A eliminação da figura do abono salarial.
- Uma ação combinada sobre algumas rubricas orçamentárias, visando sua redução ou extinção, com destaque para as compensações ao INSS pelas desonerações tributárias.
- A elevação da idade de concessão do LOAS para 68 anos, provavelmente com uma transição de 6 anos.
- Um aperto parcial das condições de concessão do seguro-desemprego, reduzindo o número de parcelas depois da primeira concessão.

O objetivo seria conseguir, ao longo do tempo, um ajuste primário da ordem de 3 pontos do PIB até 2026, com mais 2% do PIB adicionais até o final da década. Cada uma dessas ações tem sua justificativa. O aumento da receita se destina a evitar que a dívida pública continue aumentando, em momento em que a capacidade de redução do gasto no curto prazo é limitada.

A mudança da regra do salário mínimo visa dar previsibilidade à despesa previdenciária, em momentos em que a concessão de aumentos reais ao salário mínimo contraria toda a lógica de reforma da Previdência Social, que foi a de conter as despesas desta.

A austeridade na despesa do funcionalismo se destina a compensar os fortes aumentos reais observados no triênio 2017/2019.

A extinção do abono salarial implicaria abandonar uma despesa criada décadas atrás para favorecer os setores vistos na época como despossuídos, mas que não mais se justifica como política pública, por não beneficiar nem os excluídos, nem os mais pobres, nem os mais idosos. É uma despesa que só se explica pela inércia e com um custo anual significativo.

O fim das desonerações está em debate no Brasil praticamente desde que elas foram criadas, há anos, sendo uma dessas questões típicas em que o país toma decisões lógicas, mas com anos de atraso.

A elevação da idade de concessão do LOAS se destina a distinguir de forma mais apropriada o benefício assistencial do previdenciário e reaproximar as condições do LOAS daquelas que prevaleciam quando ele surgiu, em 1993.

Por fim, a adaptação das regras do seguro-desemprego completaria as mudanças feitas nas regras do seguro em 2015, visando adequar a estrutura de incentivos para inibir a sobreutilização do benefício em determinados casos.

Em todos os casos, são agendas complexas, que se justificam, mas que enfrentarão resistências. O risco de não as encarar é o país ter um *deficit* público de 7% a 8% do PIB durante anos, mesmo com juros internacionais negativos em diversos países. Nesse caso, quando as circunstâncias mudarem um dia em relação ao quadro específico de juros baixos vigente atualmente, a punição que os mercados poderão dar ao país arrisca-se a ser intensa e dolorosa. Por isso, é preciso evitar a inação que marcou tantas vezes o Brasil no passado, levando à acumulação sucessiva de *deficits* e dívidas. A agenda fiscal de reformas não se esgota com a Previdência, pelo fato de que não se faz com facilidade um ajuste primário da magnitude da qual estamos falando.

Simone Veil, líder feminista que foi ministra da França, dizia que "um partido político é uma máquina de fabricar paixões coletivas". O Brasil está cansado disso. Precisamos procurar o mesmo que o presidente Mauricio Macri disse no discurso de posse quando assumiu a condução da Argentina em dezembro de 2015: ser um país produtivo, aberto ao mundo, inovador, pacífico e cultivador de consensos. Mesmo que seu governo depois tenha fracassado inequivocamente, aquele objetivo continua válido — para a Argentina e, também, para o Brasil. Décadas antes, com o mesmo espírito conciliador, Ulysses Guimarães, da tradição de políticos sábios que souberam promover uma transição pacífica rumo à democracia no Brasil, já tinha nos ensinado que "não se pode fazer política com o fígado, conservando o rancor e o ressentimento na geladeira".

É válido conjecturar que o tema previdenciário provavelmente sairá de pauta nos próximos anos. Será muito difícil recolocar o tema na agenda em 2023 depois de todo o esforço feito nesse campo em 2019. Como, por outro lado, houve parâmetros relevantes que não foram afetados — o tempo de contribuição das mulheres, as condições de aposentadoria rural etc. —, é razoável concluir que a despesa do INSS continuará aumentando e pressionando as demais despesas. O assunto, cedo ou tarde, terá que entrar novamente no debate nacional, talvez entre as tarefas de quem assumir a presidência em 2027. De qualquer forma, como já salientado, há uma série de outras despesas que deveriam ser objeto de revisão nos próximos anos, para que o quadro de contenção do gasto se mantenha.

O objetivo deste livro foi o de expor ao leitor um "raio X" fidedigno de como se distribui a despesa do Governo Federal, explicitar a necessidade de implementar um forte ajuste primário das contas públicas e insinuar algumas linhas de atuação visando esse objetivo.

Tratam-se de questões de natureza técnica, mas cujo encaminhamento requererá profunda habilidade política em sua condução. É válido, neste fechamento, repetir as palavras de um colega economista em uma conversa ocorrida em 2018, olhando para os desafios que o país tinha pela frente. Dizia-me ele, na ocasião, que o país precisava de uma liderança política que fosse, ao mesmo tempo, nas palavras dele, "reformista, inspiradora, agregadora e articulada". Reformista porque boa parte das coisas que é necessário mudar no país requer mudanças legais, quando não constitucionais. Inspiradora, para transmitir à população como um todo — e não a apenas uma parcela desta — os melhores valores nos quais uma sociedade deve ser fundada. Agregadora, para congregar o máximo de apoios em prol do bem comum, sabendo exercer a difícil tarefa de forjar consensos. E, por fim, articulada, para saber negociar uma pauta legislativa com chances de ser aprovada e passar pelo crivo das negociações nos labirintos do Congresso. É a velha arte da política.

# APÊNDICE

| Composição | 1991 | 1992 | 1993 | 1994 | 1995 | 1996 | 1997 | 1998 | 1999 | 2000 |
|---|---|---|---|---|---|---|---|---|---|---|
| Deficit público (NFSP) | n.c. | n.c. | n.c. | n.c. | 6,54 | 5,27 | 5,42 | 6,81 | 5,17 | 3,32 |
| Juros nominais | n.c. | n.c. | n.c. | n.c. | 6,78 | 5,18 | 4,55 | 6,82 | 8,02 | 6,51 |
| Resultado primário | 2,71 | 1,57 | 2,19 | 5,21 | 0,24 | -0,09 | -0,87 | 0,01 | 2,85 | 3,19 |
| Primário Gov. Central | 0,98 | 1,10 | 0,81 | 3,25 | 0,47 | 0,34 | -0,25 | 0,50 | 2,08 | 1,70 |
| Primário est. e mun. | 1,40 | 0,06 | 0,62 | 0,77 | -0,16 | -0,50 | -0,67 | -0,17 | 0,20 | 0,50 |
| Primário estatais | 0,33 | 0,41 | 0,76 | 1,19 | -0,07 | 0,07 | 0,05 | -0,32 | 0,57 | 0,99 |

| Composição | 2001 | 2002 | 2003 | 2004 | 2005 | 2006 | 2007 | 2008 | 2009 | 2010 |
|---|---|---|---|---|---|---|---|---|---|---|
| Deficit público (NFSP) | 3,26 | 4,41 | 5,18 | 2,88 | 3,53 | 3,57 | 2,73 | 1,98 | 3,17 | 2,41 |
| Juros nominais | 6,60 | 7,61 | 8,42 | 6,56 | 7,28 | 6,72 | 5,98 | 5,32 | 5,13 | 5,03 |
| Resultado primário | 3,34 | 3,20 | 3,24 | 3,68 | 3,75 | 3,15 | 3,25 | 3,34 | 1,96 | 2,62 |
| Primário Gov. Central | 1,67 | 2,14 | 2,26 | 2,68 | 2,57 | 2,13 | 2,19 | 2,29 | 1,27 | 2,03 |
| Primário est. e mun. | 0,79 | 0,71 | 0,80 | 0,89 | 0,98 | 0,82 | 1,11 | 0,99 | 0,64 | 0,54 |
| Primário estatais | 0,88 | 0,35 | 0,18 | 0,11 | 0,20 | 0,20 | -0,05 | 0,06 | 0,05 | 0,05 |

| Composição | 2011 | 2012 | 2013 | 2014 | 2015 | 2016 | 2017 | 2018 | 2019 | 2020 | 2021 |
|---|---|---|---|---|---|---|---|---|---|---|---|
| Deficit público (NFSP) | 2,45 | 2,25 | 2,95 | 5,95 | 10,22 | 8,98 | 7,77 | 7,07 | 5,90 | 15,82 | 6,96 |
| Juros nominais | 5,41 | 4,44 | 4,67 | 5,39 | 8,37 | 6,49 | 6,09 | 5,50 | 5,06 | 4,20 | 3,80 |
| Resultado primário | 2,96 | 2,19 | 1,72 | -0,56 | -1,85 | -2,49 | -1,68 | -1,57 | -0,84 | -11,62 | -3,16 |
| Primário Gov. Central | 2,13 | 1,79 | 1,41 | -0,35 | -1,95 | -2,54 | -1,80 | -1,69 | -1,23 | -12,02 | -3,36 |
| Primário est. e mun. | 0,76 | 0,46 | 0,32 | -0,13 | 0,16 | 0,07 | 0,11 | 0,05 | 0,22 | 0,20 | 0,10 |
| Primário estatais | 0,07 | -0,06 | -0,01 | -0,08 | -0,06 | -0,02 | 0,01 | 0,07 | 0,17 | 0,20 | 0,10 |

n.c.= Não considerado.
Fonte: Banco Central. Para 2020/2021, projeção do autor.

# TUDO SOBRE O *DEFICIT* PÚBLICO

## APÊNDICE 2.0

| | 1991 | 1992 | 1993 | 1994 | 1995 | 1996 | 1997 | 1998 | 1999 | 2000 |
|---|---|---|---|---|---|---|---|---|---|---|
| Receita Total | 14,56 | 15,22 | 17,30 | 18,92 | 16,76 | 15,93 | 16,70 | 18,31 | 19,25 | 19,60 |
| (-) Transf. Estados e Municípios | 2,65 | 2,67 | 2,87 | 2,55 | 2,59 | 2,50 | 2,55 | 2,71 | 2,81 | 3,06 |
| Receita Líquida | 11,91 | 12,55 | 14,43 | 16,37 | 14,17 | 13,43 | 14,15 | 15,60 | 16,44 | 16,54 |
| Despesa primária, excluindo Transf. Estados e Municípios | 11,06 | 11,57 | 13,01 | 13,95 | 13,56 | 13,25 | 13,97 | 14,84 | 14,59 | 14,79 |
| Pessoal | 3,80 | 3,93 | 4,52 | 5,14 | 5,13 | 4,78 | 4,22 | 4,46 | 4,44 | 4,55 |
| Ativos | 2,66 | 2,63 | 2,53 | 2,82 | 2,63 | 2,49 | 2,21 | 2,26 | 2,21 | 2,37 |
| Inativos | 0,91 | 1,06 | 1,72 | 1,99 | 2,14 | 2,04 | 1,80 | 1,99 | 2,03 | 1,96 |
| Tranfer. pgto. pessoal/Sent. Jud. | 0,23 | 0,24 | 0,27 | 0,33 | 0,36 | 0,25 | 0,21 | 0,21 | 0,20 | 0,22 |
| INSS | 3,36 | 4,25 | 4,94 | 4,85 | 4,61 | 4,83 | 4,94 | 5,32 | 5,38 | 5,49 |
| Outros | 3,90 | 3,39 | 3,55 | 3,96 | 3,82 | 3,64 | 4,81 | 5,06 | 4,77 | 4,75 |
| Abono e seguro-desemprego (FAT) | | | | 0,55 | 0,48 | 0,48 | 0,45 | 0,44 | 0,45 | 0,39 |
| Abono | | | | | | | | | | |
| Seguro defeso | | | | | | | | | | |
| Seguro-desemprego: outros | | | | | | | | | | |
| LOAS/RMV | | | | | | | 0,08 | 0,11 | 0,13 | 0,17 |
| Subsídios, subvenções e Proagro | | | | | | | 0,19 | 0,21 | 0,17 | 0,24 |
| FUNDEB | | | | | | | | | 0,06 | 0,04 |
| Lei Kandir | | | | | | | 0,17 | 0,22 | 0,40 | 0,32 |
| Demais despesas | | | | 3,41 | 3,34 | 3,16 | 3,92 | 4,08 | 3,56 | 3,59 |
| Legislativo/Judiciário/MPU/DPU | | | | | | | | | | |
| Sentenças judiciais e precatórios | | | | | | | | | | |
| Créditos extraordinários | | | | | | | | | | |
| Compensações RGPS | | | | | | | | | | |
| Fundo Constitucional DF | | | | | | | | | | |
| Fabricação de cédulas e moedas | | | | | | | | | | |
| Complementação FGTS | | | | | | | | | | |
| Apoio financ. EE/MM | | | | | | | | | | |
| FIES | | | | | | | | | | |
| Financiam. campanhas eleitorais | | | | | | | | | | |
| Outr. despesas obrigatórias | | | | | | | | | | |
| Outras despesas Poder Executivo suj. a progr. financeira | | | | | | | | | | |
| Desp. obrig. c/controle fluxo | | | | | | | | | | |
| Bolsa Família | | | | | | | | | | |
| Saúde | | | | | | | | | | |
| Educação | | | | | | | | | | |
| Demais obrigatórias | | | | | | | | | | |
| Despesas discricionárias | | | | | | | | | | |
| Saúde | | | | | | | | | | |
| Educação | | | | | | | | | | |
| Demais discricionárias | | | | | | | | | | |
| Fundo Soberano do Brasil (FSB) | | | | | | | | | | |
| Discrepância estatística/Ajuste metodológico/Capitaliz.Petrobras | 0,13 | 0,12 | -0,61 | 0,83 | -0,14 | 0,16 | -0,43 | -0,26 | 0,23 | -0,05 |
| *Superavit* primário Governo Central | 0,98 | 1,10 | 0,81 | 3,25 | 0,47 | 0,34 | -0,25 | 0,50 | 2,08 | 1,70 |
| Memo: Investimento Governo Central | | | | | | | | | | |

Fontes: Até 1996, Secretaria de Política Econômica. De 1997 em diante, Secretaria do Tesouro Nacional.
Dados ajustados para 2010 e 2019, expurgando os efeitos da capitalização e da cessão onerosa da Petrobras na receita e na despesa daqueles anos. Para 2020/2021, projeção do autor.

# APÊNDICE 2.1

| | 2001 | 2002 | 2003 | 2004 | 2005 | 2006 | 2007 | 2008 | 2009 | 2010 |
|---|---|---|---|---|---|---|---|---|---|---|
| Receita Total | 20,55 | 21,50 | 20,73 | 21,40 | 22,47 | 22,53 | 22,73 | 23,01 | 22,15 | 21,71 |
| (-) Transf. Estados e Municípios | 3,27 | 3,49 | 3,31 | 3,27 | 3,70 | 3,74 | 3,75 | 4,10 | 3,59 | 3,43 |
| Receita Líquida | 17,28 | 18,01 | 17,42 | 18,13 | 18,77 | 18,79 | 18,98 | 18,91 | 18,56 | 18,28 |
| Despesa primária | 15,63 | 15,88 | 15,14 | 15,61 | 16,35 | 16,76 | 16,87 | 16,16 | 17,37 | 17,10 |
| Pessoal | 4,80 | 4,83 | 4,46 | 4,32 | 4,29 | 4,43 | 4,32 | 4,26 | 4,60 | 4,33 |
| Ativos | 2,48 | 2,51 | 2,32 | 2,33 | 2,31 | 2,38 | 2,33 | 2,33 | 2,55 | 2,39 |
| Inativos | 2,11 | 2,09 | 2,11 | 1,97 | 1,99 | 1,85 | 1,80 | 1,74 | 1,86 | 1,77 |
| Tranfer. pgto. pessoal/Sent. Jud. | 0,21 | 0,23 | 0,03 | 0,02 | 0,00 | 0,19 | 0,20 | 0,19 | 0,20 | 0,17 |
| INSS | 5,73 | 5,91 | 6,24 | 6,42 | 6,73 | 6,87 | 6,81 | 6,42 | 6,75 | 6,56 |
| Outros | 5,10 | 5,14 | 4,44 | 4,87 | 5,33 | 5,46 | 5,74 | 5,48 | 6,02 | 6,21 |
| Abono e seguro-desemprego (FAT) | 0,43 | 0,48 | 0,48 | 0,49 | 0,53 | 0,61 | 0,66 | 0,66 | 0,81 | 0,77 |
| Abono | | | | | | | | | 0,22 | 0,23 |
| Seguro defeso | | | | | | | | | 0,03 | 0,03 |
| Seguro-desemprego: outros | | | | | | | | | 0,56 | 0,51 |
| LOAS/RMV | 0,20 | 0,23 | 0,26 | 0,38 | 0,43 | 0,48 | 0,52 | 0,52 | 0,57 | 0,58 |
| Subsídios, subvenções e Proagro | 0,26 | 0,14 | 0,30 | 0,22 | 0,45 | 0,33 | 0,29 | 0,11 | 0,08 | 0,12 |
| FUNDEB | 0,03 | 0,03 | 0,02 | 0,02 | 0,02 | 0,01 | 0,07 | 0,10 | 0,15 | 0,14 |
| Lei Kandir | 0,27 | 0,27 | 0,23 | 0,22 | 0,22 | 0,18 | 0,14 | 0,17 | 0,12 | 0,10 |
| Demais despesas | | | | 0,02 | 0,02 | 0,35 | 0,49 | 0,57 | 0,43 | 0,42 | 0,59 |
| Legislativo/Judiciário/MPU/DPU | | | | | | 0,18 | 0,19 | 0,18 | 0,18 | 0,16 | 0,18 |
| Sentenças judiciais e precatórios | | | | | | 0,03 | 0,04 | 0,04 | 0,05 | 0,05 | 0,05 |
| Créditos extraordinários | | | | | | 0,10 | 0,22 | 0,29 | 0,14 | 0,08 | 0,22 |
| Fundo Constitucional DF | | | | | | 0,02 | 0,02 | 0,02 | 0,02 | 0,02 | 0,01 |
| Fabricação de cédulas e moedas | | | | 0,02 | 0,02 | 0,02 | 0,02 | 0,02 | 0,02 | 0,03 | 0,02 |
| Apoio financ. EE/MM | | | | | | | | | 0,06 | 0,03 |
| FIES | | | | | | | | | | 0,02 |
| Outr. despesas obrigatórias | | | | | | | 0,02 | 0,02 | 0,02 | 0,06 |
| Outras despesas Poder Executivo suj. a progr. financeira | 3,90 | 3,99 | 3,13 | 3,52 | 3,33 | 3,36 | 3,49 | 3,49 | 3,87 | 3,91 |
| Desp. obrig. c/controle fluxo | | | | | | | | | | 1,70 |
| Bolsa Família | | | | | | | | | | 0,35 |
| Saúde | | | | | | | | | | 1,09 |
| Educação | | | | | | | | | | 0,11 |
| Demais obrigatórias | | | | | | | | | | 0,15 |
| Despesas discricionárias | | | | | | | | | | 2,21 |
| Saúde | | | | | | | | | | 0,22 |
| Educação | | | | | | | | | | 0,35 |
| Demais discricionárias | | | | | | | | | | 1,64 |
| Fundo Soberano do Brasil (FSB) | | | | | | | | -0,46 | 0,00 | 0,00 |
| Discrepância estatística/Ajuste metodológico/Capitaliz.Petrobras | 0,02 | 0,01 | -0,02 | 0,16 | 0,15 | 0,10 | 0,08 | 0,00 | 0,08 | 0,85 |
| Superavit primário Governo Central | 1,67 | 2,14 | 2,26 | 2,68 | 2,57 | 2,13 | 2,19 | 2,29 | 1,27 | 2,03 |
| Memo: Investimento Governo Central | | | 0,30 | 0,46 | 0,46 | 0,71 | 0,80 | 0,90 | 1,02 | 1,15 |

Fontes: Até 1996, Secretaria de Política Econômica. De 1997 em diante, Secretaria do Tesouro Nacional. Dados ajustados para 2010 e 2019, expurgando os efeitos da capitalização e da cessão onerosa da Petrobras na receita e na despesa daqueles anos. Para 2020/2021, projeção do autor.

## APÊNDICE 2.2

| | 2011 | 2012 | 2013 | 2014 | 2015 | 2016 | 2017 | 2018 | 2019 | 2020 | 2021 |
|---|---|---|---|---|---|---|---|---|---|---|---|
| Receita Total | 22,58 | 22,01 | 22,11 | 21,14 | 20,81 | 20,98 | 21,01 | 21,55 | 22,06 | 20,30 | 20,40 |
| (-) Transf. Estados e Municípios | 3,73 | 3,56 | 3,41 | 3,43 | 3,41 | 3,62 | 3,47 | 3,73 | 3,97 | 3,68 | 3,60 |
| Receita Líquida | 18,85 | 18,45 | 18,70 | 17,71 | 17,40 | 17,36 | 17,54 | 17,82 | 18,09 | 16,62 | 16,80 |
| Despesa primária | 16,76 | 16,95 | 17,35 | 18,11 | 19,42 | 19,93 | 19,43 | 19,62 | 19,40 | 28,72 | 20,23 |
| Pessoal | 4,15 | 3,91 | 3,85 | 3,85 | 3,98 | 4,11 | 4,31 | 4,33 | 4,31 | 4,60 | 4,49 |
| Ativos | 2,28 | 2,14 | 2,11 | 2,08 | 2,22 | 2,22 | 2,48 | 2,48 | 2,29 | 2,35 | 2,30 |
| Inativos | 1,69 | 1,60 | 1,57 | 1,59 | 1,68 | 1,72 | 1,83 | 1,85 | 1,93 | 2,17 | 2,10 |
| Tranfer. pgto. pessoal/Sent. Jud. | 0,18 | 0,17 | 0,17 | 0,18 | 0,08 | 0,17 | 0,00 | 0,00 | 0,09 | 0,08 | 0,09 |
| INSS | 6,43 | 6,58 | 6,70 | 6,82 | 7,27 | 8,10 | 8,46 | 8,51 | 8,63 | 9,58 | 9,39 |
| Outros | 6,18 | 6,46 | 6,80 | 7,44 | 8,17 | 7,72 | 6,66 | 6,78 | 6,46 | 14,54 | 6,35 |
| Abono e seguro-desemprego (FAT) | 0,78 | 0,81 | 0,83 | 0,93 | 0,79 | 0,89 | 0,83 | 0,78 | 0,77 | 0,89 | 0,79 |
| Abono | 0,24 | 0,26 | 0,25 | 0,29 | 0,15 | 0,29 | 0,25 | 0,25 | 0,24 | 0,25 | 0,24 |
| Seguro defeso | 0,03 | 0,04 | 0,04 | 0,04 | 0,05 | 0,02 | 0,04 | 0,04 | 0,04 | 0,04 | 0,03 |
| Seguro-desemprego: outros | 0,51 | 0,51 | 0,54 | 0,60 | 0,59 | 0,58 | 0,54 | 0,49 | 0,49 | 0,60 | 0,52 |
| LOAS/RMV | 0,58 | 0,61 | 0,64 | 0,67 | 0,71 | 0,78 | 0,82 | 0,82 | 0,82 | 0,88 | 0,88 |
| Subsídios, subvenções e Proagro | 0,15 | 0,16 | 0,11 | 0,07 | 0,89 | 0,38 | 0,28 | 0,22 | 0,15 | 0,69 | 0,19 |
| Auxílio a Conta de Desenvolv. Energético (CDE) | 0,00 | 0,00 | 0,15 | 0,16 | 0,02 | 0,00 | 0,00 | 0,00 | 0,00 | 0,00 | 0,00 |
| FUNDEB | 0,21 | 0,22 | 0,17 | 0,19 | 0,22 | 0,22 | 0,20 | 0,20 | 0,22 | 0,23 | 0,25 |
| Lei Kandir | 0,09 | 0,08 | 0,04 | 0,07 | 0,07 | 0,09 | 0,06 | 0,03 | 0,00 | 0,00 | 0,05 |
| Demais despesas | 0,45 | 0,50 | 0,74 | 0,87 | 1,44 | 1,04 | 0,82 | 0,87 | 0,73 | 8,42 | 0,62 |
| Legislativo/Judiciário/MPU/DPU | 0,16 | 0,17 | 0,16 | 0,18 | 0,20 | 0,21 | 0,19 | 0,19 | 0,17 | 0,17 | 0,17 |
| Sentenças judiciais e precatórios | 0,05 | 0,06 | 0,06 | 0,08 | 0,16 | 0,16 | 0,16 | 0,20 | 0,21 | 0,32 | 0,28 |
| Créditos extraordinários | 0,12 | 0,06 | 0,12 | 0,07 | 0,10 | 0,06 | 0,01 | 0,08 | 0,05 | 6,85 | 0,05 |
| Compensações RGPS | 0,00 | 0,04 | 0,17 | 0,31 | 0,42 | 0,28 | 0,21 | 0,20 | 0,14 | 0,13 | 0,05 |
| Fundo Constitucional DF | 0,02 | 0,02 | 0,02 | 0,02 | 0,12 | 0,02 | 0,02 | 0,02 | 0,02 | 0,03 | 0,03 |
| Complementação FGTS | | | | 0,02 | 0,28 | 0,09 | 0,08 | 0,07 | 0,07 | 0,00 | 0,00 |
| Fabricação de cédulas e moedas | 0,01 | 0,02 | 0,03 | 0,01 | 0,01 | 0,01 | 0,01 | 0,01 | 0,01 | 0,01 | 0,01 |
| Apoio financ. EE/MM | 0,00 | 0,00 | 0,03 | 0,03 | 0,00 | 0,05 | 0,00 | 0,00 | 0,00 | 0,85 | 0,00 |
| FIES | 0,04 | 0,07 | 0,09 | 0,11 | 0,10 | 0,11 | 0,09 | 0,04 | 0,03 | 0,00 | 0,00 |
| Financiam. campanhas eleitorais | | | | | | | 0,00 | 0,03 | 0,00 | 0,03 | 0,00 |
| Outr. despesas obrigatórias | 0,05 | 0,06 | 0,06 | 0,04 | 0,05 | 0,05 | 0,05 | 0,03 | 0,03 | 0,03 | 0,03 |
| Outras despesas Poder Executivo suj. a progr. financeira | 3,92 | 4,08 | 4,13 | 4,48 | 4,03 | 4,32 | 3,65 | 3,86 | 3,77 | 3,43 | 3,57 |
| Desp.obrig.c/controle fluxo | 1,79 | 1,85 | 1,83 | 1,97 | 1,92 | 2,06 | 1,88 | 1,99 | 1,98 | 1,74 | 2,07 |
| Bolsa Família | 0,38 | 0,43 | 0,46 | 0,46 | 0,44 | 0,46 | 0,43 | 0,44 | 0,45 | 0,14 | 0,47 |
| Saúde | 1,13 | 1,13 | 1,07 | 1,18 | 1,19 | 1,27 | 1,14 | 1,19 | 1,19 | 1,26 | 1,27 |
| Educação | 0,12 | 0,13 | 0,13 | 0,11 | 0,11 | 0,09 | 0,09 | 0,09 | 0,08 | 0,08 | 0,08 |
| Demais obrigatórias | 0,16 | 0,16 | 0,17 | 0,21 | 0,18 | 0,24 | 0,22 | 0,27 | 0,26 | 0,26 | 0,25 |
| Despesas discricionárias | 2,13 | 2,23 | 2,30 | 2,51 | 2,11 | 2,26 | 1,77 | 1,87 | 1,79 | 1,69 | 1,50 |
| Saúde | 0,21 | 0,25 | 0,27 | 0,28 | 0,28 | 0,32 | 0,35 | 0,43 | 0,40 | 0,45 | 0,41 |
| Educação | 0,37 | 0,46 | 0,45 | 0,53 | 0,45 | 0,46 | 0,36 | 0,36 | 0,30 | 0,28 | 0,25 |
| Demais discricionárias | 1,55 | 1,52 | 1,58 | 1,70 | 1,38 | 1,48 | 1,06 | 1,08 | 1,09 | 0,96 | 0,84 |
| Fundo Soberano do Brasil (FSB) | 0,00 | 0,26 | 0,00 | 0,00 | 0,01 | 0,00 | 0,00 | 0,06 | 0,00 | 0,00 | 0,00 |
| Discrepância estatística/Ajuste metodológico/Capitaliz.Petrobras | 0,04 | 0,03 | 0,06 | 0,05 | 0,06 | 0,03 | 0,09 | 0,05 | 0,08 | 0,08 | 0,07 |
| *Superavit* primário Governo Central | 2,13 | 1,79 | 1,41 | -0,35 | -1,95 | -2,54 | -1,80 | -1,69 | -1,23 | -12,02 | -3,36 |
| Memo: Investimento Governo Central | 1,20 | 1,23 | 1,19 | 1,34 | 0,93 | 1,03 | 0,69 | 0,77 | 0,78 | 1,09 | 0,80 |

Fontes: Até 1996, Secretaria de Política Econômica. De 1997 em diante, Secretaria do Tesouro Nacional. Dados ajustados para 2010 e 2019, expurgando os efeitos da capitalização e da cessão onerosa da Petrobras na receita e na despesa daqueles anos. Para 2020/2021, projeção do autor.

# REFERÊNCIAS BIBLIOGRÁFICAS

AYUSO-I-CASALS, J. National expenditure rules: why how and when. *European Commission, Economic Papers*, 473, 2012.

BANCO MUNDIAL. *Old-age Income Support in the 21st Century.* Washington D.C., 2005.

BANCO NACIONAL DE DESENVOLVIMENTO ECONÔMICO E SOCIAL-BNDES. *Livro Verde — Nossa história tal como ela é.* 2017.

BTG PACTUAL. Fiscal Scenario. *Macroeconomic Research, Public Finance*, 2019.

CAETANO, M. Solvência fiscal de longo prazo dos regimes próprios de previdência dos estados e municípios. *IPEA*, n. 2195, 2016.

_____. (org.). *Previdência Social no Brasil: Debates e Desafios.* IPEA: Brasília, 2008.

CARDOSO, F. H. *Diários da Presidência — 2001-2002.* São Paulo: Companhia das Letras, 2019.

DORNBUSCH. R.; EDWARDS, S. Macroeconomic populism. *Journal of Development Economics*, n. 32, North-Holland, 1990.

ECHEVERRIA, A.; RIBEIRO, G. O Supremo Tribunal Federal como árbitro ou jogador? As crises fiscais dos estados brasileiros e o jogo do resgate. *Revista Estudos Institucionais*, v. 4, n. 2, 2018.

EYRAUD, L. *et al.* Second generation fiscal rules: balancing simplicity, flexibility and enforceability. *IMF Staff Discussion Note*, n. 4, 2018.

FRANCO, G. Auge e declínio do inflacionismo no Brasil. In GIAMBIAGI, F. *et al.* (orgs.). *Economia Brasileira Contemporânea (1945–2004)*. Rio de Janeiro: Campus; Elsevier, 2005.

FRISCHTAK, C.; NORONHA, J. Uma estratégia de privatização para o setor de infraestrutura. In GIAMBIAGI, F.; ALMEIDA, M. (orgs.). *Retomada do Crescimento — Diagnóstico e Propostas*. Rio de Janeiro: Elsevier, 2017.

GIAMBIAGI, F. 18 Anos de Política Fiscal no Brasil: 1991/2008. *Revista Economia Aplicada*, v. 12, n. 4, 2008.

_____. Do deficit de metas às metas de deficit: a política fiscal do período 1995/2002. *Pesquisa e Planejamento Econômico*, v. 32, n. 1, 2002.

_____. Necessidades de financiamento do setor público 1991/96 — bases para a discussão do ajuste fiscal no Brasil. *Pesquisa e Planejamento Econômico*, v. 27, n. 1, 1997.

_____ *et al.* O salário mínimo como instrumento de combate à pobreza: estariam esgotados seus efeitos? *Revista Economia Aplicada*, v. 15, n. 4, 2011.

_____. Diagnóstico da previdência social no Brasil: o que foi feito e o que falta reformar? *Pesquisa e Planejamento Econômico*, v. 34, n. 3, 2004.

_____; ALÉM, A. C. A despesa previdenciária no Brasil: evolução, diagnóstico e perspectivas. *Revista de Economia Política*, v. 19, n. 1, 1999.

_____; TINOCO, G. O teto do gasto público: mudar para preservar. *Texto para Discussão BNDES*, n. 144, 2019.

GOBETTI, S. Regras fiscais no Brasil e na Europa: um estudo comparativo e propositivo. IPEA, Texto para discussão n. 2018, 2014.

HARBERGER, A. Simple tools for complex economic problems. *Revista de Economia Aplicada*, 2001.

INSTITUIÇÃO FISCAL INDEPENDENTE-IFI. *Relatório de Acompanhamento Fiscal — Estudo Especial II: Reforma da Previdência*, n. 27, 2019.

KEYNES, J. M. *The General Theory of Employment, Interest, and Money*. NY: Harcourt, Brace and Company, 1936.

KORNAI, J. Resource-constrained versus demand-constrained systems. *Econometrica*, v. 47, n. 4, 1979.

LOZARDO, E. *Ok, Roberto. Você venceu! — O pensamento econômico de Roberto Campos*. Rio de Janeiro: Topbooks, 2018.

MACIEL, P. J. Regras Fiscais e federalismo: propostas para o Brasil com base nas experiências internacionais. In GIAMBIAGI, F.; GUIMARÃES, S. F.; AMBROZIO, A. (orgs.), *Reforma do Estado brasileiro — transformando a atuação do governo*. São Paulo: GEN, 2020.

\_\_\_\_\_. O processo recente de deterioração das finanças públicas estaduais e as medidas estruturais necessárias. In SALTO, F.; ALMEIDA, M. (orgs.). *Finanças Públicas: da contabilidade criativa ao resgate da credibilidade*. Rio de Janeiro: Record, 2016.

MENDES, M. Federalismo ao avesso. In SALTO, F.; PELLEGRINI, J. (orgs.). *Contas públicas no Brasil*. Brasília: Saraiva, 2020.

NESE, A.; GIAMBIAGI, F. *Fundamentos da previdência complementar*: da administração à gestão de investimentos. Rio de Janeiro: Campus/Elsevier, 2019.

PIRES, M.; BORGES, B. A despesa primária do Governo Central: estimativas e determinantes no período 1986-2016. *Estudos Econômicos*, São Paulo, v. 49, n. 2, 2019.

RIGOLON, F.; GIAMBIAGI, F. *A renegociação das dívidas e o regime fiscal dos Estados*. Texto para discussão, BNDES, n. 69, BNDES, 1999.

SALTO, F.; PELLEGRINI, J. (orgs.). *Contas públicas no Brasil*. São Paulo: Saraiva Jur, 2020.

SANTOS, C. H.; PESSOA, M.; MENDONÇA, M. Crescimento dos gastos com pessoal ativo e inativo dos Estados brasileiros entre 2006-2016. *Carta de Conjuntura*, n. 37, IPEA, 2017.

SECRETARIA DO TESOURO NACIONAL-STN. *Boletim das finanças públicas dos entes subnacionais*. Brasília, 2020.

\_\_\_\_\_. *Panorama Fiscal Brasileiro*. 2018a.

\_\_\_\_\_. *Reformas Econômicas em 2016-2018 e perspectivas para o próximo mandato presidencial*. 2018b.

\_\_\_\_\_. *Relatório quadrimestral de projeções da dívida pública*. 2018c.

TAFNER, P.; BOTELHO, C.; ERBISTI, R. (orgs.). *Reforma da Previdência: a visita da velha senhora*. Brasília: Gestão Pública, 2015.

TAFNER, P.; NERY, P. F. *Reforma da Previdência: por que o Brasil não pode esperar?* Rio de Janeiro: Elsevier, 2019.

TANZI, V. *The Demise of the Nation State*. IMF Working Paper, WP/98/120, Fundo Monetário Internacional-FMI. Washington D.C., 1998.

VARSANO, R. De ônus a bônus: política governamental e reformas fiscais na transformação do Estado brasileiro. *A Economia Brasileira em Perspectiva-1996*, IPEA, 1996.

WEEKS, J. *An Introduction to Population*. Wadsworth: International Edition, 2012.

# ÍNDICE

## A

abono salarial 189
aceleração inflacionária 138
ajuste
    fiscal 225
    primário das contas públicas 317
alta rigidez do orçamento 264
Anuário Estatístico da Previdência Social (AEPS) 257
austeridade na despesa do funcionalismo 315

## B

baixo ritmo de crescimento 214
Benefício de Prestação Continuada (BPC) 152
bipartidarismo 132
Boletim Conjuntural, publicação do IPEA XVII
Bolsa Família 13, 174–175, 202
boom de commodities 105

## C

caixas de aposentadoria 142
capitanias hereditárias 5, 33
centralização de poder 242
clientelismo 118
coeficientes relativos 45–46
Comitê de Política Monetária (COPOM) 58, 76
conjunto de despesas, categorias 278–279
Consolidação das Leis do Trabalho (CLT) 133
Contas Nacionais (CN) 80–81
Contribuição Sobre o Lucro Líquido (CSLL) 84
convulsão política espanhola 132
coronavoucher 170, 203, 230, 290
créditos extraordinários 187
crise
    da dívida externa e da moratória 294
    de 2008 105–106, 244, 246
    do coronavírus 167, 299
    do keynesianismo 82
    fiscal 261, 268

curva de remuneração 135
custo Brasil 93

## D

dados macroeconômicos 3
default 226
deficit nominal XIX
denúncias de corrupção 165
desequilíbrio fiscal XIX
despesa
    com inativos 121, 130–131
    de juros 65
    previdenciária 315
despesas do Poder Executivo sujeitas à programação financeira 200
desvio de verbas 166
dinâmica da dívida 47
dívida líquida do setor público 219
Divisão de População das Nações Unidas 139

## E

Edition 322
efeito
    Olivera-Tanzi 83
    Tanzi ao contrário 84
elevação da dívida pública 218
"engessamento" da despesa 173
especulação imobiliária 73
especuladores de Wall Street 73
estabilização econômica 241

## F

finanças subnacionais XX
Fundo
    de Amparo ao Trabalhador (FAT) 178
    de Estabilização Fiscal 225
    Monetário Internacional (FMI) 26, 102
fundos de investimento 74

## G

gasto
    com pessoal 164
    sem transferências 110–111

## H

hiato do produto 301
hiperinflação 7–9, 114, 294
    argentina 32
    reprimida 16

## I

Imposto
    de Renda
        da Pessoa Física 83
        na Fonte 72
    Provisório sobre Movimentações Financeiras (IPMF) 84
    Sobre Serviços (ISS) 95
indexação salarial à inflação 119
inflação 4, 16
irrealismo fiscal 223

## J

juros do overnight 39

## L

Lei
   de Responsabilidade Fiscal 37, 244
   de Responsabilidade Fiscal (LRF) 237
   Eloy Chaves 144
   Orgânica
      da Assistência Social (LOAS) 152
      da Previdência Social (LOPS) 143–144
leilões de títulos públicos 44
Letras Financeiras do Tesouro 66
liderança política 294
livre movimentação bancária 42
longevidade da população 138

## M

margem de manobra 92
massificação da educação 81
mercado de crédito privado 181
mudança do mercado de trabalho 154

## N

Necessidades
   de Financiamento do Setor Público (NFSP) 4, 48, 276
   Operacionais de Financiamento do Setor Público (NFSP) XIX
nota de crédito 247
Nova República 102, 113

## O

obras públicas 165
obrigações sem suporte financeiro 253
orçamento
   monetário 36
Orçamento
   Geral da União (PLOA) 5

## P

Pacto de Toledo 137
Pactos de Moncloa, Espanha 137
pandemia 4, 54, 80, 170, 249
pedaladas fiscais 193
Pesquisa Mensal do Emprego (PME) 88
Pesquisas Nacionais por Amostra de Domicílios (PNAD) 20
PIS-PASEP 68, 188
Plano
   Collor 9–11, 40
   Cruzado 16, 119
   Real 11–13, 16, 52, 171
planos de cargos e salários 135
polarização ideológica 138
política fiscal 36
políticas
   de estabilização 221
   de Estado 137
   de governo 137
presidencialismo de coalizão 114, 295, 306
Primeira Guerra Mundial 8
princípio da impessoalidade 6
problemas de má gestão 166
processo
   de "cissiparidade" empresarial 93

de fine tuning 174
programa
  de ajuste fiscal 244
  de Metas de Juscelino Kubitschek 6
  de Sustentação do Investimento (PSI) 194
Projeto de Lei Orçamentária Anual 101

## R

Receita Corrente Líquida (RCL) 248
recessão de 2015/2016 39
reforma
  da Previdência 143
reforma da Previdência 138, 148, 266, 272
Regime
  Geral da Previdência Social (RGPS) 139
  Jurídico da União (RJU) 120
  Próprio da Previdência Social 74, 139
regra do teto 108, 110, 115, 226, 234
Rendas Mensais Vitalícias (RMV) 152, 190
renegociação de dívida de 1997 244
repactuação de dívida 245
reprogramação orçamentária 107
restrição orçamentária 35
resultado primário 218
rigor fiscal 122, 201

## S

Secretaria
  de Política Econômica (SPE) 164, 181
  do Tesouro Nacional (STN) XVIII, 36–37, 164
Segunda Guerra Mundial 8
seguro-desemprego 174, 180, 189, 279
senhoriagem 115
sistema de aposentadoria complementar em bases de capitalização 143

spread 59, 60
superavit primário de equilíbrio 47
superindexação 227
sustentabilidade fiscal 103

## T

taxa
  de fecundidade 138
  de fertilidade 140
  de Longo Prazo (TLP) 69, 179
  real SELIC 17
  SELIC 39
Tesouro Nacional 33–34
teto
  de gastos 170, 193
  do funcionalismo 133
  do gasto público 38, 42, 127
  do INSS 133, 143
títulos públicos 74
três pilares 141–142

## V

variável de ajuste 171

## W

Wadsworth 322

## CONHEÇA OUTROS LIVROS DA ALTA BOOKS

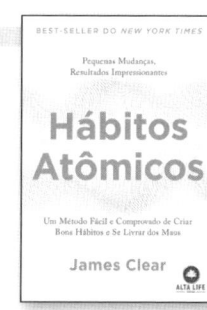

*Todas as imagens são meramente ilustrativas.*

### CATEGORIAS
Negócios - Nacionais - Comunicação - Guias de Viagem - Interesse Geral - Informática - Idiomas

**SEJA AUTOR DA ALTA BOOKS!**

Envie a sua proposta para: autoria@altabooks.com.br

Visite também nosso site e nossas redes sociais para conhecer lançamentos e futuras publicações!

www.altabooks.com.br

**ALTA BOOKS**
EDITORA

/altabooks ▪ /altabooks ▪ /alta_books

**ROTAPLAN**
GRÁFICA E EDITORA LTDA
Rua Álvaro Seixas, 165
Engenho Novo - Rio de Janeiro
Tels.: (21) 2201-2089 / 8898
E-mail: rotaplanrio@gmail.com